国家出版基金项目
NATIONAL PUBLICATION FOUNDATION

中国西南少数民族
村落的保护与发展
保护研究系列

孙华　主编

2015年度国家社会科学基金重大项目——中国西南少数民族传统村落的保护与利用研究

乡村遗产的核心价值研究
——以贵州楼上村为例

杜晓帆　赵晓梅
等著

巴蜀书社

图书在版编目（CIP）数据

乡村遗产的核心价值研究：以贵州楼上村为例 / 孙华主编；
杜晓帆，赵晓梅等著. —成都：巴蜀书社，2018.10
（中国西南少数民族村落的保护与发展丛书）
ISBN 978-7-5531-0990-9

Ⅰ.①乡… Ⅱ.①孙… ②杜… ③赵… Ⅲ.①村落—文化
遗产—保护—研究—中国 Ⅳ.①K928.5

中国版本图书馆CIP数据核字（2018）第110496号

乡村遗产的核心价值研究：以贵州楼上村为例

XIANGCUN YICHAN DE HEXIN JIAZHI YANJIU：YI GUIZHOU LOUSHANGCUN WEILI

孙 华 主编

杜晓帆 赵晓梅 等著

出 品 人	林 建	
总 编 辑	侯安国	
责 任 编 辑	王群栗 周昱岐	
封 面 设 计	张 科	
出 版	巴蜀书社	
	成都市槐树街2号 邮编：610031	
	总编室电话：（028）86259397	
网 址	www.bsbook.com	
发 行	巴蜀书社	
	发行科电话：（028）86259422 86259423	
经 销	新华书店	
印 刷	成都东江印务有限公司	
版 次	2018年10月第1版	
印 次	2018年10月第1次印刷	
成 品 尺 寸	210mm×285mm	
印 张	20.75	
字 数	420千	
书 号	ISBN 978-7-5531-0990-9	
定 价	500.00元	

本书若出现印装质量问题，请与我社发行科联系调换

保护民族村寨，促进社会发展

——中国西南少数民族村落的保护与发展·保护研究系列前言

孙　华

（北京大学文化遗产保护研究中心）

中国的西南地区包括了四川盆地、云贵高原和青藏高原三大地理单元。这里是世界的屋脊，是中国长江、黄河和珠江三大河流发源的地方，是贯穿中国的半月形文化传播带经过的地方。西南地区的腹地，也就是青藏高原东麓地区（包括藏东南、川西高原和滇西高原），被称作中国西南山地热点地区。该地区东为海拔很低的四川盆地，西邻高耸的青藏高原，从海拔几百米的河谷到六七千米的山脉交替出现。复杂的地理环境和气候条件造就了这里独特的生物多样性、民族多样性和文化多样性。这里是中国民族最集中的地区，又是中国交通最困难的区域，许多民族还保留着东部发达地区早已经遗失了的行为方式、生活习惯、聚落形态、宗教礼仪和生产工艺，蕴涵着极其丰富的民族文化信息，是进行民族学、人类学和民族考古研究最理想的区域。该地区少数民族聚居的村寨则成为所有这些历史和文化信息集中的一个个资料库，有待于我们去开启和利用。在现代化和城市化飞速发展的中国，许多西南边远地区的闭塞状况已经明显改善，村寨的文化景观也已经发生或正在发生悄然的变化。这些，更需要我们文化遗产保护研究的从业人员去迎接挑战，在当地人们生活水准提高的同时，努力保护好这份宝贵的遗产资源。

西南地区山高林密，交通困难，古代的统一事业相对进行得较为缓慢。直到今天，西南地区还生活着中国族类最多的少数民族，散布着星罗棋布的不同民族的村寨。这些村寨所在地区相对封闭，经济也发展缓慢，文化的演进还基本上沿袭着其千百年来形成的自然节奏，不像中国东部和中部地区那样，乡村文化景观已经发生了很大的变化。由于西南少数民族所在的自然环境差异很大，社会发展水平参差不齐，文化习俗异彩纷呈，其乡村文化景观也有着显著的不同。这种不同，最集中地体现在其民族居住的村寨内。丰富多彩的少数民族村寨蕴涵着居住在其中的人们的大量社会、历史、文化和艺术要素，对我们认识中国多元一体的民族结构，研究这些少数民族的社会历史，丰富和发展人类的文化艺术，促进当地社会的可持续和谐发展，有着重要的价值。这些价值具体体现在以下三个方面。

首先，西南少数民族村寨是中国大多数少数民族丰富多彩的传统文化的集中保存地，是世界多元文化的重要组成部分。西南地区是中国南北向的文化传播带和东西向的文化传播带经过的地方，云南高原地区更是这两条文化传播带交叉的地方。前一条南北向的路线被称为"半月形文化传播带"或"藏羌（彝）走廊"，是中国北方及西北地区的古代族群南下的主要通道。考古学的证据表明，从新石器时代的仰韶文化时期起，北方的居民就沿着这条通道不断南下。后一条东西向的路线，也是古代族群迁徙的重要通道，这些族群沿着从云贵高原发源或流经的多条大河（如长江的支流沅水和乌江，珠江的上游南、北盘江，元江／红河的上游礼社江），或从云贵高原东下至长江中游、珠江口甚至红河下游地区；或从中下游地区逆流而上，进入到贵州高原甚至云南东南部地区。正是这两大文化传播带和族群迁徙通道的存在，造就了西南地区，尤其是云贵高原地区民族和文化的多样性和复杂性。中国现有56个民族，西南地区就集中了汉、壮、回、苗、土家、彝、藏、布依、侗、瑶、白、哈尼、傣、傈僳、仡佬、拉祜、水、佤、纳西、羌、仫佬、景颇、毛南、布朗、阿昌、普米、怒、京、基诺、德昂、门巴、独龙、珞巴等民族，占我国已识别民族总数的三分之二；此外，中国绝大多数未识别民族，也都分布在西南地区。这些民族基本上是以农业为主要经济形态的定居民族，由于各村落的历史形成不同、文化渊源各异，因而形成了种类众多、风格多样、习俗也千差万别的村落乡村文化景观。无论是文化的多样性还是村落形态的多样性，在西南地区都得到最充分最集中的体现。

其次，西南少数民族村寨是人类发展历史的实物证据。严格意义上的历史时期，是指有文字记录的时期，这个时期在中心地区开始于商代晚期的殷墟时期，但西南地区则比较晚，且各区域进入历史时期的年代不尽相同。在云贵高原的古夜郎道沿线，历史时期开始于西汉中期；在西藏地区，历史时期始于吐蕃时代；而在其他地区，有文字记载的历史开始更晚。而这种狭义历史时期的西南地区历史，文献的记载都是西南地区古代族群的人们与中心地区的人们发生了重要接触行为时的记录，如汉武帝通西南夷、蜀汉诸葛亮平南中、唐与吐蕃调整关系、南诏侵益州及交州、忽必烈灭大理、明太祖时的平云贵、明万历时的平播州、清雍正时的改土归流、清乾隆时的大小金川之役，等等。除了这些重大历史事件以外，文献记载中关于西南少数民族地区的记载并不多。我们要认识这个地区的历史，其史料来源除了文献记载外，早期的主要是考古材料，晚期的则主要是蕴涵在村落中的民族志资料。回顾历史可以知道，一个古族自从其共同的生活区域基本稳定以后，如果没有积累的内部冲突或外界干扰，其聚居的村落有的会一直延续下来（当然随着人口的繁衍等原因也不断会有新的村落建立）。云南云龙县白族的诺邓村，由于这里很早就发现有盐卤涌出，白族先民很早就在这里定居，唐代樊绰《云南志》

中就已经有了"诺邓"之名，该村的形成肯定在唐代甚至更早的时代，是一个千年村名不改，聚落不迁的具有深厚文化积淀的传统村落。现代西南每个民族的村落中都蕴涵着丰富的历史信息，通过这些信息，我们可以知道许多考古材料和历史文献所没有的古族历史的细节，从而为研究西南民族史做出贡献。除此以外，西南少数民族村落还能提供中国东部地区发展历史的重要参考材料。由于社会发展的地域性不平衡，我国东部地区许多历史上曾经有过的东西都已经消失了。"礼失而求诸野"，在中国西南民族村落中，就保存了许多中国中心地区曾经有过但现在已经消失的文化现象。研究西南民族村落的现在，很可能有助于了解我们的古代。

其三，西南少数民族村寨是西南地区社会发展的重要资源。西南地区各个不同的地域，是世世代代生息在这些地方人们的心灵家园。这里集中保存着他们祖辈的业绩，有他们世代相承的生存智慧、生活方式和文化传统。由于现代社会发展十分迅猛，特别是在现代化、全球化和城乡一体化的浪潮中，原先生活在相对封闭、节奏缓慢、发展滞后的西南少数民族村寨的人们，在使人眼花缭乱的外来信息的冲击下，自然会产生种种不适应，不仅对外界也对自身产生种种困惑，从而就会希望在自己的家园获得一些慰藉。如果说外来文化的冲击，使得西南少数民族村寨的传统发生某种程度的中断，当地村民持续而稳定的生活变得不那么具有连续性，是催生西南少数民族地区人们乡愁的纵向因素的话，那么，当今西南地区许多少数民族村寨的年轻一代离开世居的村寨到城市务工，置身于一个完全不同于传统乡村的现代城市中，这种空间距离和文化差距就是生成这些外出村民乡愁的横向因素。这样，作为家园的传统村寨就成为包括少数民族在内的现代人用以寻求自我的心灵平衡、重新找到精神归宿感的自我防御机制的重要"文化空间"。与此相对应，长期在城镇工作、生活的人们，置身于已经全球化了的千篇一律的城镇环境中（中国除了不多的小型城镇外，大多历史城市都已经面目全非），在快节奏的城市工作和城市生活的氛围里，在强烈都市化或国际化的文化艺术熏陶下，生活趋于单调，身心倍感疲惫，个人、社群、地方的特征都逐渐模糊，也渴望能去丰富多彩的传统村落，尤其是与汉民族传统村落有明显差别的西南少数民族传统村落，以暂时改变一下司空见惯的景观环境，调节一下紧张忙碌的工作节奏，在"城市的后花园"中得到心理的慰藉。

其四，西南少数民族村寨是中国西南人文地理景观的重要组成部分，是这一地区人群和文化的物质要素，是我国丰富多彩的国土景观、区域景观和民族景观的识别标志。中国是一个历史悠久、民族众多的文明古国，西南地区的民族又尤其数量众多。丰富多彩的民族文化主要积聚在这些传统村落中，其文化的物质表征就是具有差异性的村落风貌，包括村寨选址、组团格局、建筑类型、建筑样式、装饰风格等。这些物质要素既是这些民族间、社群间彼此认同的物质表征之一，作为某个民族某个社群的一员，当他们看到具有自己族群特征的村落时，就有了回到家园的感觉；同时，这些物质要素也使得外来的人们看到这些村落，就知道来到了某一民族聚居区，就知道这是祖国的西南地区。由于现代化、城市化和全球化的迅猛发展，中国东部和中部地区原先丰富多彩的历史城镇和传统乡村都迅速消失，原先的具有地理识别特征的城镇和乡村，已经失去了它们原有的风貌，正迅速蜕变成千篇一律的所谓"现代城市"或变异的"新村落"。举例来说，我国的传统村落本来就有集中型和分散性两大类，集中型的村落，整个地理景观是广大田野中散布着星星点点的微小聚落，这些微小的聚落由几户或十余户村民的住宅组成，周围是树丛和竹林，四川成都平原农村就是这样村落文化景观的典型。这样的村落文化景观才是成都平原的人文地理景观，是该地区国土景观的标志，应当继续传承和发展。

其五，中国西南少数民族村寨是重要的文化资源和旅游资源。西南地区山峦起伏，森林广布，自然景观随地区和地形而变化。这里既有云遮雾罩、山重水复的高原山地，又有天高气爽、环山嵌湖的高原平坝，还有蓝天白云、绿草如茵的高海拔草原。多样的自然环境加上多样的文化传统，造就了丰富多彩的村落布局样式、居住建筑类型和传统建筑风格，形成了文化景观迥然不同的村落风格。优美的环境，奇异的建筑，独特的习俗和淳朴的民风，再加上位于外地人很少去的偏远地区，西南少数民族村寨受到了国内外公众的普遍喜爱。早在20世纪前半期，俄国人顾彼得（Peter Goullart），就这样深情地写道："我很早就梦想找到并生活在一个被大山与世隔绝的美丽的地方，也就是若干年后詹姆斯·希尔顿在他的小说《失去的地平线》中描写的'香格里拉'。小说的主人公意外发现了他的'香格里拉'。而我在丽江，凭我执着的追求寻觅，找到了我的'香格里拉'。"前些年，《中国国家地理》曾发起过评选中国最美村落的活动，高居榜首的不是江浙水乡村落，不是皖南徽州村落，而是四川丹巴县甲居村嘉绒藏寨，就说明了这个问题。西南少数民族村寨因而也就成了一种重要的旅游资源，成为促进当地经济、文化和社会发展的一个重要因素。

西南地区的这些少数民族传统村落尽管价值很高，但由于地处中国欠发达地区，无论是村寨的村民还是当地的政府，都有强烈的改变当前滞后经济的愿望。在这种愿望的驱动下，许多少数民族村寨的人们受到城市和工厂的吸引，年轻人大多外出务工，村内剩下的大都是老人、孩子或中年妇女，失去了最有活力的青年群体，原先兴旺的村寨已经衰落和破败。村落面临着严重的空心化、老龄化、城郊化等问题。并且随着乡村经济走向多元化，西南地区许多村寨的家庭都有了兼业，由于各家兼业种类和规模的不同，各个家庭的收入也有较大的差异，整个乡村社区的结构已趋向复杂。根据文化人类学或考古学的理论，越是复杂的事物，越容易发生变异。西南少数民族村寨的乡村文化景观，改变其原先基本稳定的变化节奏，发展演变的节奏加快，已成为一个不可避免的现象。

中国西南地区尽管位处边远，山高水急，交通不便，历史上中央王朝的统一事业进行得相对缓慢，不同民族的文化差异还比较明显，但在现当代全国统一的土地制度、行政制度和管理模式下，在当下城市化、城乡一体化和现代化的冲击下，西南地区少数民族村寨面临的问题却与中国所有传统村落基本相同，都体现在以下五个方面：

1. 西南少数民族村寨与中国所有传统村落一样，普遍失去了传统的自下而上的自组织能力，自上而下的全国统一的他组织行为代替了具有个性化的自组织行为，传统文化的多样性已经大大减少。中国古代的乡村，尤其是宋代以来的传统乡村，主要是以家族血缘结成的聚落，宗族之长、退休乡宦和宗教人士在乡村的自我管理方面往往起着至关重要的作用。乡村的这种自我管理，久而久之，就会逐渐加强乡村的自组织能力，尽管有来自国家的自上而下的他组织存在，也是透过自组织在发挥作用。古代乡村的自组织能力往往是很有效率的，历史上的动乱时代，乡村往往能够兴办乡兵团练，结团以自保。有些地区，乡村还能够自行组织起多个村社的联防组织，以应对外来的势力的骚扰和劫掠。清王朝灭亡后，在外来因素的冲击下，国家政权不断向乡村下渗，乡绅阶层发生剧烈分化和变异。尤其是20世纪50年代以后，中国乡村发生了翻天覆地的变化，变化之一就是传统的乡绅连同他们所在的有产阶级被打倒并消失，代之而起的是自上而下委派的乡村干部。这些乡村干部本身属于无产阶级的一员，只能从上级政府申请和筹集乡村建设资金，久而久之，乡村自身的公益设施建设都要国家政府下达资金、物质和指令，就成为一种习惯；而完全平均化的乡村村民，在相当长的时期内都处在家无余财的贫困状态下，没有财力来维护传统村落先前的公共建筑，也无余财来修缮自己通过土地改革所获得的住宅，原先传统村落的公共设施和私家建筑都面临年久失修、逐渐毁坏的状态。

2. 随着国家现代化和城市化进程的迅速推进，农村人口大量涌向各级城镇，原先的乡村政权对乡村的管控能力降低，导致包括民族村寨在内的传统村落内部凝聚力下降甚至丧失。自20世纪80年代以来，随着中国改革开放进程的迅速推进，农村释放出的剩余劳动力开始大量向东南沿海、中心城市以及附近城镇转移。这些来自农村的在城市或工厂务工的"农民工"，具有强烈的亲缘和乡缘情感，先来到城市和工厂务工的人会将还在乡村中的亲戚朋友介绍到城市里或工厂中，久而久之，原先的生机勃勃就逐渐退变为仅有老人和儿童的暮气沉沉。这些原先在乡村的农民，原本在农村"两委"村官的领导和管理之下，当他们从农村转移到城市以后，有了新的领导者和管理者——企业雇主。农村村民的大多数成员从此有了来自城市和乡村的两组领导者和管理者，原先单一村官的权威被瓜分了。习惯于城市新的领导管理者的这些"农民工"回到家乡（如农忙期间、春节期间、节庆之间等），家乡村官的领导权威性在他们心目中就不如城市雇主。改革开放以后，国家从推进乡村基层组织管理民主化，强化乡村社区的自组织能力的良好愿望出发，逐渐推行乡村村官由村民民主选举。然而，由于改革开放后村民已经开始流向城市，乡村无人可以管理或疏于管理的问题愈加严重起来。尤其是在土地使用权已经固化，集体资产已经很少的现实情况下，乡村干部与村民的经济联系已经弱化，不可能因农村出现新的富有阶层或民主选举出了代表民意的村官，其影响能力和领导威望就能够比肩于过去乡村的乡绅、族长、寨老等。目前的乡村社区，人心多已涣散，社区仅存躯壳，寄希望于全村村民在村官领率下，有人出人，有钱出钱，自行保护自己的传统村落，在绝大多是地区已经成为一种很难实现的奢望。

3. 中国传统乡村与城镇的生产关系发生逆转，新的城乡关系导致了乡村的贫困化，城乡间的贫富差距增大。在整个中国封建社会中，土地资源相对集中于少数富有人群之中，乡村内部存在严重的贫富差别。乡村富豪使用他们地租盈余积累的财富，可以在乡村和城市给自己营建豪华的住宅，也可以为同族乡党营建气派的祠堂、书院和庙宇，那时的中国无论城市或乡村尽管并不富足，但那时的城市与乡村（尤其是有豪族大姓的富裕乡村）的差别并不大。20世纪50年代初全国开展土地改革，原先被集中在地主那里的土地，被强制平分给了无地或少地的农民。不过，任何事物有利也就有弊，中国人多地少，土地平分以后，每家每户也就一小块土地，仅能保障温饱，没有从事扩大再生产、提高生活品质和兴建大型公益事业的多余资产，原先由富裕乡绅捐资兴建和维护运转的学校书院、宗祠庙宇、住宅庭院、水井凉亭、道路桥梁等，因失去了维修资金来源，这些公共设施乃至于个人住宅逐渐破败坍塌。

这种弊端，又由于以下两个因素而更加严重：一是我们在相当长一段时期内，强化了城镇与乡村的差别，农村户口的人们一旦因读书、招工、参军等因素获得了城市户口后，就失去了再回到农村的可能性。他们退休后也不能在故乡买房建房，为乡村建设发挥作用，大多在城市买房安度晚年，将积累的财富和资源留在了城市。这与过去乡绅阶层不少是从城市退休返乡、将在城市赚取的财富和资源带回乡村的情况截然相反。二是在不断推行城市化的今天，乡村的人们不再被一亩三分地束缚，他们大量在城市务工，不少人将挣得的工资储存起来在城镇买房，人才资源和资金资源不断从乡村被带到城市，而城市的人才资源和资金资源却很少能够进入农村。这些都造成了城市与农村差距的加大，农村日益贫困化和边缘化。

4. 农村土地的"两权分离"和"长久不变"，使农村的土地权属已经固化，在传统村落开展基础设施建设，改善村民的居住房屋和人居环境都变得困难。我国现阶段的土地制度的发展经历了三个阶段，目前我们仍然处在第三个发展阶段中。该阶段开始于20世纪80年代初期，其基本特征是，农村继续保留土地的集体所有制，但将土地的使用权和收益权分给农民，实行"二权分立"。由于两权冲突等一系列原因，为了推进农村改革，稳定农民权益，国家在20世纪90年代中期以后，又推广了"增人不增地，减人不减地的"湄潭经验，使农民的土地使用权和收益权"长久不变"。这是对整个集体所有制的一个根本改革，使集体经济组织成员从土地人人有份，转变为只有以前已经分得土地的人才有份，即使这个人已经不存在。因而目前的农村已经部分陷入了新增人口无地可耕和无地建房之态，在城市工作和居住的有土地和住宅的原先农村人口却因种种原因，只能让土地撂荒、让农村的住房空置。土地使用权"长久不变"，以及逐渐强化使用权而弱化所有权，导致了农村土地和宅基地的固化，农村土地流转极度困难。由于当前制度设计限制了农村土地的自由流转，原先村社的公有的土地又在先前分田分地的过程中几乎没有遗留，村集体的管理者要将撂荒的土地、无人居住房屋的地块调整给需要种地和居住的人，或者国家要将某些闲置土地或宅基地收回作为改善村民生活品质的公共场所，都非常困难。

5. 随着全球化和城乡一体化的影响，原先地区间、城乡间、乡村间因地理分隔导致的文化差异性迅速缩小，多样化的乡村正逐渐变得单调。中国乡村曾经在相当长的一段时期内，主要交通道路只是将县级以上城市联系了起来，县城与乡村之间、村落与村落之间还没有公路相通，显得相对闭塞。随着"乡乡通公路、村村通电讯"国家计划的实现，几乎所有村落都有了电灯照明、电话通信、电视接收甚至互联网络，乡村村民能够与城镇居民一样，及时看到和听到国内外新闻，知道经济发展走势，了解国家的方针政策。乡村正在被一条条公路、一根根电线和一道道电波将其与城镇连接起来，将其与世界其他地方联系起来。城镇与乡村信息量不对等的局面已经在发生变化，即使最偏僻的西南民族村落，外来的观念、外来的文化和外来的设施都已经进入到这些村民的头脑中、行为中和日常生活中。这种跨越自然区隔的道路建设和信息管道的建立，使得原先相对被"隔离"的乡村变得不那么封闭，乡村的生态环境发生了变化。这种变化也必然导致乡村的许多方面向城镇靠拢，从而使得多种多样的传统村落文化景观逐渐走向单一。

中国西南少数民族村寨既然有重要的文化价值和社会价值，现在它们的存在状态和发展趋势又面临着许多问题，这就需要我们尽快选取保护对象，寻找保护对策并采取相应的行动，使这些承载着丰富文化信息的传统村寨能够更长久地保存和延续。

中国西南地区幅员辽阔，基本保持着传统风貌的村寨数量很多，有些位于高山陡坡、交通不便、存在地质灾害、不利于村民生产生活的村寨，当然只能采取拆村搬迁、合村并寨等方式进行处理；那些靠近城镇、已经或即将纳入城镇建设区的村寨，那些位于交通要道沿线、传统风貌正在迅速变异的村寨，已经无法也没有必要再采取保护行动。西南少数民族地区村寨数量众多，许多村寨都具有相近的自然环境和村寨建筑，如何在每个少数民族的众多村寨中选取具有典型性和代表性的村寨，是保护好西南民族村寨的首要问题。中国是一个文明古国，又是资源相对缺乏的人口大国，遗产保护与民众生计的矛盾比许多国家都尖锐。即使是那些已经成为历史陈迹的古代遗址，保护起来仍然存在着保护性用地与乡村耕地和宅基地之间的矛盾冲突，更何况乡村文化景观这样的动态遗产。因此，在制定西南少数民族村寨的保护规划之前，先要对这些地区的村寨进行全面调查，基本掌握现有村寨的相关信息，才能进行一个民族或一个自然地理单元的各村寨的价值比较，才能从中选择出不同价值层面的村寨，并将其列入不同的保护层级，才能确定保护的范围、资源的取舍和发展的方向。

生活在中国西南山地的各民族，由于其村寨散布在交通不便的山区，被文化遗产学界了解情况的村寨只占其中一部分（这些村寨主要沿公路分布并距离城镇不是很远），还有许多村寨有待于重新调查和认识。到目前为止，我们已有的少数民族调查报告，注重的是人而非物，其公布的信息还不足以使遗产保护和管理者认知其价值。以苗族为例，早在20世纪50年代前，就已经涌现出了被誉为"苗学研究的三座里程碑"的三部苗族调查报告；20世纪50年代后，国家组织社会学家、民族学家和历史学家也开展了大量苗族社会历史调查工作，其调查成果除了"中国少数民族社会历史调查资料丛刊"中的苗族部分外，西南诸省区还分别编写了不少苗族的调查报告，贵州省民族研究所组织编写的"六山六水民族综合调查"就是其中之一。这些原始调查报告当然很珍贵，却存在一些缺憾。缺憾之一就是这些调查要么是区域民族调查，其调查范围主要是以州、县、乡为单位，很少能够具体到自然村寨这样基层的聚落单位；要么是某些专家进行的以某民族某一文化要素为对象的专题调查，缺少一个典型村寨全部结构要素的综合资料。因此，以自然村落为考察单位，首先进行各地区各民族的村寨调查，从中选取典型的村寨编写出版系列的"中国西南少数民族村落内容总录"，是开展该地区传统村落保护的前期工作。在此基础上，就可以通过村寨价值的比较评估，首先筛选出可以推荐列入省市级保护的相关村寨，然后再选出可以推荐列入全国重点文物保护单位和国家级历史文化名村的村寨，最后将价值最高、特征最典型的村寨推荐列入《中国世界文化遗产预备名单》及《世界遗产名录》，从而真正做到分级实施保护。

正是考虑到中国西南地区少数民族村寨的重要价值和面临的问题，北京大学文化遗产保护研究中心和贵州省文物局达成共识：少数民族村寨是中国西南地区文化遗产最重要的组成部分，这些村寨正面临着迅速改变和消失的威胁，亟须采取有计划的保护行动。由于西南地区自然条件复杂，民族成分多样，聚落形态千差万别，在开始保护行动之前，首先需要对西南地区不同民族、不同区域、不同社群的村寨进行系统的调查，在充分了解这些村寨基本情况和存在问题，以及深入思考这些村寨特点的基础上，通过对比分析这些村寨的文化面貌和价值分级，选取亟须采取保护行动的村寨群落和村寨个体，然后编制与乡村发展相结合的保护规划，采取恰当且适度的保护性干预行动。为此，我们于2008至2014年，组织海峡两岸高校相关专业的师生，以贵州黔东南苗族侗族自治州的苗族、侗族村寨为中心，展开了少数民族村寨基本情况的调查。调查范围后来延展到相邻的湖南和广西的侗族村寨，并远及四川甘孜藏族自治州的藏族村寨和云南大理白族州自治州的白族村落。我们先后调查了超过50个少数民族村寨，撰写了这些村寨的调查简报，形成了"中国西南少数民族村落内容总录"系列的基础资料。有了对这些村寨的地理环境与资源、传说与历史、基本构成单元、内部与外部结构、人群与社会组织、生业与经济结构、生活方式与风俗、宗教信仰与禁忌、相关文化事项和村寨保存状况的基本了解，可以着手选择需要列入保护的村寨，并开始对一些村寨开展保护所需的更详细的综合调查和专题调查，在现状勘察报告完备、存在问题厘清楚的基础上，开始编制保护与发展规划，并开展保护行动。

选取要采取保护行动的保护对象，从岛屿生态地理学的理论来说，从尽可能多地保存我国传统村落的角度来说，都应当尽可能多地对有明显地理边界的成片传统村落和村落群进行整体保护。不过，传统村落不是简单的不可移动文物，我们不应当一味追求列入保护单位的传统村落数量。我们需要关注已被列为国家级或省市自治区级文物保护单位的传统村落的情况。这些村落通常都是以"某某村古建筑"的名义被列入保护单位的，保护的对象是这些村落中年代较早、规模较大的建筑群，不是整个村落，更不包括这些村庄赖以存在的农田、山林和川泽，也不包括这些村寨中的社会组织、生产工艺、民俗节庆、宗教礼仪等非物质文化事项，即其文物保护只是村落中个别物质文化要素的保护。这就容易出现传统村落中的公共建筑和个别民居保护较好、而整个村落及其载体却疏于保护的现象。我们还应当吸取中国历史城市保护的经验教训，这些教训是多方面的，其中一个教训就是国家级的历史文化名城数量过多，先后公布的三批国家级历史文化名城总数达99座，这些历史文化名城大多基础研究还比较薄弱，针对历史文化城市不同类型所制定的保护策略又有欠缺，保护范围（整体城市文化景观保护、城市轮廓及街区文化景观保护、部分街区文化景观保护、重点城市建筑遗产保护）也不够明确，结果现在的历史文化名城除了被列入世界遗产的城市以外，绝大多数是名存实亡了。西南少数民族村寨规模一般不大，即使是贵州黔东南州号称"苗都"的最大的西江千户苗寨，居民户数也不过1258户，人口不过5326人，其空间范围的大小和结构的复杂程度都无法与城镇相比，其保护难度比城镇要小些，保护模式应当以整体保护为主。不过，越是强调整体保护，在选取保护单位时就越应当注意代表性，否则有的地方会以为类似的村寨很多，改变几处无关紧要。一旦被列入高等级保护单位的民族村寨被人为破坏，而没有采取问责制追究有关责任人，就会使有关保护的法律规章失去其应有的权威，破坏行为就会蔓延，就如同大多数中国历史文化名城的遭遇一样。

我们早就认识到，一个完整的传统村落不仅是村落的建筑，还应当包括村落赖以存在的田地、水泽和山林，包括活动在这个区域内的人们及其行为传统模式。按照文化遗产的分类体系，传统村落应当归属于文化遗产的特殊类型——文化景观。文化景观是联合国教科文组织倡言的文化遗产的特殊类型，它是一定空间范围内被认为有独特价值并值得有意加以维持以延续其固有价值的、包括人们自身在内的人类行为及其创造物的综合体，其生活方式、产业模式、工艺传统、艺术传统和宗教传统没有中断并继续保持和发展的城镇、乡村、工矿、牧场、寺庙等，都应当属于文化景观的范畴。农业文化景观由于产业模式不同，又有传统村落文化景观和农场文化景观的分别，前者由于地理的区隔、传统的差异，文化面貌也异彩纷呈，是农业文化景观的主体，也是世界多元文化最重要的构成要素。中国西南的少数民族村寨，其地理环境多样，文化传统各异，许多地处偏僻山区的少数民族村寨迄今仍然保持了自己鲜明的传统和特色，是中国乃至世界的文化景观类型遗产的重要组成部分。不过，"文化遗产"不同于"文物"，前者包括了物质和非物质的遗留，后者则只针对物质的遗存。文物保护专家很容易将诸如少数民族村寨这样的遗产划分为两部分：村寨的聚落、民居和公共建筑被视为不可移动文物；而村寨内人们的日常用具、服装饰件则被归为可移动的民俗文物。至于传统村落赖以存在的田地、山林和丰富多彩的非物质文化事项，却没有被纳入文物保护的范畴。浏览目前已经公布的七批全国重点文物保护单位的名单，不难发现，几乎所有传统村落都是以"某某村古建筑""某某民居（某某大院）"等名目出现的，文物保护面对的不是传统村落的整体，而是村落中的部分古建筑或代表性建筑。由于以文物保护单位这样的模式保护传统村落，尽管有国家《文物保护法》的法规作保障，仍然很难做到保护村落的完整性、真实性和延续性；但如果将文物保护单位的范围推广至整个村落，甚至村落外的田地和山林，那么如何制定文物保护和管理的规定，如何处理村民因人口增长而新建的住房，以及如何对待村民改造自己原有住宅以提高自己生活品质，凡此等等，都是目前从事传统村落保护，尤其是西南少数民族村寨保护需要思考的问题。

我们这套"中国西南少数民族村落的保护与发展丛书"，正是基于上面这些思考和工作的产物。全书原拟由中国西南少数民族村寨"内容总录""调勘报告"和"保护研究"三个系列组成，以涵盖从西南部分少民族村寨基本情况调查、专题研究与综合研究以及保护与发展规划和实施报告几个方面。在全书的编写过程中，考虑到传统村落整体测绘工作量太大，无法在短期内完成；而保护研究需要有一边总结中国乃至于国外传统村落保护的经验教训，一边亲自参与甚至主持一些西南地区少数民族村寨的保护实践，才有可能归纳出一些原则、方法和做法，这也需要较长的时间才可能取得成效。因此，我们将原拟的第二、三系列合二为一，编纂成"中国西南少数民族村落内容总录"和"中国西南少数民族村落保护研究"两个系列。

"中国西南少数民族村落内容总录"系列，以村寨为基本单位，全面介绍该村寨基本情况。本系列已经编写了12册，分苗族村寨、侗族村寨、藏羌村寨、白族村寨四卷。其中已经调查的重要侗族村寨分布于贵州、湖南、广西三省区，故又细分为《贵州侗族村寨调查简报》《湖南侗族村寨调查简报》《广西侗族村寨调查简报》若干分册。每一分册由2-5篇调查简报组成，我们希望关注传统村落保护与发展的学者和机构，能够通过这些调查简报，对这些村寨的历史文化和当下状况有一个最基本的了解。由于我们的田野工作以贵州黔东南州为中心，因而贵州的苗族和侗族村寨调查报告的数量也最多，占了这个系列的半数，这也是苗族和侗族村寨以黔东南地区数量最多、保存最好、文化事项最丰富现状的反映。

"中国西南少数民族村落保护研究"系列，由多本典型少数民族村寨勘察报告、专项研究和综合研究的著述组成。被选取作为保护实践的村寨需要进行详细的勘察记录，以保留村寨开展保护前的现状信息，并为今后保护行动的评估提供参照资料。而专项研究和综合研究既包括了村寨的历史、特点、价值和问题的基础研究，也包括了针对中国传统村落、西南民族村寨、某一区域和族群村寨、某个自然村落存在问题及应对措施的研究，还包括了某些村寨的保护规划、展示规划、发展规划、方案设计等。该系列图书计划编写并已基本完成或接近完成的有15册，包括：（1）《西南少数民族村寨保护与发展》；（2）《中国西南传统村落价值研究》；（3）《西南苗族和侗村寨概述》；（4）《坪坦河流域侗寨保护与传承——从生态博物馆的视角》；（5）《卤脉细微——云龙诺邓村的生者与逝者空间及其变迁》；（5）《云龙诺邓村保护与发展规划研究》；（6）《贵州黎平县堂安侗寨灾后恢复重建报告》；（7）《民族志视野下的传统村落保护研究与实践——以榕江大利村为例》；（8）《历史与记忆：大利侗寨的历史资料采集》；（9）《传承与更新：大利侗寨现状调查记录》；（10）《从理论到实践：大利侗寨保护研究与行动》；（11）《时迁楼上：从一个汉族移民村寨的保护说起》；（12）《村民自治下的传统村落规划实践：以宝兴曹家村灾后重建为例》；（13）《陶器·自然·社会——藏族与傣族传统制陶业的比较研究与保护传承》；(14)《茶业与农业：云南景迈山古茶村的保护实践》；（15）《西南少数民族村寨保护研究论集》。在最后的写作修改和编辑出版过程中，个别图书因篇幅较短可能会合并，个别书名有可能还要调整改动。

在本丛书撰写和编辑过程中，我们高兴地得知，国家已将"中国西南少数民族传统村落的保护与利用研究"列为国家社科基金重大招标项目，我们北京大学与中山大学分别中标承担起该课题的研究任务。回顾过去，我们西南少数民族村寨保护与发展的项目，最初只是北京大学支持的一个小课题，所获课题经费也只有少量校长基金作为启动资金的五万元经费。我们多年的调查工作从各方面筹集资金并非常节约地使用，使得我们历时八年、参加人员达三百余人的田野工作能够顺利完成。现在，有了国家社科基金的支持，我们的西南少数民族村寨专题研究和综合研究会推进得更快，以便研究成果汇集的丛书能够早日出版，为正如火如荼开展的中国传统村落保护工程提供一些学术上的支持。在此，我们首先对北京大学，对国家社会科学研究基金的支持表示衷心的感谢，没有你们的支持，这项延续多年的调研项目就难以完成。

作为国家社科基金重大招标项目的主要成果，这套丛书的核心研究团队除了我们两位主编所在的北京大学文化遗产保护研究中心和上海同济城市规划设计研究院外，还有北京大学建筑与景观设计学院、中央民族大学民族学与社会学院、复旦大学国土与文化资源研究中心和贵州师范大学地理与生物科学学院。这些学术机构都有繁重的教学和科研任务，但大家都积极支持并参与西南少数民族村寨保护与发展的研究项目，在课题预研究、子课题设计、案例选择、保护实践和人才培养方面都做出了自己的贡献。传统村落保护与发展是一个实践性很强的研究项目，需要参与者亲历亲为，既要参与编写保护与发展规划和方案，也要参与保护与发展规划和方案的实施行动。在西南少数民族村寨的保护行动中，贵州省文物局、贵州省文化遗产保护研究中心等单位给予我们大力帮助和支持，正是在他们的支持下，我们的村寨调查、村寨规划和村寨保护实践才能够顺利向前推进。这也是我们需要特别感谢的。

最后，我们要感谢巴蜀书社、国家新闻出版广电总局图书司和国家出版基金管理委员会，当我们将还没有成书的部分调查报告稿提交给巴蜀书社过目时，他们就将"西南少数民族村寨保护与发展"丛书作为社里的重要选题，呈报总局图书司列入了国家"十二五"（后转入"十三五"）图书出版规划。国家出版基金建立以后，基金委又将"中国西南少数民族村落的保护与发展"丛书作为首批国家图书基金资助项目，使我们这些年积累的调查和研究成果得以顺利出版。当然，我们还要特别感谢本丛书的多位责任编辑，他们认真审阅书稿，发现了许多问题，保证了丛书的质量。

希望本丛书能够给我们认识这些村寨提供基础资料，能给予城市规划、乡村规划和区域规划者一个参考的依据，在城市发展、新农村建设的时候，能重新思考中国文化的核心价值，吸取农村发展的经验，厘清中国不同于其他文明的特色，构拟出一个适合现代国人生活和居住的蓝图。

目　录 乡村遗产的核心价值研究：以贵州楼上楼村为例

导　言

　　贵州省为我国西南少数民族重要的聚居地。根据省政府网站信息，全省共有56种民族成分，其中包括汉族、苗族、布依族、侗族、土家族、彝族、仡佬族、水族、回族、白族、瑶族、壮族、畲族、毛南族、满族、蒙古族、仫佬族、羌族等18个世居民族[①]。提到贵州，我们就会想到多姿多彩的少数民族文化。然而，在现有人口构成中，汉族占全省人口一多半[②]，其中不少汉族人口为历史上多次移民的结果。

　　现有研究表明，汉族移民贵州的历史大致经历了以两汉为开端、唐宋有发展、明代大规模移入、清代占多数及辛亥以来的各民族共同发展等五个阶段[③]。其中尤以明清移民影响最为显著，使贵州人口由"夷多汉少"演变为"汉多夷少"。这些汉族移民不仅推动了贵州的农耕技术发展与经济水平[④]，也改变了贵州的文化格局，在不同区域中形成了各有特色的移民文化，如屯堡文化[⑤]与穿青文化[⑥]等。

　　明清移民是国家西南大开发的结果，以流官制替代土司制，彻底改变了前代"以夷制夷"的地方政策。2015年我国列入世界遗产名录的文化遗产地"土司遗址"便是"改土归流"的历

[①]　多民族的大家庭（http://info.gzgov.gov.cn/system/2013/06/18/012385028.shtml），贵州省人民政府网2013-06-20.

[②]　同上。

[③]　史继忠. 贵州汉族移民考［J］. 贵州文史丛刊，1990（01）：26-33.

[④]　池家西. 清代前期外来移民对贵州经济的开发和影响［J］. 兴义民族师范学院学报，2012（06）：16‐19.

[⑤]　古永继. 从明代滇、黔移民特点比较看贵州屯堡文化形成的原因［J］. 贵州民族研究，2006（02）：56‐62.

[⑥]　朱伟华. 贵州移民文化形态的留存与变异："屯堡人"与"穿青人"文化符码比较［J］. 文艺争鸣，2011（15）：129‐132.

史见证，其中即包括位于贵州省遵义市的海龙屯遗址。贵州省文化遗产众多，除土司遗址世界遗产地外，另有世界遗产预备名录2处、全国重点文物保护单位71处、国家级历史文化名城2处、国家级历史文化名镇名村23处，这些文化遗产地展示出贵州丰厚的历史与多元的文化。除文化资源外，贵州省的自然景观也十分出色，中国南方喀斯特与中国丹霞两处世界自然遗产地均包含贵州部分地区，在预备名录中也有梵净山[1]，以及19处国家级风景名胜区。

从地理区位来说，以省会贵阳为中心，贵州省的文化遗产资源多集中在东部，自然遗产资源多分布在西部；南部少数民族文化更为丰厚，北部受汉族移民传统影响较大。本书主要讲述的村子位于黔东北，它是一个汉族移民聚落，但周围又聚居着仡佬、侗族等少数民族，位于石阡温泉群国家级风景名胜区之内，距离自然遗产预备名录中的梵净山不远（70多公里），汇集了多样的自然文化资源，历史久远，景色宜人，这就是铜仁市石阡县国荣乡的楼上古寨。

楼上古寨是楼上行政村的一个自然寨。楼上村面积4.2平方公里，现有331户，1556人，周姓占95%以上。村落距石阡县城15公里，驾车约20分钟可达。古寨约有百户人家，除两户入赘的人家外，均为周氏家族。古寨坐落于廖先河畔的缓坡之上，周围群山环绕，风景绝佳。寨内有梓橦宫、周氏宗祠、天福井亭、楠桂桥等公共建筑，又有数座清代至民国时期的历史民居，还散布着世祖古墓，外围留存有屯堡、观音阁等遗址。古寨将西南山地建造特色与汉族院落住宅结合，形成依山而建、面水而居的聚落格局。居民聚族而居，耕读传家，聚落周边皆为稻田、山林。

因其出众的村落景观与传承良好的历史文化，楼上古寨获得了众多头衔。2008年入选第四批中国历史文化名村，2012年成为第一批中国传统村落，2013年列入第七批全国重点文物保护单位。根据《中华人民共和国文物保护法》《中华人民共和国文物保护法实施条例》《全国重点文物保护单位保护规划编制审批办法》与《全国重点文物保护单位规划编制要求》，全国重点文物保护单位必须编制保护规划，"文物保护单位保护规划是实施文物保护单位保护工作的法律依据，是各级人民政府指导、管理文物保护单位保护工作的基本手段"[2]。

2016年7月，我们复旦大学国土与文化资源研究中心团队受贵州省文物局之邀，与贵州省文物保护研究中心合作，共同开展全国重点文物保护单位楼上村古建筑群的文物保护规划工作。自7月场地勘察、初步拟定工作计划之后，8月，中心师生十余人驻村两周，开展现场调研，采集基础数据；9—11月进行数据整合，开展现状评估部分文本与图纸工作；12月团队向贵州省文

---

① 就在本书即将出版之际，梵净山获准列入世界自然遗产名录。

② 参见2004年国家文物局发布的《全国重点文物保护单位保护规划编制审批办法》。

物局汇报现状评估部分工作，听取地方部门、专家意见，修改文本、图纸；2017年1月，中心又派驻十余人开展补充调研，理清规划思路，并向地方文物、规划部门汇报，听取各部门的建议与意见；春节期间又抽调师生数人开展居民意愿调研，参与年节活动；3—5月，整合多次调研数据，开展规划部分文本与图纸工作；至6月基本完成规划文本撰写与图纸绘制，举行内部讨论与地方汇报；9月正式提交规划方案。至此，我们为期15个月的保护规划工作暂告段落。

然而，这样一个大量投入人力、精力的规划工作，仅仅一本规划文本不足以表达我们所有的研究心血。我们在规划中有自己的思考和尝试，借由《中国西南少数民族村落的保护与发展丛书》，我们希望把这次规划中的"研究部分"独立成册，配合文物保护规划（本书附录部分），使读者更多地了解楼上古寨，了解我们所做的保护工作的思路与方法，了解我们对中国村落类型活态遗产的思考。

除导言外，本书分为三个部分。第一部分从历史文化与景观价值的角度解读楼上村。其中历史文化部分从明清西南移民的大历史背景切入，根据《楼上周氏族谱》与多次在村内的访谈，梳理出楼上村及周边周姓聚落的历史发展过程。与没有书写文字的众多西南少数民族相比，汉族移民聚落保留着中原汉民撰写族谱的传统。目前村中流传的族谱为2008年由村民集体根据十多版老族谱重新编纂而成，基本能够反映楼上村的历史发展脉络。然而，暂不论族谱内容的真实性如何，族谱的记录范围局限于周氏家族内部的人口繁衍，对于聚落空间几无描述。因此，口述史仍是我们重要的研究方法。我们走访了村中多位重要人物，他们对村史了解较多，参与了2008年版族谱编制工作。当然，我们的访谈对象也不仅限于这些具有执笔能力、特殊话语权的"当代乡贤"，而是对不同支系、不同从业家庭均有涉及。不过，在访谈中我们仍然深深地感受到"书写文字"的权威性[①]。每每我们想要验证族谱上记载的历史事件的可信度，求教于村民，他们思考片刻后，总会让我们去看族谱，说族谱上记载得很详细了。因此，我们对于楼上村历史的解读只能是基于族谱、访谈、其他相关文献以及有限的推导。当然，在访谈之中，我们也搜集到了很多非常有意思的、在族谱上未能展现的生动内容，比如居住的习俗、生活的细节等等。在第一章的历史文化部分，我们也将这些内容呈现给读者，让读者看到一个生动有趣、充满生机的村落。当然，在后面的各章之中，我们也会看到这些文化要素如何影响到建筑遗产以及我们对村落的思考。

作为一个汉族移民聚落，它的文化不仅仅局限于建造了房屋的狭义的聚落范畴内，更展现于聚落与周边山形水系的和谐共处之中，展现于居民在历史发展中不断利用自然、改造自然的

[①]　赵华鹏. 社会人类学视野下的族谱文化研究综述［J］. 中山大学研究生学刊（社会科学版），2013（04）：88-97.

时间层累之中。第二章即从文化景观的理论入手，分析楼上村的人地关系，建立基于文化景观理论的整体保护方法论。村落文化景观是研究乡土聚落遗产的重要手段，基于对景观构造的分析，我们可以更好地将景观要素分门别类地剥离开来，仔细研究；又能够建立起不同要素之间的联系，探讨历史进程与未来发展。第三章承接前一章，基于这种景观性格的分析，清晰地解读楼上村在整个西南山地聚落中的独特性与代表性，提炼出其文化遗产的核心价值。这种核心价值并非对不同类型价值的加权整合，而是将村落视为一个整体，一个系统，从系统论的角度提炼村落遗产的价值。

在向读者全面展现楼上村的历史图景、景观构成与价值内涵之后，第二部分主要针对我们在楼上村一年多来的工作经验，总结我们在不同专项研究中采用的研究方法。第四章从多规合一的实际需求出发，同时基于我们所建立的村落价值系统论，将规划整合的理念贯彻于楼上村古建筑群保护规划工作之中。这种整体、整合规划理论以多学科合作为基础，分析文物保护单位、历史文化名村与传统村落规划的异同，从价值评估、遗产构成与保护区划等方面将不同的规划要求相整合，跨越规划技术与遗产理念的鸿沟，基于我们对村落遗产的景观构成与活态文化的理解，建立起维护居民利益、有利于遗产地发展的规划工作框架。

作为全国重点文物保护单位，楼上村古建筑群所认定的文物本体以建筑或建筑组群为主。然而，这样的保护对象认定并不符合我们的系统价值观与整体保护论。第五章从规划调研的发现与村民生活需求出发，梳理保护对象认定的过程，建立活态村落遗产的文物认定标准。这一认定方法也是对多规合一的考虑，以及对地方未来发展潜在性的保留。

村落是一种文化景观，基于景观方法论的村落遗产调研不仅限于几个文物建筑的认定，更多的是对景观系统的细致分析。第六章以景观构成体系为基础，讲述村落景观调研的必要性、具体方法以及在调研中我们发现与思考的问题。

这种景观视角下的村落遗产，村民是景观体系的创造者，不断进行着景观的再生产。在调研与规划过程中，我们十分关注村民的主体意愿，希望了解他们的需求与价值认知，也鼓励他们参与到未来的遗产保护管理工作之中。第七章即特别讲述调研居民这一遗产核心社区所采用的调研方式，统计分析居民需求的普遍性，为以人为本的规划奠定基础。

规划图纸是保护规划成果的重要组成之一，图纸具有文本所不具备的直观性，在概念表达中具有重要作用。第八章即从图纸绘制新方法的探索出发，以楼上村规划图纸的绘制为案例，探索有着严格规范性要求的图纸如何与我们所要表达的丰富历史文化相统和。

如果说第二部分是就事论事地说楼上村，那么在第三部分中，楼上村只是我们对村落遗产思考的一个引子，引出了村落景观、活态遗产与地方发展的不同主题。我们从基础设施、旅游管理、遗产展示、产业开发等角度，探讨楼上村及其他活态村落遗产未来发展的途径与方式，最后基于楼上村文物保护规划工作的经验与教训，思考保护规划编制与地方可持续发展的关系。

基础设施与居民生活品质具有密切的联系。第九章基于楼上村案例的具体情况，结合我国村落基础设施建设的普遍现象，分析村落，特别是作为遗产地的村落，其基础设施建设与遗产保护之间的密切联系。

遗产管理是目前我国遗产保护工作中非常重要的组成部分。村落遗产不同于普通文物建筑，不同名目的村落遗产分属不同的管理部门，遗产构成要素也不限于建筑、遗址，而与周边的自然资源有着密切的联系。第十章从文物管理角度出发，分析管理机构设置在遗产保护中的重要作用。

遗产价值从展示中得以传递给观者，这种展示包括对外的面向游客的展示，也包括对内的面向村民的展示。第十一章分析贵州村落几种现有的展示方式，通过比较研究，探索符合地域文化特色、遗产价值内涵的村落遗产展示理念。

作为活态遗产地，村落未来的发展与保护的关系需要我们思考，第十二、十三章分别从产业和可持续的角度，启发我们反思文物保护与遗产地发展的联系。第十二章从贵州村落产业发展的整体出发，分析文化旅游是不是西南村落发展的唯一道路。而第十三章则从自由发展观出发，揭示可持续发展的本质与核心要求。

楼上村古建筑群文物保护规划工作的开展并非一帆风顺，我们在规划工作中碰到很多实际难题。感谢团队中的每位成员，正是大家的团结一心才使工作得以渐次开展。感谢贵州省文物局、文物保护研究中心的各位同事，是他们的邀请与协作，让我们有机会参与到这项有挑战、有收获的工作之中。感谢石阡县文化体育广播电视局、国荣乡政府及相关地方单位提出的宝贵建议与意见，使我们更加了解地方的发展意图、更好地调整规划思路。最为感激的是楼上村的居民，他们真诚地接纳我们，在我们驻村期间给予了关心和照顾，不仅配合我们的驻村调研工作，更向我们展示了汉族移民的传统习俗，与我们建立了深厚的友谊。尤其感谢楼上村的周正文老师与赵春莉老师，他们向我们解读了楼上村的历史、文化与发展轨迹。

最后，列出参加本次规划调研、编制与研究的伙伴们的名字。他们是：贵州省文物保护研究中心的陈顺祥主任、彭银主任、曾幻工程师；复旦大学的杜晓帆老师、赵晓梅老师、石鼎老师、孔达老师、侯实老师以及研究生邓云、周紫檀、缪璟、何阳斌、李骁、徐婉君、周文钰、张磊；上海复旦规划建筑设计研究院有限公司的曹可硕、曹晓楠；其他高校的志愿学生张乐（同济大学博士研究生）、初松峰（同济大学博士研究生）、张尧鑫（北京建筑大学本科生）、宜晓华（安徽建筑大学本科生）；楼上村的志愿"翻译"周滇涂、周观顺、周廷令、周延安、周昌琴与周昌燕。

本书各章节作者如下：

导　言　　　　杜晓帆、赵晓梅

第一章　　　　张　乐

第二章　　　　石　鼎

第三章　　　　赵晓梅

第四章　　　　邓　云

第五章　　　　石　鼎

第六章　　　　石　鼎

第七章　　　　曹可硕

第八章　　　　曹晓楠

第九章　　　　初松峰

第十章　　　　周紫檀

第十一章　　　周紫檀

第十二章　　　侯　实

第十三章　　　赵晓梅

附　录　　　　团队联合完成

（书中未注明来源的图、表均为团队制作）

第 一 章
楼上村历史文化的缘起与发展

楼上村位于贵州省铜仁地区石阡县国荣乡廖贤河畔，距石阡县城15公里。村落始建于明弘治六年（1493），是一个汉族聚居村落，从始祖周伯泉第一代在这里安居，先后经历明、清、民国，至今已有520多年的历史。楼上村一直是一个以周氏家族为主的血缘村落，村内居民周姓占95％以上。村域面积4.2平方公里，拥有1087亩（0.724平方公里）耕地，居民世代以农业生产为主，耕读传家，人地和谐，人才辈出。

楼上村究竟是什么时候形成的？为什么身为汉族的周氏会在少数民族众多的贵州扎根？为什么会在村落内建造三合院式住宅形制？为什么村落里的民居鳞次栉比充满秩序？这些问题都涉及村落的历史发展过程，本章的重点就是探究楼上村的历史渊源。

一、传统村落的历史研究思考

1. 传统村落的历史研究角度

研究一个传统村落，首先需要确定这个村落的历史发展过程，然后才能更好地站在时间轴上探讨村落现在的遗产价值。不同于地方史的研究，从遗产保护的角度对村落发展历史进行研究，不仅需要关注历史事件和地方人物，更需要把村落看作一个有机整体，把村落的发展视为在特定自然环境和社会历史条件下逐渐演变发展的一个过程。

从研究的内容体系上讲，村落发展历史的研究内容，一方面包括时间纵向发展轴上村落结构和功能的发展演变，另一方面还包括从横向上对村落环境、经济、生活、人口、文化等的研究。但是，对村落的历史研究不是撰写村志，不是堆砌调研资料，而需要围绕研究目的进行一系列深入的考察，或者探究村落产生的根源，或者研究聚落在历史过程中社会生活和社会文化的变迁，或者探寻民俗、风土人情、民间信仰的演进，或者研究建筑形制、村落空间形态的变迁。因此，对于传统村落的历史研究一般都是在兼顾村落整体发展脉络的情况下，围绕一个研究主题或目的而进行的。

从目前学术研究角度来说，有从历史学、社会学、文化学、建筑学、地理学等各种不同视角对村落发展变迁所进行的研究，如历史学较为关注聚落的移民史、产生发展史；社会学角度的研究关注聚落结构、形态变迁背后对社会组织和生活圈的诠释，侧重宗族制度等与聚落空间形态的关联性，以及和社会文化意义的关联性；文化学角度的研究注重聚落形制、形态及其背后的文化观念，注重社会文化意义的建立，一般社会学与文化学有所交叠，重点揭示聚落社会中人的活动、社会现象与社会环境的对应关系，从而研究社会整体发展的规律；建筑学与地理学的视野则更关注聚落区域分布和形态变迁的研究，如聚落空间的布局、形态、组织和发展变迁。

2. 传统村落的历史研究方法

除研究角度及目的的确定外，对传统村落历史进行研究碰到的另一个核心问题就是史料的

图 1　2008年编制的《楼上周氏族谱》及不同年代记载的老族谱
（作者自摄，2016年）

获取。对于文化氛围较厚重的村落来说，尤其是汉族宗族村落，一般有村志、地方志、族谱、碑文石刻等文献。虽然与少数民族类村寨相比，汉族聚居的村落有保存文献资料的优势，但与城市史的研究相比，村落的史料又显得十分不足。因此，传统村落的历史研究还必须依靠大量实地调查所得的口述传说。"口述资料"和本地人的记述，有助于更深刻地理解乡村历史的"事实"和内在脉络。借助文献资料，根据田野调查，将口述传说和民间故事等与村落的发展逻辑进行整合，再现历史过程，这便是村落历史研究的方法。

楼上村是周氏聚居的汉族村落，本章对于楼上村历史的研究主要是基于2008年编制的《楼上周氏族谱》。该族谱综合了古族谱、尚濂手书族谱、耀南手书族谱、召凤手写族谱等版本老族谱的内容，记载了楼上村1493—2007年的事件。另外，研究还依据村落中现存的碑文石刻等文献资料和对楼上村的田野调查、访谈来进行。

3. 对于楼上村历史研究内容的思考

对楼上村进行历史研究的目的、从什么角度进行历史研究成为牵引本章的主要问题。一方面，对于楼上村聚落的历史研究要梳理出整体的历史发展脉络；另一方面，要提炼、凝结历史研究需要聚焦的核心问题，形成对楼上村历史研究的洞见。

因此，本章主要包括两部分内容，一部分是提炼聚焦问题，并加以具体解释；另一部分是围绕核心问题，对楼上村聚落环境、经济、生活、文化、村落建设等综合内容的脉络进行梳理。

二、作为移民聚落的楼上村

1. 从江西迁移至楼上的周氏

《楼上周氏族谱》（2008年版，下同）中《嵩祖[①]祭墓册中明朝周氏》一文是目前所见最早对楼上周氏的起源进行相关记载的：

始祖周公讳国照老大人，起自江西南昌府丰城县进士，历任四川知县未归。祖籍威远属地罗阳乡大坡里，地名晒金坡。后居乐治县属仁义乡天井池坝。越数世，因遭皇贼叛乱，我祖讳九如、九思逃于贵州镇远县属西里二甲板桥钟场坝落业居住，名曰周家园。住居数世，九如之

---

① 嵩祖为楼上三世祖周嵩。

后伯卉祖乐业肖旗屯寺右边住坐。九思之后伯泉祖于弘治六年，至思南府属地名寨纪，今名楼上，产业一庄。

——《楼上周氏族谱》第18页

这指出了楼上周氏的起源。楼上周氏是明朝进士周国照的后人，原籍是在江西南昌府丰城县，后因周国照出仕四川威远县，居住在该县罗阳乡大坡里晒金坡，后移居潼川州乐治县仁义乡天井池坝。在讳九如、九思先辈因动乱逃至贵州镇远县西里二甲板桥钟场坝居住之后，越数世，周伯泉在弘治六年（1493）来到了寨纪，即今天的楼上村。

《楼上周氏族谱》中《易祖①遗嘱原本》对周伯泉迁移至楼上进行了详细描述：

弟兄二人于弘治六年避难图存，行至思南府蛮夷属地山革泽，卉祖于山革泽得业。我始祖伯泉行至思南府蛮夷司属地寨纪，今名楼上。备银一百七十两与高攀得买田业一庄，凡亚秧寨、代家山、黄泥田等处皆是。

——《楼上周氏族谱》第14页

可以看出，周氏后代卉祖在山革泽落业生根，而周伯泉在思南府属地寨纪（今名楼上）开始了兢兢业业的创业之路，成楼上周氏始祖。

由此，楼上周氏的迁移路线便十分清晰：从江西南昌府丰城县到四川威远县罗阳乡大坡里晒金坡，后至潼川州乐治县仁义乡天井池坝，再至贵州镇远县西里二甲板桥钟场坝，最后在思南府属地寨纪扎根，经过数代的迁移，最终，周氏在贵州楼上繁衍生息。

图2　2008年为始祖周伯泉立的墓碑，位于龙洞湾附近（作者自摄，2016年）

---

① 易祖为楼上六世祖周易。

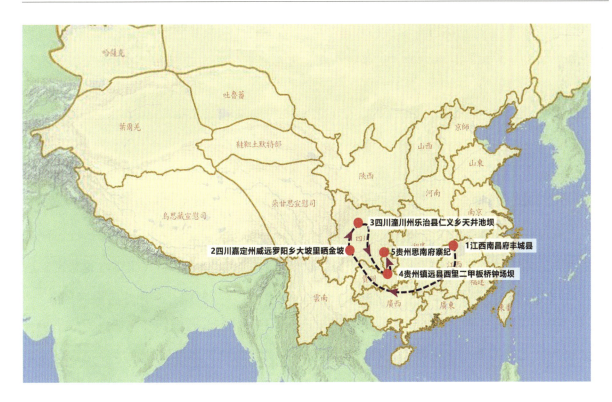

图 3　楼上周氏迁移路线示意图（作者自绘[①]）

2. 楼上村周氏移民的时代背景：明初的贵州移民活动

元末明初，朝廷为巩固政权，在政治上采取了移民措施。洪武三年（1370）朝廷以垦荒为由，进行强制性的大规模移民，史称"洪武赶散"，拉开了明清"江西填湖广""湖广填四川"的序幕。此后江西人入楚、楚人入蜀，源源不断。江西周氏家族正是在这种背景下迁入四川和贵州等地的。

古永继研究了元明清三个时期贵州地区的外来移民[②]，认为明代向贵州的移民主要包括仕宦任职、军士留戍、谪迁流放、自发流移四种类型，其中民间百姓因各种原因而产生的自发流移是贵州外来人口的重要来源。由于贵州多山地，可耕之地不多，因此由官府统一安排的批量移民主要是军队屯戍，属行政安排的平民移迁不似云南显著，民间迁移者多系自发行为，如逃荒、流亡、经商之类。嘉靖《思南府志》后序中记载，思南府永乐以来，"土著之民无几而四方流寓者多"[③]。根据古永继的研究，流寓者中又以四川、陕西、江西人为众，尤其思南因地接川东重庆、播州、酉阳等处，"每遇荒年，川民流入境

---

① 绘制底图来源：https：//www.ageeye.cn/map/2482/#5/31.579/105.073，为1582年明朝部分地图。

② 古永继. 元明清时贵州地区的外来移民［J］. 贵州民族研究，2003（01）：135–141.

③ 钟添. 嘉靖思南府志：后序［M］. 中国地方志集成·贵州府县志辑. 成都：巴蜀书社，2006.

内就食，正德六年（1511），流民入境数多"。一些土著大姓将空闲山地招佃安插据为己业，有的一家跨有百里之地，更是吸引众多流移之人，"亲戚相招，缀属而至，日积月累，有来无去"①。

楼上周氏正是在明初贵州大移民的背景下，作为自发移民的一种，由江西经四川来到贵州思南府寨纪（今楼上村）安家落户，繁衍生息。

3. 移民聚落概念

移民是身份特殊的人类群体，是外来文化的携带者，移民聚落是指因移民族群而产生的聚落，聚落的发展、演变受到移民族群的重要影响。简单地说，移民聚落就是移民到达目的地后始建和长期居住的聚落，是由移民作为主体兴建、使用、维护和改造的聚落②。在"移民"这一特殊的人类族群的影响下，其迁入某地之后必然要面临与迁入地的社会、文化环境适应与融合的问题，"移民聚落"的空间形态与发展演变必然是与"原住民聚落"相异的。

4. 贵州省传统村落中的汉族移民聚落

贵州地处中国西南部，是一个苗族、布依族、侗族、彝族、畲族等民族共居的省份，被联合国教科文组织称为"最后的神秘之园"，有"文化千岛""人类学博物馆"的美誉。根据2010年第六次全国人口普查资料，除没有塔吉克族和乌孜别克族外，贵州省共分布有54个民族，以汉族为主体，有53个少数民族。少数民族人口1255万人，占据全省常住人口36.11%，其中苗族、布依族、土家族、侗族、彝族常住人口数量排前5位。贵州的少数民族人口分布具有严重不均衡性，总体上集中分布在黔东南苗族侗族自治州、黔南布依族苗族自治州、黔西南布依族苗族自治州以及东部的铜仁市③。从贵州省内传统村落的分布来看，传统村落绝大部分为单一少数民族类型村落，其中以苗族、侗族村落为最多，其他比较多的还有布依族、土家族、仡佬族村落等。

古代贵州一直是"夷多汉少"的区域。自明军入黔在辖区内普遍设置卫所，汉文化便开始在贵州生根。各卫下设所、屯、堡等，形成大大小小的军事据点分布各地，尤其是贵阳以西安

---

① 钟添. 嘉靖思南府志：卷7 [M]. 中国地方志集成·贵州府县志辑. 成都：巴蜀书社，2006.

② 周彝馨. 移民聚落空间形态适应性研究 [M]. 北京：中国建筑工业出版社，2014：18-19.

③ 佟玉权，龙花楼. 贵州民族传统村落的空间分异因素 [J]. 经济地理，2015，35（03）：133-137+93.

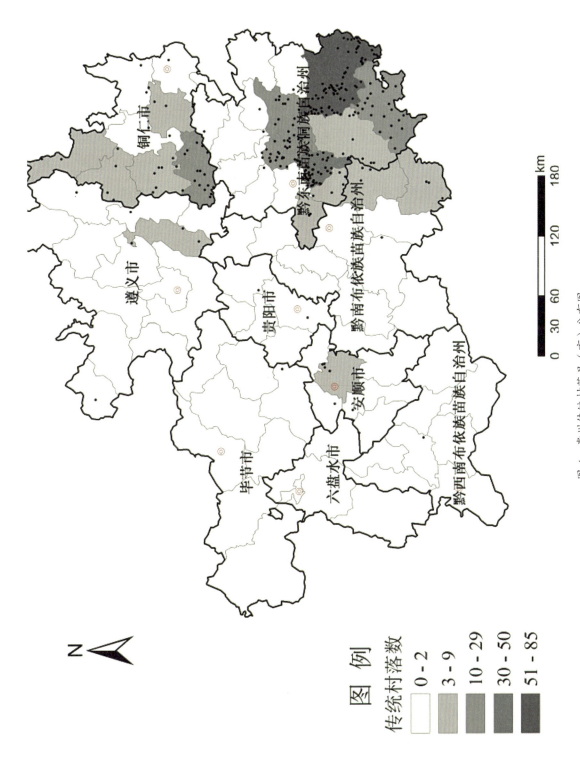

图 4 贵州传统村落县（市）分布图

（图片来源：引用佟玉权，龙花楼.贵州民族传统村落的空间分异因素 [J]．经济地理，2015，35（03）：133-137．）

顺一带，这些地区甚至"汉多夷少"，汉族人口超过了少数民族，其他则多属"汉夷杂处"或"夷多汉少"地区[①]。再加上明清以来经历"调北征南"和"改土归流"，大规模的移民使贵州民族文化与中原经济文化交往日益频繁，贵州逐渐由明清以前的"夷多汉少"变为明清以后的"汉多夷少"[②]。

从汉族移民在贵州的影响来看，贵州汉族移民主体来自江南、中原一带，他们在黔中一带的后裔形成具有鲜明文化符码特征的族群，其分布以贵州安顺市为中心，东起原平坝县城以西及长顺县西北，南迄紫云县交界，西抵镇宁县城，北达普定县城，方圆约1340万平方米，人口大约有30万[③]。这些既保持着原本家乡习俗而又具有某些地方特点的移民后裔群体，周边少数民族称之为"老汉人"，学术界称之为"屯堡人"，成为贵州最具代表性的汉族移民文化，影响力较大。他们住堡子、说堡语，不仅语言、服饰长期保留明代的特征，而且勤耕作、善工商、崇祖宗，有演地戏、跳花灯、抬汪公、祭五显等习俗，心理上互相认同，成为明代屯兵制度遗存下来的地域文化现象。

5. 楼上村的历史价值

贵州移民后裔并不限于黔中的屯堡人，外来汉族移民群体在贵州的留存与变异还有不同于屯堡的文化现象。楼上村是周氏自发由江西经四川迁移至贵州的文化现象，区别于屯兵制度形成的屯堡聚落，是我国明清时期西南地区汉族民间自发移民发展史的活态例证，是汉族宗族文化和儒家耕读文化与西南山地文化融合共生、共同发展的代表，见证了明清建设发展西南少数民族地区、中原汉族向西南进行移民的重要历史过程。

三、基于移民聚落发展规律的楼上村演变脉络

聚落是有生命的，其发展演变如生物一般具有规律。周彝馨研究移民聚落空间的适应性规

---

① 古永继. 从明代滇、黔移民特点比较看贵州屯堡文化形成的原因［J］. 贵州民族研究，2006（02）：56-62.

② 张祥光. 明清贵州人口的发展对社会经济的影响［J］. 贵州师范大学学报（社会科学版），1998（03）：21-25.

③ 朱伟华. 贵州移民文化形态的留存与变异——"屯堡人"与"穿青人"文化符码比较［J］. 文艺争鸣，2011（15）：129-132.

律后指出：从时间维度上说，移民聚落形成期的空间形态主要受到"防灾"思想的影响，选择"最优生存方式"；移民聚落发展期，聚落空间更多地受到人类精神文明与社会生活的影响，呈现出与社会和文化环境趋同的趋势；移民聚落更新期，空间形态受到变动的社会和文化的影响[①]。这也正符合马斯洛的需求层次理论，从生理需求、安全需求、社交需求逐渐发展到尊重需求和自我实现需求。

基于移民聚落的发展规律，结合楼上村族谱记载的历史发展脉络，本文将楼上村的发展分为形成期、发展期、成熟期与转折期四个阶段。

1. 村落形成期（1493年-明末）

移民聚落形成期主要问题是选择最优生存方式，并且注重防灾，解决生理需求与安全需求。楼上村的形成期是围绕生存最基本的资源——农田展开的。根据族谱的记载及现存文物，四世祖对于楼上村来说是个重要人物，其跨越了明清两代。四世祖之前，是周氏在楼上村扎根的形成期，从四世祖开始，周氏在楼上村逐渐繁衍壮大。因此，我们将明代作为楼上村的形成期。

1.1 适宜耕作的田地

《楼上周氏族谱》中《易祖遗嘱原本》记载了始祖周伯泉买地置业的事件：

> 我始祖伯泉行至思南府蛮夷司属地寨纪，今名楼上。备银一百七十两与高攀得买田业一庄，凡亚秧寨、代家山、黄泥田等处皆是。
>
> ——《楼上周氏族谱》第14页

可见，具有大量可供耕作的田地，是周伯泉选择在楼上村繁衍生息的关键因素。

---

① 周彝馨. 移民聚落空间形态适应性研究——以西江流域高要地区"八卦"形态聚落为例［M］. 北京：中国建筑工业出版社，2014. 前言.

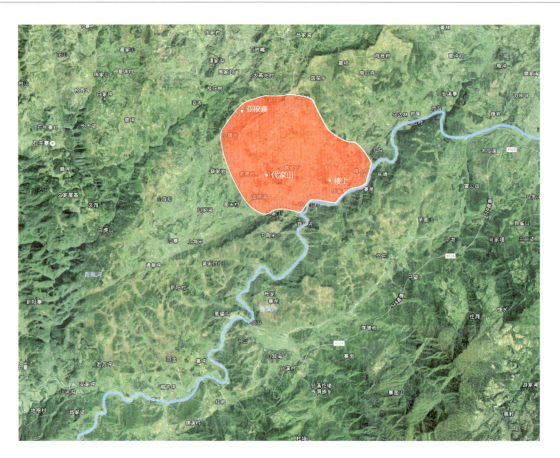

图 5   始祖周伯泉购置田地的推测范围（作者自绘[①]）

1.2 守护田业

最初在寨纪落脚的周氏形单影只，尚不具有强大的集体力量。周伯泉中年逝世，朝隆、朝贵二子随母改嫁铺溪冯姓，将寨纪田业租与高姓管理。二世祖朝隆长大后，想回寨纪复业，不幸土地文契遗失，高姓居心不良，欲借机占为己有，朝隆无奈，回居铺溪，韬光养晦，此时寨纪被高姓占有。

及朝隆祖章程，娶祖母张氏，欲回复业，殊知高姓已起霸业之意，拒业不给，不得复业。即在铺溪地上住座。

——《楼上周氏族谱》第14页

三世祖周嵩及其兄弟长大后，遵循父愿，请凭亲邻李、辜、里长罗商议复业，但只有周嵩及长兄周喜愿出头与高姓诉讼，可惜官司打到第三年时周喜亡故，其他兄弟仍不愿多事，因此

---

① 依据楼上村地名在谷歌地图基础上自制，为推测范围，并非准确范围。

只有周嵩一人与高姓在思南府争讼二十多年。之后，恩姑熊氏将其藏匿在山中的地契拿出来作为证据，才帮助周嵩将田业夺回。周氏家族回归寨纪，周嵩执掌周氏田业。后周嵩念及兄弟之情，将周家产业均摊，寨纪田业归于自己，代家山田业归二兄周富及四弟周珩所有，自鱼泉跟沟直上龙硐湾，跟左沟直上土巢，跟沟直上火石丫为界。此时今楼上范围基本上属周嵩这一支系所有。

嵩祖得受左边楼上一股，富祖得受右边代家山一股，其界自鱼泉跟沟直上龙硐湾，跟左沟直上土巢，跟沟直上火石丫为界。

——《楼上周氏族谱》第15页

二房嵩公子孙，居楼上、仁佳寨、上下苗寨、官塘、登山、岩脚、新房子、凉水井……

——《楼上周氏族谱》第27页

图6　二、三世祖被迫放弃田业移至铺溪居住（作者自绘[①]）

---

① 基于地名在谷歌地图上绘制，为推测范围。下同。

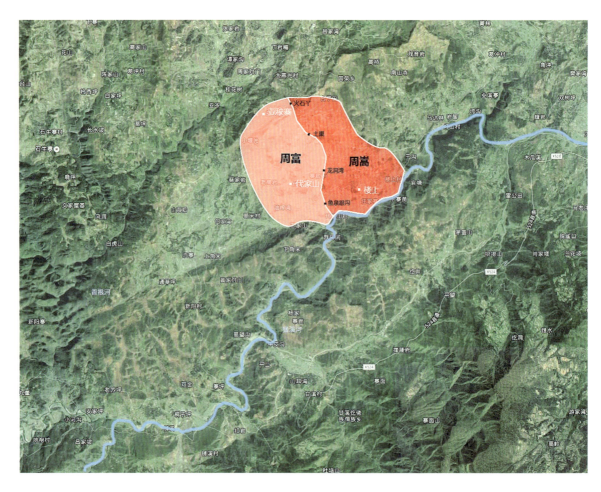

图 7　重新得到田业，楼上村属于周嵩支系（作者自绘）

图 8　替周氏夺回田业的恩姑之墓，周氏将其葬在村落中（作者自摄，2016 年）

1.3 建设屯堡，抵抗外族

楼上村幸存有两幢明代修建的七柱六瓜马桑木房，基宽、房大、柱矮。马桑檐柱不到八尺，虽柱身遍布蜂巢但非常坚固。族谱中记载（第71页），明代中期，这类房屋全寨有30余幢。四世祖时，毗邻的苗王"蚩"看上楼上肥沃的水土，想趁乱世把周姓灭绝，将肥沃的土地据为己有。一个秋天，苗王对楼上大举进兵，寡不敌众的周氏家族被迫逃离到寨子后面叫屯上的岩顶。岩顶易守难攻，苗王"蚩"几天几夜攻不下屯堡，就传令将古寨所有的房屋烧毁，只留下两幢供苗兵居住。在四世祖国祯的带领下，周姓用自制的"九节灵"土炮击退了苗兵，两幢马桑木房得以保存，成为历史的见证人。

图 9　屯堡遗址
（作者自摄，2016年）

2. 村落发展期（清）

移民聚落发展期，聚落空间更多地受到人类精神文明与社会生活的影响，开始从生理需求、安全需求逐渐走向社交、文化心理需求以及自我实现，村落建设呈现出汉族移民聚落的社会和文化特点。从四世祖周国祯起，周氏聚居在楼上村的生活就逐渐形成并且稳定下来。经六世祖周易到清末，楼上村持续繁衍壮大，成为贵州少数民族环境中的一个汉族单姓宗族聚落，这个时期是村落的发展期。

2.1 汉文化气质显著的四世祖与六世祖

四世祖与六世祖对楼上村汉族移民文化氛围的奠定起着重要作用。

据记载，四世祖周国祯（周嵩之子）步入仕途，曾官至上省藩署参房。及例满后被派发湖广经政厅任职，回家收拾行李上任。到家不久，妻子及七子相继而亡，周国祯认为这是为官导致的恶果，于是发誓永不为官。他将文凭札照呈缴，朝夕修斋念佛，广行布施。六十余岁时，娶李氏，得三子。从此，敬天地，礼神明，修桥铺路，救难救急，无善不为。

六世祖周易喜习文弄墨，楼上村名称的由来就与六世祖有关。周易在正楼上水沟旁修了一座小楼，名曰"听水楼"。书有门联"滚滚山泉惊午梦，幽幽庭树畅生机"，室内一联为"诗书消永日，风雨送流年"。一日，一路人经过此地，因口渴想讨口茶喝，便在楼下大喊："有人吗？"因水声大，周易没有听见，路人再喊，终有人应："怎么无人，我在楼上。"路人转嗔为喜，上楼喝茶聊天。自此"我在楼上"被传为佳话，而寨纪一名渐渐被人淡忘了①。

2.2 修建公共文化建筑

周国祯先后于1629年修建楠桂桥、1654年修建梓潼宫（明末祯祖辈合族建立阁拗口、青龙嘴文阁二座、楼上城隍祠一座）。之后村落中各庙宇不断修建及重修：1801年，建梓潼宫南北两厢；1820年左右，修建魁星阁；1835年建观音堂；1861、1862年梓潼宫毁于兵燹；1869、1870年重修梓潼宫正殿及两厢；1882年重建梓潼宫后殿；1893年修建周氏宗祠。至19世纪末，村落中城隍庙、小屯寺、山王庙、玉皇阁等庙宇仍在。

从表1可以看出，村落中文化建筑的建设基本是在发展期完成的。

表 1　楼上村文化建筑建设沿革（表格来源：作者自制）

时间	事件	原文	文献出处
崇祯二年（1629）	四世祖修建楠桂桥	周国祯高兴至极……先后修建了溏池寨前的"多子桥"、登山的"干沟桥"、仁佳寨的"楠桂桥"……楠桂桥碑文记载崇祯二年修建楠桂桥。	《楼上周氏族谱》p72
永历八年（1654）	建梓潼宫	后聚祖妣氏李，于永历八年捐资建阁一座，圣像四尊。	《楼上周氏族谱》p59
康熙三年（1664）	建梓潼宫正殿五间	甲辰广培基址，募化重修。然止是正殿五间耳。	楼上古建筑国保单位记录档案；《楼上周氏族谱》p59

---

① 另外民间还有一种说法：因正楼上一水沟处有一楼房，下面长长的巷道为过道，便称"楼巷"，因"上"与"巷"谐音，久而久之便喊"楼上"。

续表

时间	事件	原文	文献出处
嘉庆六年（1801）	建梓潼宫南北两厢	越嘉庆六年始建左右两廊，添塑圣像五尊。	《楼上周氏族谱》p59
道光十五年（1835）	建观音堂（已毁）	道光乙未主持僧普济，募造观音堂三间，佛像满堂，尔时庙宇颇为之一新。	《楼上周氏族谱》p59
咸丰十一年（1861）	梓潼宫部分毁于兵燹	乃至咸丰十一年被苗教烧毁，幸文阁尚无恙焉。	《楼上周氏族谱》p59
同治一年（1862）	梓潼宫毁于兵燹	不幸同治一年仲春初亦被苗匪灰烬，其殿宇无复有存者。	《楼上周氏族谱》p59
同治八、九年（1869、1870）	重修梓潼宫正殿及两厢	同治八、九年，濂与合族协力募化修理各庙，复立阁拗口文阁，前之庙基未缮者，择地更迁，移土立庙于楼上之左。	《楼上周氏族谱》p29
光绪八年（1882）	重建梓潼宫后殿	光绪八年重建后殿。	《楼上周氏族谱》p87
清光绪十九年（1893）	建周氏宗祠	周氏宗祠大梁题记为"贵州思石二府新二甲所楼上住居""大清光绪拾玖年岁在癸巳仲冬月上旬建立"。	全国重点文物保护单位记录档案，编号7-1362-3-660，主卷-主卷·文字卷-基本状况描述：p10
民国五年（1916）	建戏楼	民国五年建戏楼，戏楼地址称阁拗口，左侧下有山王庙一座。	《楼上周氏族谱》p87
民国二十七年（1938）	村民集资重建天福井	井口南侧立有民国二十七年重修古井石碑一道。2004年进行了大规模的修缮，保存现状较好。	全国重点文物保护单位记录档案，编号7-1362-3-660，主卷-主卷·文字卷-基本状况描述：p10

2.3 三合院式民居

在村落的发展期，村内核心居住地带的格局逐渐成型、稳定。除明代的两幢马桑古屋，村内现存的其余民居建筑均为后来重建，多为清代建筑。

根据当地的风水说法，周氏不适宜居住四合院形式，"四合"会将周氏围困住，由于楼上村全村居民都为周氏姓氏，故村落内民居多为三合院。三合院作为一个村落组成的基本单元，既是空间单元，也是生活单元。正房三间，两边各配有干栏式厢房两间，龙门呈八字形状，不正对堂屋，正房门的朝向一般正对两山之间。古民居与周氏墓群相依相偎，阴宅与阳宅和谐共处，成为村中日常生活景观。

三合院原型是宗族—家庭结构关系在物质层面的体现，每个家庭的生活空间经过宗族关系的协调，平摊和共享有限的土地资源。根据村落三合院的居住形式来看，每个家庭的院落大小和形式相差不多，每个家庭单元基本都能享有一定的住房条件。为了保证均衡性，每个单元的外在形象也是比较接近的，没有特别突出或者鲜明的院落。大家族的住宅只是院落大一些，围墙的堡坎更为气派，但外部形态或者空间结构上没有质的变化。因此，在宗族的统一管理下，楼上村民居和聚落对外总体呈现一种高度的均衡性和相似性，是相似单元的聚合，形象有机和谐，整体性很强。

图 10　三合院式住宅形制（团队航拍，2016 年）

图 11　和谐的三合院式居住聚落（团队航拍，2016 年）

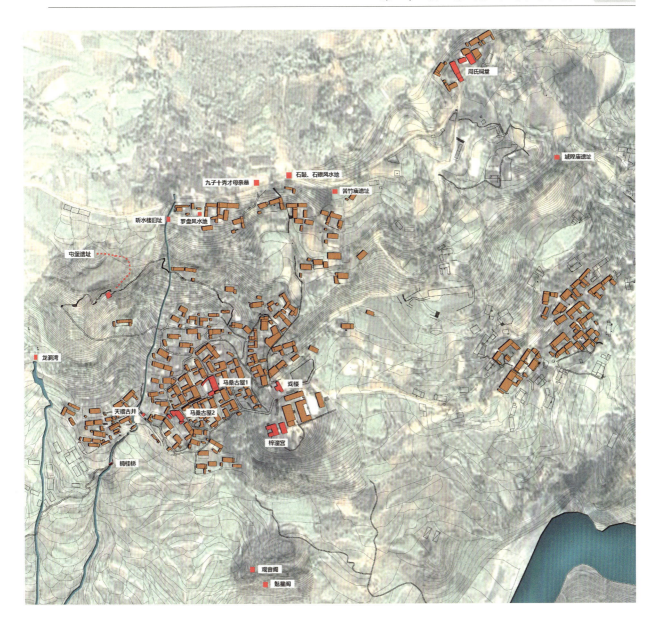

图 12　发展期村落建设推测图（作者自绘①）

3. 村落成熟期（民国–20世纪末）

成熟期的村落较为稳定，基本维持发展期形成的格局，有少量的更新建设。

3.1 民居风貌趋于成熟

全村200余栋民居中，明代建筑5栋，清代建筑58栋，民国建筑34栋②。居民建筑历经明清、

---

① 基于族谱记载年代与调研信息的结合，自行绘制，为推测图，非准确信息。下同。

② 摘自《石阡温泉群国家级风景名胜区楼上古村落景区旅游服务村修建性详细规划（2015–2025）》，第6页。

民国，在成熟期形成主要的风貌。

3.2 公共建筑维护

1916年村口建设了戏楼；1938年，村民集资重建天福井。1949年后随着经济的发展，道路交通条件逐渐得到改善，乡村小路变成与外界通达的公路。

3.3 庙宇建筑的破坏

公共建筑在"文革"期间遭到了一定的破坏，多处庙宇遭损毁、拆除。

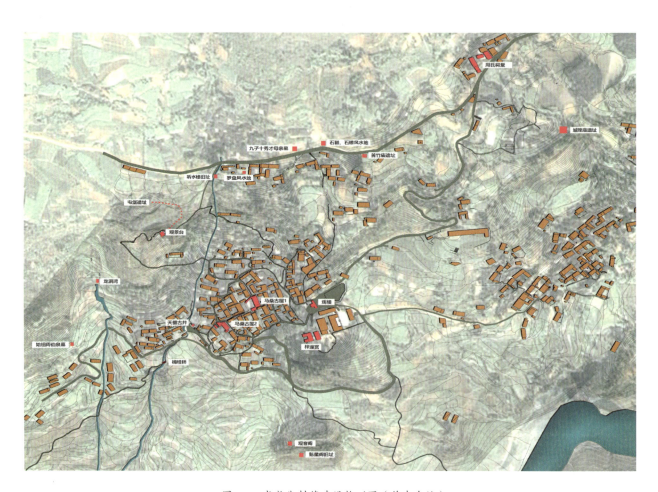

图 13　成熟期村落建设推测图（作者自绘）

图 14　成熟期形成的村落风貌（作者自摄，2016年）

4. 村落转折期（21世纪至今）

进入21世纪后，随着社会经济及文化的快速发展，楼上村的空间形态也受到一定影响。

4.1 对文化遗产的保护

2004年12月，楼上村古建筑群被石阡县人民政府公布为县级文物保护单位；2006年6月，被贵州省人民政府公布为第四批重点文物保护单位；2008年12月，被中华人民共和国住房和城乡建设部、国家文物局公布为中国历史文化名村。由于国家对文化遗产保护的重视，楼上村获得较多政策上的支持。

4.2 农业的式微

楼上村依山傍水而建，北面青山环抱，南面廖贤河环绕，村落与农田景观相互穿插。楼上村的发展是依据农田生产所需而展开的，追溯至1493年，始祖周伯泉选择这块栖息地也是因为它具有较多可以耕作的土地以及丰富的水资源等。因此，梯田耕作始终是村落发展过程中重要的生产活动。

但是随着农业经济收益逐渐降低，一方面村内外出务工的人口越来越多，另一方面村民也不再像先祖那样珍爱田地。梓潼宫所在龟山附近的农田离灌溉水源较远，劳作辛苦，需要花费较多人力，稻田逐渐变成苞米地；靠近廖贤河的田地渐渐出现了抛荒的迹象；西侧新村的农田因为梯田的堡坎毁坏，无人修整，田地也渐渐荒芜。

图 15　梓潼宫所在龟山下农田逐渐由稻田变成苞米地（团队航拍，2016年）

四、楼上村的汉族文化特征留存

对于移民聚落来说，聚落对多样的自然环境和社会文化环境是有一个逐渐适应过程的。从其产生开始，就不断适应不同的时代、环境、社会文化，逐渐形成遗存至今的聚落形态。移民聚落主要受到自然环境适应性、社会环境适应性、文化环境适应性与经济环境适应性四大因素的影响。最初，聚落建设自然环境适应性包括对洪水威胁环境，对山地多耕地少的地理环境、气候环境等的适应性；社会环境适应性主要是对社会伦理关系的适应性；文化环境适应性包括对以儒家伦理道德为准则并与道家文化、堪舆文化逐渐趋同的多民族文化和多神崇拜等的适应性；经济环境适应性包括对以农业为主的产业环境、小农经济和河运经济等的适应性。

1. 耕读传家

楼上村历来具有汉族耕读传家的传统。自明代建立以来，周氏家族在这片土地上繁衍生息，抵御外侵，守护家园，至今已经繁衍到了第十九代，达4000余人，产生进士、贡生、秀才

40多人，其中六世祖周易家就有"九子十秀才①"之说。梓潼宫曾一度作为学堂用途，是村内学生读书明理的地方。目前村内成立了国学班，耕读传家的传统被一代代继承下来。

以周姓家族为基本社会组织，推崇耕读文化，形成稳定的地方自治与社会认同，并在当代延续，成为乡村共同体所具有的高度凝聚力与向心力。可以说，楼上村是贵州民间汉族移民聚落中的杰出代表，在国学的记录与传播、耕读文化精神的传承方面具有典型意义。基于传统宗族文化，楼上村的居民至今拥有很强的文化凝聚力与互助协作的生产生活方式，形成了具有共同价值观的乡村社会共同体，并在当代持续发挥对村民的文化向心作用。

在长达500年的历史进程中，从江西移民楼上村的汉族居民在艰苦的生活条件与农耕条件下坚持与传承了儒家文化的精神信仰以及各种非物质文化载体。楼上村在发展进程中不仅在周边少数民族环立的条件下传承了汉族的儒家传统与精英文化，且通过与少数民族的全方位交流实现了文化多样性的珍贵保存。

图16　村内成立的国学班（作者自摄，2016年）

2. 宗族香火

数百年来，楼上周姓住户堂标"濂溪世第"，并将"宗传姬旦家声远，学绍濂溪世泽长"作为香火两边对联，表示家声远播，世泽绵长。濂溪即周敦颐，北宋哲学家、理学家。楼上周姓宗其家声世泽，称濂溪世第。现在，村落中的民居正房中堂多挂牌匾，设有祭祀祖先的香火。

① 十秀才中有一个是女婿，因此称为九子十秀才。

楼上古寨人自古以来就有清明祭祖的习俗，全寨人身着盛装，庄重肃穆，声势浩荡。这一习俗已被楼上人代代相传。清明会、汝南堂祭祖法会已经成为楼上村重要的非物质文化遗产。

图 17　正房中堂的香火（作者自摄，2016年）

3. 汉族民间信仰与民俗

梓潼宫、土地庙、城隍庙、玉皇阁①，汉文化传统中的儒释道信仰在这里展开。花灯歌舞、茶灯戏、溜秧歌、建房说福事、说春等非物质文化遗产成为村中重要的民俗。村内仍保持着独特的汉族古代民族风俗，有哭丧哭嫁、吹唢呐、民间刺绣等。

图 18　玉皇阁旧址（作者自摄，2016年）

---

① 城隍庙与玉皇阁在"文革"中已被毁坏，目前只留有地基遗址。

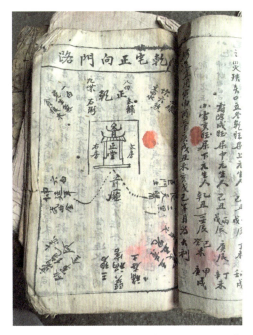

图 19　风水先生收藏的先辈流传的风水书籍
（作者自摄，2016年）

图 20　建房上梁升高①说福
（作者自摄，2016年）

---

① 升高是指将高杆悬挂到大梁上。高杆是一根包含房屋建设尺寸信息的杆子，相当于房屋的设计图纸。在上梁升高的过程中，说福事的师傅一直会在梁下说吉祥话，给房主带来好运。

五、小　结

　　楼上村是周姓氏族由江西经四川迁移至贵州逐渐发展起来的移民聚落文化现象。村落从明代开始形成，在清代发展，逐渐成熟，是我国明清时期西南地区汉族民间自发移民发展史的活态例证。在对西南自然环境和社会文化环境适应的过程中，它代表了汉族宗族文化、儒家耕读文化与西南山地文化的融合共生，其留存至今的浓厚的汉族文化见证了中原汉族移民的重要历史过程。

第 二 章
文化景观视野下楼上村人地关系及景观变迁解读①

一、文化景观理论简述

"文化景观（cultural landscape）"一词源于文化地理学。1925年美国地理学家卡尔·索尔在《景观形态学（*The Morphology of Landscape*）》一书中提出了文化景观的概念（图1），并给出了经典定义——文化景观是由特定的文化族群在自然景观中创建的样式，文化是动因，自然地域是载体，文化景观则是呈现的结果②。

自1992年文化景观成为世界遗产的新增类型之后，得到了来自国际文化遗产保护领域的持

图1　卡尔·索尔对文化景观概念的阐释

① 本章部分内容已发表于：石鼎，赵殿红.基于文化景观理论的贵州石阡楼上村人地关系及景观变迁研究［J］. 中国文化遗产，2018（2）：31-44.

② Sauer，C. O. *The Morphology of Landscape*. Berkeley，University of California Publications in Geography，1925 （02）：19-54.

续关注，文化景观相关理论对世界遗产体系的进一步发展和完善做出了重要贡献①。在《实施世界遗产公约操作指南》中文化景观定义为——人与自然的共同作品②，同时又细分为"人类有意设计的景观③""有机进化的景观④""关联性文化景观⑤"三个基本类型，其中与乡村相关的文化景观是"有机进化的景观"中重要的子类型⑥。

文化景观概念的核心在于始终强调人类和自然之间的相互作用。景观是可见的物质现象，不同的文化族群创造的景观样式是不同的。文化景观阐明了人类社会及其环境在过去的时间内，基于其内部与外部的自然环境与连续的社会，在经济与文化所提供的机遇与制约条件的影响之下的有机演进过程。通过多年实践，文化遗产学界已逐渐认识到文化景观既是特殊的遗产类型，也是整体的遗产保护方法论⑦。而在乡村遗产保护领域，文化景观的分析方法有望得到更广泛的应用。

基于卡尔·索尔对文化景观的定义，可以推导出文化景观的构造（图2）——它是一个由

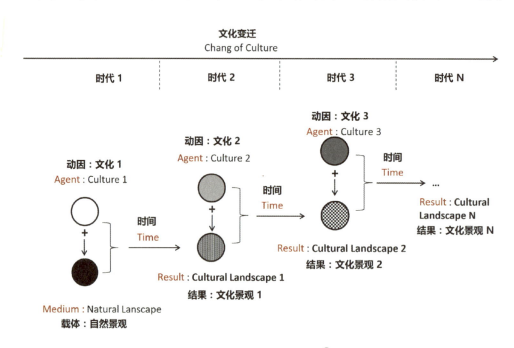

图2　文化景观变迁示意图⑧

---

①　韩锋. 世界遗产文化景观及其国际新动向［J］. 中国园林，2007（11）：18-21.

②　英文原文：combined works of nature and of man.

③　英文原文：landscape designed and created intentionally by man.

④　英文原文：organically evolved landscape.

⑤　英文原文：associative cultural landscape.

⑥　UNESCO. *Operational Guidelines for the Implementation of the World Heritage Convention*. Paris： UNESCO World Heritage Centre，2012：87-89.

⑦　韩锋. 文化景观——填补自然和文化之间的空白［J］. 中国园林，2010（09）：7-11.

⑧　此图的绘制受到笔者读博期间的导师、东京大学都市工学专攻横张真教授的指导。

自然载体、文化动因、时代变迁三个要素构成的复杂构造体。在这个构造中，自然是载体，文化是动因；当某种形式的人类文化（1）在该地域一经确定，便会对原有的自然景观载体产生持续影响，直至形成在该时代比较定型的文化景观（1）。而当时代改变、人们生产生活方式变迁后，新的人类文化（2）形成，又会持续作用于原有的文化景观（1），产生混融效应后形成新的文化景观（2），以此类推，绵延不断，直至衰亡。

因此，文化景观是活态文化遗产，它是时间的产物，也必将随着时间继续变迁。从这个意义上来说，文化景观的构造是四维的——必须在原有的三维空间上叠加时间的维度。

对于文化景观来说，变化是一定的，不变是暂时的。基于生产力的进步和生产技术的发展，每一个时代都会产生新的生产生活方式，作用于原有的文化景观并留下新的印记。所以，层累性是文化景观的重要特性。

二、文化景观的特征概述

楼上村古建筑群位于贵州省铜仁地区石阡县国荣乡廖贤河畔，距石阡县城15公里。楼上村始建于明弘治六年（1493），始祖周伯泉避难图存，贸易入黔，形成以周姓聚族而居的村落，是汉族移民贵州的宝贵例证[①]。楼上村经历明、清两代的发展，至今已有520多年的历史，2008年12月被建设部和国家文物局命名为“中国历史文化名村”。2013年5月，楼上古建筑群被国务院列为全国重点文物保护单位。

周氏族人在楼上择地聚居，宗族逐渐发展壮大，形成以居住和农业生产为主要职能，以耕读文化为特点的传统特色村落。楼上村域面积为4.2平方公里，耕地面积1087亩；拥有331户，1556人，周姓占95%以上。其聚落选址理念、山水格局、村落形态、建筑风格、宗族文化等都极具汉族文化特色，是贵州省传统村落中不可或缺的类型，也是构成贵州省村落文化多样性的重要组成部分[②]。

鉴于乡村文化景观是人与自然共同创造的作品，包含着众多物质与非物质因素以及复杂的相互作用关系，因此对于楼上村文化景观特征的考察，可以从构造方式、包含内容这两个角度来进行描述。

---

① 明弘治初年，四川兵乱频繁，加之赋税沉重，土地兼并严重，大量川民进入贵州。楼上始祖周伯泉便是在此背景下以经商的方式进入贵州，寻找适宜居住生存的环境。

② 复旦大学国土与文化资源研究中心. 全国重点文物保护单位楼上村古建筑群文物保护规划说明, 2017：3-4.

图3　楼上古寨及其周边山水环境鸟瞰（团队航拍，2016年8月）

　　首先从空间上看，楼上村文化景观（图3）的构造方式可以划分为三个层次。第一层是以岩溶地貌为特征的喀斯特①地质层，主要包括石灰岩山体、地表及地下天然水系等景观要素，它们构成了文化景观所依托的地理基盘；第二层是以微生物、植物、动物为主体构成的生物圈层，这是村民在传统时代赖以生存的生产要素；第三层为人文圈层，主要包括楼上村民的生活习俗、耕读文化、宗族结构、信仰体系等方面，以及受这些非物质要素影响而形成的建筑与构筑等物质载体。

　　此外，从时间的维度上看，楼上村是在亚热带湿润季风气候条件下形成的文化景观，其生成与发展、定型与延续经历了几个重要时代。基于对楼上村历史的梳理，可以大致划分为形成期（明代）、发展期（清代）、成熟期（民国至20世纪末）、转折期（进入21世纪后）。每个时代都对景观的形成产生或即将产生重要影响（图4）。可以说，在地理载体与生物圈层相对稳定的情况下，人文圈层的变化是文化景观变化的主要动因。现在进行田野调查的对象主要是处于当代转折期的景观特征。

　　从前述的文化景观理论可知，楼上村文化景观主要包含的内容可以分为物质要素与非物质要素两个大类。

　　首先，文化景观的物质要素主要可分为三个层次。

　　（一）从地理载体角度看，楼上村存在于山环水抱的环境之中，背山面水，景观资源良

————————————

①　喀斯特（Karst）地貌也称岩溶地貌，是水对可溶性岩石进行以化学溶蚀作用为主的地质作用所形成的地貌。

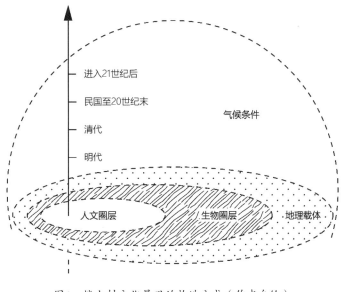

图4　楼上村文化景观的构造方式（作者自绘）

好。楼上村所在的坡地与周围的山体呈现出典型的喀斯特岩溶地貌，廖贤河是经过村落南缘的主要天然河道，而村落中主要的饮用水源与灌溉水源是两股天然涌泉，分别为天福古井泉眼与龙洞湾泉眼，它们均由喀斯特地形发育而成。

（二）从生物圈层的角度来看，首先在旱作与稻作交替进行的农耕方式下，已经形成了一年四季稳定的农作物种类，主要农作物有水稻、小麦、玉米、土豆、红薯等粮食作物及各类蔬菜、烟叶等。此外，经过几百年的农业开发，楼上古寨及周边的植被以松林、柏林、竹林、杂木林等二次林为主，并拥有种类丰富的乔木、灌木、草本植物资源。而且，由于风水观念的影响，村口形成了蓊郁的风水林。村落范围内的动物以圈养的家禽、家畜为主，主要为鸡、鸭、猪、牛等，其中牛是用来犁田的重要生产资料。廖贤河中野生的冷水鱼类也是村民重要的食物来源。由于村口林木高大繁密，常有野生白鹭成群筑巢。

（三）从人文圈层的角度上看，可视的物质要素主要是建筑物与各类构筑物。作为古寨来说，木构覆瓦建筑是最主要的民居建筑类型。同时，村落中存在各世祖的古墓，均位于背山面水、风水良好之处。其次，基于村民儒道释共尊的观念，古寨周围分别建有梓潼宫、古戏台、周氏宗祠、观音阁[①]等公共建筑。而且为了防御匪患，村落东北缘石灰岩峭壁处还建有屯堡[②]。且后世依托观音阁与屯堡遗址而建的观景亭，也成了重要的景观建筑。此外，道路是连接各类

---

① 现为遗址，位于近廖贤河边的下观景亭旁。

② 现为遗址，位于上观景亭以北的崖体顶部。根据《楼上周氏族谱》（1493–2008）的记载推断，屯堡建造年代至少可以追溯到清代。

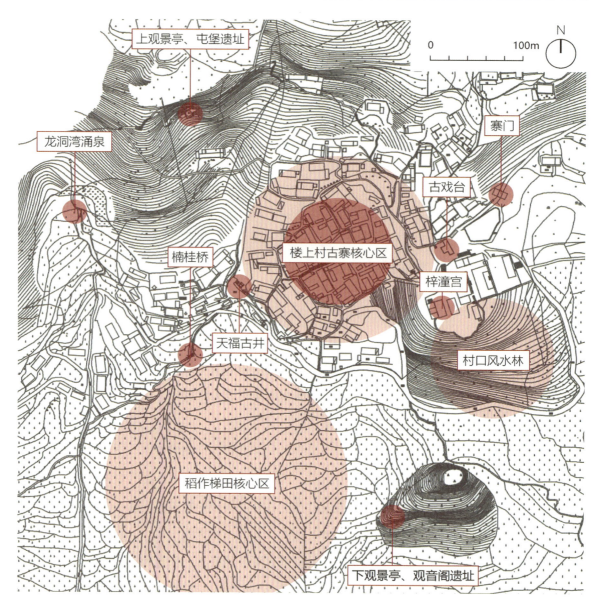

图5　楼上村文化景观主要物质要素（根据石阡县文物局底图自绘）

建筑的纽带，村落内部现存古石阶、楠桂桥等传统基础设施（图5）。

　　其次，文化景观的非物质要素可以分为生产与生活方式。

　　（一）在传统时代，农耕是楼上村最主要的生产方式，主要分为稻作与旱地耕作。而出外务工、加工木材等手工业是属于农闲时家庭经济来源的补充。此外，楼上村历史上也有因科举出仕者。

　　（二）从生活方式上看，楼上村民形成和延续了完整的宗族结构，并编纂了《楼上周氏族谱》①（1493—2008），记录了楼上村人口发展的谱系，从移民楼上村的始祖开始到现在。在文

────────────────

① 　周氏族谱编委会. 楼上周氏族谱（1493—2008年）［M］，2008.

化教养方面，村民的儒学修养较高，村民家中多供奉"天地君亲师"的条幅，表现了敬天法祖、孝亲顺长、忠君爱国、尊师重教的价值观；而同时供奉的"汝南堂"的堂号，则表示楼上村周姓源于汝南周氏望族，可训诫后世牢记祖先的郡望，发扬先祖之余烈。除了儒学以外，村民还有道教、佛教的信仰，在整体上显示出儒道释共尊、多元信仰共存的特征与慎终追远的态度。同时，风水思想是村民在建造房屋与选择墓地时的重要依据，村民中现存有若干风水先生。

　　基于以上对物质与非物质要素关系的分析可知，楼上村民生产方式中的农耕直接影响到了物质要素中的地理载体和生物圈层，形成了大面积的梯田景观。而生活方式中的宗族结构、文化教养、信仰体系、衣食住行等行为方式，则直接影响到了物质要素中的生物圈层与人文圈层，影响到了植物与动物的种类、各类建筑物与构筑物等要素（图6）。

三、对于人地关系的考察

1. 基于生产方式角度考察

　　（1）生产用水与梯田耕作。农耕是楼上村传统生产方式的主要表现形式，因此也是人与自然要素直接发生关系的重要媒介。

　　楼上村的梯田主要引龙洞湾与天福古井的天然涌泉灌溉。泉水水量稳定，无论旱涝都可以保证梯田有足够的灌溉水量。

　　在泉眼高度以上的梯田为旱地耕作梯田，主要种植小麦、玉米、蔬菜、烟叶等作物。而在泉眼高度以下，适合引入泉水灌溉的梯田主要用来种植水稻。水稻的收成为一年一熟，在秋季收割后则放干梯田内的蓄水，成为旱田后继续种植蔬菜，形成稻作与蔬菜轮作种植的方式（图7，图8），大大提高了农业效益。

　　楼上村梯田除了引用泉水进行灌溉的特色以外，另一个重要的特色就是在田埂上种植乌桕树，形成梯田中的疏林[①]（图7）。乌桕树是本地树种，生长十分旺盛且可以通过种子自然繁殖。在田埂上种植的乌桕树具有多重功能。首先乌桕树发达的根系可以加固田埂；其次，乌桕树的种子可以成为制蜡的原料；再次，为防止乌桕树枝叶太过茂密而遮挡阳光，影响水稻的光合作用与结实，村民每年冬天对乌桕树进行大量整枝，使其尽量向上生长，而修剪下来的枝干作为薪柴使用；第四，乌桕树的主干被当作禾晾架来使用——村民在秋季收割完稻谷以后，将秸秆捆扎在乌桕树主干上晾干（图9），在冬季可以用作喂养牛马的饲料。利用乌桕树作为禾晾

---

　　① 主要树种为乌桕树，也有少量的棕榈树。基本特征是主干直立、瘦高。

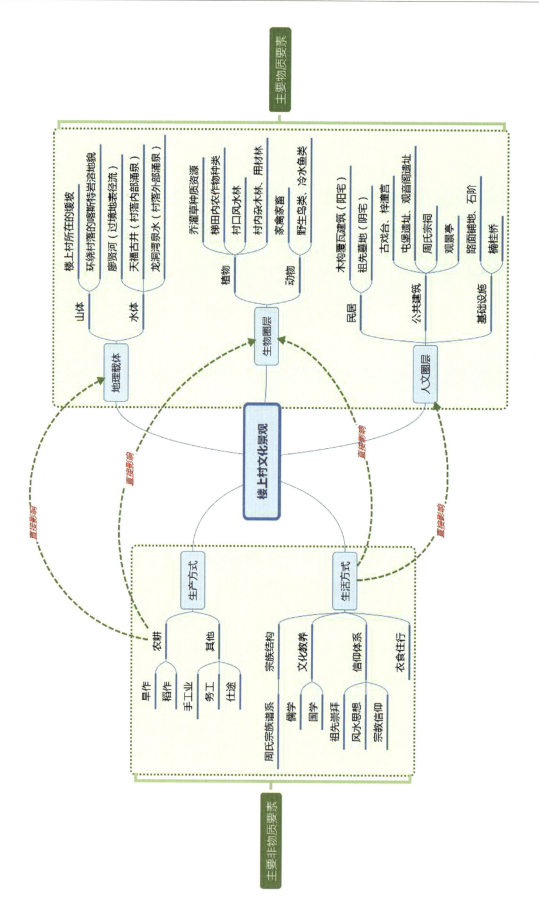

图 6　楼上村文化景观包含内容（作者自绘）

图7　在夏季种植水稻的梯田（作者自摄，2016年8月）

图8　在冬季种植蔬菜的梯田（作者自摄，2017年1月）

架的另一个好处就是省去搭建和维护传统禾晾架的麻烦，节省用地。因此，乌桕树是楼上村农耕智慧的集中体现，也是楼上村农耕历史的重要见证。

（2）饲养家畜与捕鱼。村落里肉类与禽蛋的生产主要来自各家各户饲养的猪、牛、羊、鸡、鸭、鹅等。鸡笼、猪舍、牛棚等一般搭建在三合院建筑的厢房底层，也有村民在靠近廖贤河的河滩盖起羊圈，放牧羊群，在河滩草地或山坡草地上放牧耕牛。另外，村民用一种叫"白泡叶"的植物制成饵料，用"岩豆藤"做网，在廖贤河内捕捉冷水鱼类食用（表1）。

（3）木材生产。由于建造木构建筑的需要，村民会利用房前屋后的狭窄土地种植价值较高的大乔木，这样便于管理与看护，树种有金丝楠木等（图10）；在距离村落稍远的陡坡与旱地上会种植松树等大乔木，形成用材林（图11）。在明清时期，村落周围尚有野生的粗大马桑树可以用作建材，因此村落中还留存有若干马桑古木建筑[①]（图12）。

（4）农具制作。在传统时代与生产有关的农具制作，包括铁锄、铁耙、背篓、晒席的制作，其原料主要来自村落中的阳山竹、苦竹等竹类（图13）或树林中的木材。

（5）作物生产。楼上村的农作物除了水稻、玉米、高粱、各种豆类与蔬菜以外，还种植烟叶（图14）。作物收获后的晾晒、干燥、脱粒以及其他加工处理主要在三合院的晒场上进行（图15）。因此可以说晒场是作物生产最后环节所在地，对农业生产有着至关重要的作用。

2. 基于生活方式角度考察

（1）生活用水来源。在传统时代，村民饮用水的取得主要依靠天福古井的天然涌泉，水质清甜甘洌，富含矿物质，四季水量稳定。涌泉分为四道，第一道用来饮用，第二道用来淘米洗菜，第三道用来漂洗衣物，第四道则流向沟渠、灌溉梯田或流向下游水系。如果第二道没有人淘米洗菜，也可直接用来洗衣（图16）。

（2）燃料获取。在通电与使用罐装煤气之前，村民使用灶台生火，燃料主要依靠燃烧自家杂木林地中砍伐的树枝，以及作物的秸秆。杂木林的树种主要有栾树、构树、无患子、泡桐、香椿、榉树、枫香、核桃树、檬子树等乔木及各类灌木（图17）。

（3）合院建筑的建造。用榫卯构件组合而成的穿斗式木构建筑易于装配，且所有柱、枋、楼板、墙板、檩条、椽子等木构件都可以在村边的工场（图18）内预先加工好后，搬到宅基地上进行组装。

从平面上看，传统建筑多呈三合院形态（图19）。有一种说法是楼上村民主要为"周"姓，三

---

① 由于野生的马桑树为灌木，而后期已不存枝干硕大的马桑树，因此砍伐马桑树用作建材的做法主要出现在明代。

图9　乌桕树禾晾架（作者自摄，2017年1月）

图10　村落中天福古井周边价值较高的金丝楠木林（作者自摄，2016年7月）

图11   楼上村西侧山坡上的松木用材林及其他杂木林（作者自摄，2016年8月）

图12   明代马桑木古建筑（周正棋家）（作者自摄，2017年7月）

图13　农户晒场周围的阳山竹林（团队航拍，2016年8月）

图14　晾晒中的烟叶（作者自摄，2016年8月）

图15　三合院晒场上晾晒的谷物、玉米、辣椒（作者自摄，2016年8月）

图16　天福古井与井亭（作者自摄，2016年7月）

图17　村落边缘的杂木林（作者自摄，2016年8月）

图18　村边的建筑构件加工场地（作者自摄，2016年8月）

图19　正房面向西南的三合院式建筑群（团队航拍，2016年8月）

合院的形态与部首"门"形似。但平面采用三合院而不是四合院形态，主要原因是村落中人多地少，每户人家宅基地面积较小，采用三合院的形制可以扩大晒场面积，以便晾晒谷物；此外，楼上村建筑群中三合院建筑的正房朝向基本上以西南向为主，可以达到很好的"西晒"效果。在贵州"天无三日晴"的普遍日照条件下，如果采用四合院形制，则四周的建筑单体都有可能在中心晒场上投下阴影，晒场接受太阳直射的时间将大大缩短，非常不利于农产品及生活物品的晾晒。

晒场不仅仅有生产的功能，作为一种半私密型建筑附属空间，它是自家的室外起居场所，同时也是邻里之间的主要公共交往空间。

同时，为了防止建筑的木构件在多雨的环境中腐朽，建筑的屋顶绝大多数为悬山式，少数采用了歇山式。

（4）信仰体系。楼上村民的信仰主要分为祖先崇拜思想（宗族观念）、宗教信仰、风水思想三个方面，且三个方面互相融合。

楼上村为周氏聚居村落，从明代至今宗族繁衍的脉络清晰，编有完整族谱，慎终追远的思想浓厚。楼上村建有周氏宗祠（图20），定期举办祭祀活动。

村民对祖先的敬仰更体现在墓地的建造与祭扫方面。墓地选址有两类，一类是安葬在自家的农地里，另一类是年代较久远的墓地（阴宅），它们与民居建筑（阳宅）的距离较近，甚至达到了混融的状态（图21），村民没有心理上的不适感，反而认为可获得祖先的庇佑。墓碑由石匠制作，体量大而精美。墓碑的朝向由风水先生看过，均面向廖贤河对岸的喀斯特山体，这

图20　三合院式周氏宗祠建筑
（团队航拍，2016年8月）

图21　住宅旁的墓地
（作者自摄，2017年1月）

图22　风水林（左）与观景亭（右）
（团队航拍，2016年8月）

图23　被风水林环绕的梓潼宫建筑群
（团队航拍，2016年8月。梓潼宫建筑群当时正在修缮中）

个规律与村落内建筑正房的朝向一致。村落内没有荒坟，每到清明时节均有人祭扫。

　　为挡住风水学上所说的"煞气"，保持楼上村良好的风水，村口的丘陵上保有茂密的风水林（图22）。它属于集体所有，严禁个人砍伐。风水林的树种以松木、枫香、柏木等高大乔木为主，以檬子、土青冈、香椿树为辅。林相茂密苍翠，四季常青。村民口中的"七星古树"等古树名木也存在于风水林这个区域。由于风水林区域生态保育良好，乔木高大且少受人类行为的干扰，近年来白鹭等鸟类集中在古枫香树上筑巢，而落到枝叶上的粪便中含有的酸性物质具有较强腐蚀性，已经导致两棵古枫香树的死亡。

　　村民的宗教信仰主要表现为道教与佛教共尊。风水林中的道教建筑梓潼宫，是村落中最神圣的信仰空间（图23）。进入梓潼宫建筑群的台阶前建有古戏台（图24），戏台以东原为灌溉用蓄水池，后填平成为广场，供村民举行包括"说春"等各种仪式所用。此外，廖贤河旁石灰岩山体上的观景亭（图22）是观音阁遗址所在地，至今有村民祭拜。

　　（5）防御设施。在西南地区，选择易守难攻的山崖、高地来修建屯堡、防御匪患的做法具有普遍性，因此留下了数量众多的山城遗址。明清时期为躲避苗人的侵扰与匪患，楼上村民选

图24　古戏台
（作者自摄，2017年7月，古戏台已完成修缮）

图25　屯堡遗址所在地（位于观景亭以北的位置）
（作者自摄，2016年8月）

图26　草丛中的屯堡遗址（作者自摄，2016年8月）

择在古寨西北缘的石灰岩台地修建屯堡（图25）。在和平时期，村民在自家晴耕雨读；而在盗匪入侵，或有战争纷扰时，村民则带着财物躲进屯堡避难[①]。楼上村的屯堡可以看作是西南地区山城的缩小版，是村落级别的防御设施。现屯堡已不存，只留下草丛中的遗址（图26）。

3. 楼上村人地关系特征

（1）充分利用泉水资源与地形高差条件，对建筑群与梯田进行布局。从功能上看，对水的利用是村落布局的核心原则——建筑群紧邻天然涌泉，村民可以取得上游的清澈泉水以供生活使用，其余泉水形成地表径流，一部分引流至梯田，形成稻作农业的生产用水；另一部分水流形成溪渠，流经地势更低的梯田与村落。由于峡谷的地形特征，所有泉水最终都汇入廖贤河。

---

① 据《楼上周氏族谱》（1493–2008年）第19页记载推断，屯堡的修建年代至少可以追溯到清代。

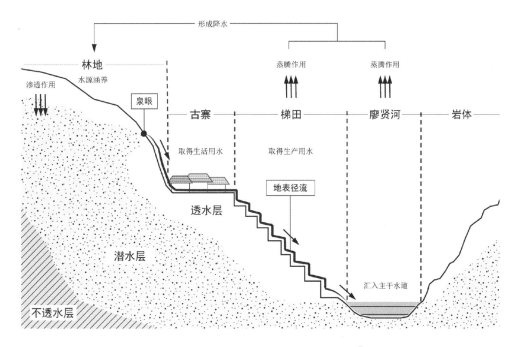

图27　楼上村水循环模型（作者自绘）[①]

同时，梯田与廖贤河中的水通过蒸腾作用形成降水，一部分降水由树林吸收，渗入地下潜水层后又通过泉眼喷涌而出，进入再次循环的过程（图27）。除了需要挖掘和维护沟渠，将泉水引向梯田以外，该水循环系统几乎不需要人力维护。光从这一点就可以说，楼上村是结合自然特性进行村落规划的典范。

基于该水循环系统，楼上村主要的文化景观要素——树林、涌泉、建筑群、稻作梯田、河流，随地势的下降与泉水的流淌，基本上呈现出垂直分布的序列特征。

（2）建筑群的布局、重要公共建筑的选址、建筑的朝向、墓碑的朝向等都由风水学的原则所统摄，体现了人与自然环境在精神信仰上的强烈关联。

风水又称堪舆，是传统的相地之术。楼上村选址不仅以紧邻天然涌泉天福古井为功能性原则，更是体现了"背山面水、负阴抱阳"的风水学基本原则（图28）。在风水学中，山之南、水之北为阳，山之北、水之南为阴。楼上古寨北部为土层较为深厚的缓坡山体，南部有廖贤河围绕——背山面水，坐北朝南，使楼上村古建筑群位于阳气充足之地，也就是"负阴抱阳"（图29）。

而且，紧邻古寨有两处天然岩体，一处是紧邻古寨东北缘、现在的上观景台所在的石灰石岩体，地势高于古寨建筑群，居高临下呈俯瞰之势，可以瞭望古寨的整体状态（图30）。岩体裸露、突兀、陡峭，易守难攻，因此顶端曾建有屯堡以供村民躲避战乱与匪患。岩体西侧又有隆起的台

---

① 该图所示楼上村所在峡谷地带地表以下的地质状况为笔者推测，有待今后进一步考证。

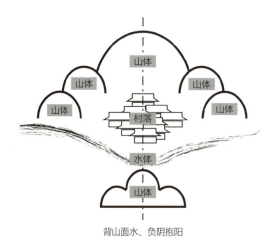

背山面水、负阴抱阳

图28　传统风水学中最佳村址选择（作者自绘）

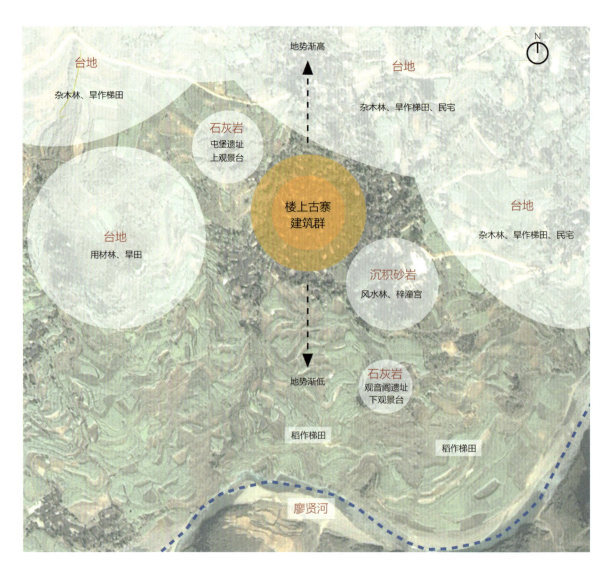

图29　楼上村"背山面水"的选址特征（作者自绘）

地,上面主要有茂密的用材林与大片旱作梯田。紧邻古寨的东南缘有另一处岩体,上面有较为深厚的土壤层,也是村口风水林所在地。此处岩体带有明显的沉积砂岩特征,与周围裸露地表的岩体都不相同。岩体本身有隆起,而且在扎根于岩体的风水林中,松木与枫香等乔木高大茂密,在村口形成明显的屏障,可以阻挡河谷中形成的强风对建筑群的侵袭。而梓潼宫的选址则位于风水林环绕的中心位置。风水林往南则是观音阁遗址所在的、体积较小的石灰岩体,也是下观景台所在地。此处岩体同样裸露且陡峭,易守难攻,与上观景台所在岩体形成视觉上的对景关系。

从图29中可以看到,古寨东西两侧的岩体、台地,如两条手臂一般拱卫着古寨——北有靠山,两侧有岩体拱卫,整个建筑群宛如坐落于"太师椅"一般的地形正中,聚气、向阳,从传统风水学上看十分宜居。

同时,村落中建筑正房的朝向与风水的关系也十分密切。建筑的朝向不仅和采光有关,更重要的是与正对的、廖贤河对岸的山形有关。上好的方位是朝向山坳处,如果山坳后面还有一峰,则正对此峰更佳(图31)。因此,为争取有好的风水,建筑群中有条件的建筑正房均坐东北朝西南——巧合的是,这样的朝向正好可以得到尽可能好的西晒效果,以利于农产品和生活用品的晾晒。而且这个朝向原则也适用于村落中其他重要公共建筑正房的朝向,以及墓碑的朝向。

不仅如此,村民对于河对岸的山体,也带有自然崇拜的观念——他们会用象形的方法,将山体附会成蟾蜍等吉祥的动物,然后用到风水思想中去。同时,村落中重要的古树名木也是村民崇拜的对象。根据村民的描述,古戏台附近原有两株古枫,一根树干中空积水,村民在生病时会去舀水喝,可治胃病与风湿等病症;同时,村民对涌泉水井、大树、大岩体等都会祭

图30　从上观景台所在的石灰岩体俯瞰楼上古寨(作者自摄,2017年7月)

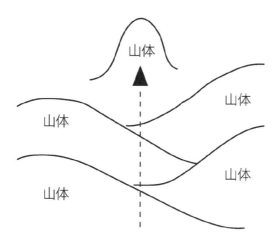

图31 楼上村民居正房上佳朝向
（根据楼上村居民、铜仁学院周正文老师的手绘重新绘制）

拜——这些都体现了村民精神信仰中"万物有灵"的思想。

（3）土地利用以尽量扩大种植面积、满足农业生产的方式为优先，并形成了高效、复合的土地利用方法；村落中植物的种植与利用主要围绕着生产需求来进行。传统农耕时代，在生产力和生产效率恒定不变的前提下，为收获更多的农产品，必须开垦更多的土地，取得更大的种植面积。因此除了与精神信仰相关的林地不能随意砍伐利用以外，其他的农用地均被复合、高效地利用，力图达到自给自足的目的。

扩大种植面积、提高种植效率主要有四种方法。第一种做法体现在居住用地的集约利用上。村落建筑群内建筑密度很高，且以两层楼房复合家畜饲养的居住形式为主；合院建筑之间的通道与巷道主要由青石铺设，十分逼仄狭窄。村落中的户数由周围耕地的承载力决定，而这样的住宅布局形态能最大限度地释放出耕地面积以进行统一耕作（图29），农作物的日照时间也尽可能不受建筑阴影的影响。不过，与狭窄的巷道相比，具有农产品晾晒、加工功能的院落面积相对来说要宽敞很多，因此成为村中人际交往的主要空间（图19）。

第二种做法体现在将房前屋后所有零碎的用地进行用材木、竹类、果树、蔬菜的种植（图10，图13，图15）。针对不同类型的零碎用地，也会选种不同的植物——如果地块平斜整、面积稍大，则种植各种蔬菜及柚子、桃等果树，以便日常维护或采摘；如果地块倾较大，不宜种菜，则种植无需养护的簇生竹类①（阳山竹）以制作农具，或种植价值较高的乔木（金丝楠木）（图32）；在更狭小且日晒时间更短的荫蔽处，则会种上耐阴的芋头、魔芋等

---

② 簇生竹类围绕着圆心生长，竹鞭不会在土地中游走而形成大面积竹林，因此能节约耕地并免去砍伐休整等日常维护工作。

根茎类作物。因此，基本上房前屋后所有适合种植的土地都能被有效利用（表1）。

第三种做法体现在梯田的四季轮作、复合利用方面。梯田作为楼上村最重要的生产资料，在传统时代得到了精心的维护。村民就地开采石灰岩碎石，顺着坡地的等高线方向垒成围堰，顺着地势形成长条状、波浪形的田埂①（图33）。为提高农作物生产的效率，村民采用四季轮作的方式对同一块梯田进行耕作。

楼上村的梯田主要分为两类，一类是不便引流山泉灌溉的旱作梯田，主要进行"油菜（冬、春）—小麦/玉米（春、夏）—其他蔬菜/烟叶（夏、秋）—休耕（冬）"的轮作，因此，春天会形成大片油菜花景观，其他季节则是旱作农业景观。另一类是海拔高度在天福古井泉眼以下、便于引泉水形成水塘种植水稻的梯田。村民在此类梯田进行"油菜（冬、春）—水稻（夏、秋）—其他蔬菜（秋冬）"的轮作方式（图7，图8），在春天形成大面积油菜花景观，夏天则形成绿毯如茵的稻田景观（图34）。

复合利用更体现在田埂上种植的乌桕树，不仅可以加固田埂，而且可以作为禾晾架来晾晒、存放秸秆。

第四种做法是将自家的山林地进行改造，移除经济价值较低的原生杂木，种植用材林木，以供生活所需或取得经济效益。楼上村周围山坡上的树林均为人工种植的二次林，树种多样（表1），但没有树龄特别长的树木，说明用材林木一直不断被更新。同时，村民砍伐林中的枯枝与弱枝、灌木等，用作薪柴。

上述四种做法都体现了自然条件对人类生存模式的制约，以及人在对土地进行充分利用的过程中所积累的智慧与经验。自明代以来，正是在人与自然之间持续相互作用的情况

图32　堡坎上的乔木②
（作者自摄，2016年8月）

图33　梯田中用碎石沿等高线方向垒成的波浪形围堰
（作者自摄，2017年1月）

---

① 不少梯田都是花费巨大人力，在乱石堆上用肩挑手提的方式开凿而成。
② 在堡坎上生长的乔木，其发达的根系可以用来护坡，增加堡坎的牢固度。

图34   夏季稻田景观（作者自摄，2016年8月）

下，楼上村的文化景观特征才逐步形成并延续至今。

楼上古寨村落文化景观遗产中人与自然相互作用机制充分说明，文化景观是人类与自然在漫长历史时期中相互作用、相互适应而形成的共同作品。在这个过程当中，拥有某一文化形态的人群是主体，自然山水环境是客体。人类在受到自然环境制约与影响的同时发挥强大主观能动性，通过特定的族群文化与智慧改造自然要素为己所用，最终与自然环境形成良性互适、和谐有序、持久延续的状态。

这种和谐稳定的人与自然共同体，包含与之相关的所有可视的物质要素，以及虽不可视、但在景观塑造中发挥内在源动力的生产生活方式，是构成良性、互适的人地关系模型的基础，也是作为活态文化景观遗产最核心的价值所在。作为文化遗产，村落文化景观不仅是活在历史中的遗产，更为人类未来的可持续发展提供了珍贵样本，可为将来修复失衡的社会关系与人地关系提供宝贵启示。

表1 楼上村主要植物列表

编号	中文名称	类型	备注	拉丁名
1	枫香	乔木	落叶、色叶树种	Liquidambar formosana Hance
2	杨树	乔木	落叶、外来树种	Populus L.
3	无患子	乔木	落叶、烧柴	Sapindus mukorossi Gaertn.
4	榉子	乔木	落叶	Xylosma racemosum
5	皂荚树	乔木	落叶、制作洗剂	Gleditsia sinensis Lam.

续表

编号	中文名称	类型	备注	拉丁名
6	构树	乔木	落叶、烧柴	Broussonetia papyrifera（Linn.）L'Hér. ex Vent.
7	泡桐	乔木	落叶	Paulownia tomentosa（Thunb.）Steud.
8	红檫子	乔木	落叶	Photinia glabra（Thunb.）Maxim
9	乌桕	乔木	落叶、可做灯油	Sapium sebiferum（L.）Roxb.
10	核桃树	乔木	落叶、食用	Juglans regia L.
11	桃树	乔木	落叶、食用	Amygdalus persica L.
12	梨树	乔木	落叶、食用	Pyrus L.
13	桐子树	乔木	落叶、制作桐油	Mallotus barbatus（Wall.ex Baill.）Muell. Arg.
14	板栗	乔木	落叶、食用	Castanea mollissima
15	榉树	乔木	落叶	Zelkova serrata（Thunb.）Makinoz
16	香椿	乔木	落叶、食用	Toona sinensis（A. Juss.）Roem.
17	山楂树	乔木	落叶、制作神仙豆腐	Crataegus pinnatifida
18	漆树	乔木	落叶	Toxicodendron vernicifluum
19	土青冈	乔木	常绿、建材、烧炭	Cyclobalanopsis myrsinifolia（Blume）Oersted
20	棕榈	乔木	常绿、制作绳子与蓑衣	Trachycarpus fortunei（Hook.）H. Wendl.
21	杉木	乔木	常绿、建材	Cunninghamia lanceolata（Lamb.）Hook.
22	红豆杉	乔木	常绿、树皮抗癌	Taxus chinensis（Pilger）Rehd.
23	楠木	乔木	常绿、建材	Phoebe zhennan S.Lee et F.N.Wei
24	松树	乔木	常绿、建材	Pinus
25	竹叶楠	乔木	常绿、建材	Phoebe faberi（Hemsl.）Chun
26	青冈树	乔木	常绿	Cyclobalanopsis glauca（Thunb.）Oerst.
27	柚子树	乔木	常绿、食用	Citrus maxima（Burm.）Merr
28	乌泡刺	灌木	落叶、可食用	Rubus tephrodes Hance
29	绣球花	灌木	落叶、观赏	Hydrangea macrophylla
30	石榴	灌木	落叶、观赏、食用	Punica granatum Linn.
31	木芙蓉	灌木	落叶、观赏	Hibiscus mutabilis Linn.
32	香棍子	灌木	常绿、药用	Macropanax rosthornii（Harms）C. Y. Wu ex Hoo
33	老鼠刺	灌木	常绿	Ilex pernyi Franch.
34	茶树	灌木	常绿、制作茶油	Camellia oleifera Abel
35	蔷薇	灌木	常绿、观赏	Rosa multiflora Thunb.
36	南天竹	灌木	常绿、药用	Nandina domestica

续表

编号	中文名称	类型	备注	拉丁名
37	火棘	灌木	常绿、药用	Pyracantha fortuneana（Maxim.）Li
38	竹类	草本	常绿、制作农具	Bambusoideac Nees
39	金银花	草本	藤本攀援、药用	Lonicera Japonica
40	铁扫帚	草本	药用	Clematis hexapetala Pall. var.
41	白泡叶	草本	捕鱼	
42	兰花	草本	房前屋后观赏	Orchidaceae
43	仙人掌	草本	房前屋后观赏	Opuntia Mill.
44	美人蕉	草本	房前屋后观赏	Cannaceae indica L.
45	岩豆藤	草本	藤本攀援、用作捞鱼	Kadsurae caulis
46	洋藿	草本	食用	Epimedium brevicornum Maxim.
47	魔芋	草本	制作魔芋豆腐	Amorphophallus rivieri Durieu
48	水稻	草本	粮食作物、秸秆喂牛	Caulis Et Folium Oryzae
49	玉米	草本	粮食作物	Zea mays Linn. Sp.
50	黄豆	草本	粮食作物	Glycine max（Linn.）Merr
51	高粱	草本	粮食作物	Sorghum bicolor（Linn.）Moench
52	芋头	草本	粮食作物	Colocasia esculenta（L.）Schoot
53	红薯	草本	粮食作物	Ipomoea batatas
54	南瓜	草本	蔬菜	Cucurbita moschata（Duch. ex Lam.）Duch.ex Poiret
55	扁豆	草本	蔬菜	Purple Haricot
56	油菜	草本	经济作物	Brassica napus L.
57	烟草	草本	经济作物	Nicotiana tabacum L.
58	生姜	草本	经济作物	Zingiber officinale Rosc.
59	棉花	草本	经济作物	Anemone vitifolia Buch.-Ham.

4. 人地关系的变迁与未来趋势

改革开放后，随着整个社会经济条件的变化，从乡村流动到城市打工成了村民取得更高收益的路径，乡村与城市的关系日益密切，同时也导致乡村人口的持续流出。另外，随着品质较高的医疗与教育条件向城市的集中，乡村地区年轻人口往城镇发展的趋势也愈加明显。

楼上村劳动人口的流出也反映了同样的情况。随着物价水平与消费水平的大幅提高，光靠农业收入无法支撑家庭的生活成本，所以基本上每家都有在外工作的青壮年人口，在城镇中从事工业或者服务业。而产值较低的农业生产已经成为支撑家庭经济的副业，现在主要是由村落中的中老年人口负责[①]。

此外，由于古寨附近只有幼儿园和小学，学生们从初中开始就需要离家去乡镇求学，而且教育程度较高的年轻人会选择在城镇就业和定居。因此村落里的文化精英阶层同样呈外流趋势。

而近年来业态情形又有变化。由于乡村旅游的发展与互联网的普及，楼上村因其独特的优美风景得到了更多人的关注。因此，旅游业的发展使得楼上村民看到机会，纷纷回村开办农家乐，一定程度上促成人口的回流。

目前楼上村农业景观的维系主要依靠村落里生活的中老年人群，他们懂得农业技术，也将种地看作一生的生活方式。令人忧心的是，年轻一辈离开农业生产越来越远之后，传统的耕作无人继承，文化景观的特征有可能面临巨大改变。且这种改变的趋势已经体现在以下几个方面：

（1）廖贤河沿岸的梯田离村落建筑群比较远，耕作和维护都需要耗费更多的人力，在缺乏足够经济效益的情况下已出现被抛荒的迹象（图35），河岸边梯田的围堰也因缺少维护而开始坍塌（图36）。同时，被抛荒梯田上的野生植物已经成为放牧牛羊的青饲料。

（2）在缺乏劳动力耕种的梯田中，逐渐开始种植柚子、桃树等经济林木。村民并不追求产量，只是因为林木的生长不需要特别多的养护，可以粗放管理，同时也可以保持水土，标识自家农地范围（图37）。

（3）由于种植玉米比水稻更加节省劳动力，村民在原本适合种植水稻的梯田中，开始种植玉米、红薯等旱田作物。这对楼上村夏季的稻作农业景观影响非常大（图38）。

由上可知，楼上村梯田面临着抛荒、改种替代植物的趋势，传统精耕细作的稻作面积在缩小。替代植物的品种向不需养护或养护简便的粗放型植物转变。

此外，村民的生活方式也正朝着现代化的方向发展，由此产生的进步与问题主要体现在以下三个方面：

（1）受到贵州乡村地区普遍出现的砖混结构建筑技术的影响，村民中年轻一辈修建新房时，对建筑设计的观念也有所改变，传统的木构建筑形式出现了被替代的趋势。在古寨边缘的新建建筑中，已经出现不和谐的风格（图39）。

（2）从基础设施上来看，现在村落中不仅通电通水，宽带网络的铺线也已经完成，通讯设施也比较完善。为了减少直接排放污水对环境造成的更大影响，政府帮助村民修化粪池（图40），对传统建筑群进行修葺（图41）。因此不管从信息交流还是物资来源方面看，楼上村与外界社会的联系已十分紧密，自给自足的特征正逐步淡化。

---

① 现在比较普遍的做法是，农忙时节在外工作的中青年回家完成重大农活，平时由村中老年人看护。

图35　下观景台下方的梯田开始被抛荒
（作者自摄，2017年1月）

图36　廖贤河边开始坍塌的梯田围堰
（作者自摄，2016年8月）

图37　稻作梯田上的柚子树小苗（作者自摄，2017年1月）

图38　夏季改种玉米的梯田（作者自摄，2017年7月）

图39　古寨边缘风格突兀的新建建筑
（团队航拍，2016年8月）

图40　院坝中化粪池修建工事
（作者自摄，2017年7月）

图41　传统民居修缮工程[①]
（作者自摄，2017年7月）

---

① 工程设计方案由北京建工建筑设计研究院编制。

（3）固体废弃物已经成为楼上村环境问题的重要表征。在传统农耕时代，基本上所有的废弃物都能被回收利用或自然降解，进入生态循环的过程。即使随意丢弃，也不会对生态环境造成较大破坏。然而，随着居民生活的现代化，以及因接待外来游客而采购物资，村落内出现了越来越多不可降解的固体废弃物①，且回收再利用的价值很低，因此村民只能焚烧或弃置溪渠。这对楼上村的环境产生了较大的影响。

综上所述，楼上村民所从事产业的变化，是导致楼上村传统人地关系变迁的主要因素。虽然传统人地关系的特征基本上得到了维系，但这其中更多的是中老年人口的努力与贡献。随着人口的新陈代谢与城乡互动的深化，人地关系的变迁是难以逆转的趋势，而且这种变化已经不可避免地影响到了可视的景观形态。

四、基于价值论述的景观变迁底线

1. 文化景观价值综述

根据前面章节的分析，笔者认为在楼上村，传统人地关系是其遗产价值的重要组成部分，并可以将其核心价值总结如下：

（1）楼上村是我国西南地区喀斯特地貌之上、亚热带湿润季风气候之下，在汉族传统耕读文化与西南少数民族文化的长期互动、交融之中形成的景观生态聚落。由民居、梯田、山林、防御工事、信仰空间构成的聚落景观是自然与人类在长期互动中形成的杰作，对未来人居环境的可持续发展模式具有重要启示。

（2）楼上村自周氏定居以来，聚族而居，延续了传统农耕生产生活方式，其建筑形式与布局不仅反映了西南山地建筑的典型特征，也体现了对汉族传统宗族文化的承继。楼上村所在的山水环境与中国古典绘画、文学中所描绘的山形水态高度神似，是东方山水文化的实景展现。村落的选址、建筑格局与人地关系不仅是对以汉文化为代表的中国传统哲学体系的充分表达，更将中原居住文化与当地地理、气候条件完美结合，体现了少数民族地区汉族移民的生存智慧，同时也印证了明清以来西南建设与移民的社会史。

2. 景观变迁的可接受区间与底线

通过前述第二节分析可知，层累性是文化景观物质要素的重要特性，村落文化景观至少可

---

① 固体废弃物主要为饮料瓶、塑料袋、玻璃制品等。

以分为三个层次——地理载体、生物圈层、人文圈层，三者叠加成为完整的文化景观单元。

层累作用不仅表现在空间范围上，还表现在时间范围中，而且三个基本层次都会随着时间产生变迁，文化景观是时间的作品。每一个时代因生产力、生产技术的变化与文化的改变都会在景观上产生不同的印记。文化景观的特性，是历史上各个时代物质与非物质要素相互作用、积累、叠加的总和。因此，文化景观是活态的，而且依然处于持续演变的过程当中。在面向未来的演变过程中，需要划定景观要素变化的底线，即厘清哪些非核心的外围要素可以发生变化，哪些核心要素坚决不能变化，否则就会对文化遗产的价值以及真实性与完整性产生重大伤害。

根据第三节图6中对于楼上村文化景观内容的剖析，基于对楼上村文化景观价值的认识，从文化景观的物质要素的三个圈层出发，可以分别设定管控的目标以及变化的可接受区间，并划定变化的底线。

（1）从地理载体上看，需要设定的目标是严格保护现有的山形水态、涌泉水系，保持浑然天成的地形地貌与山水画意。需要划定的变化区间与底线主要有——① 楼上村周围的喀斯特山体、廖贤河主要水体，以及龙洞湾、天福古井的涌泉及其水系是不可改变的；② 禁止在楼上村周边进行采石、采沙等对山体及河道产生不可逆影响的人类活动；③ 下游水坝的修建会导致该地区廖贤河水位有所升高，需要将水位控制在合理范围，减少对沙石滩及两岸梯田产生的影响；④ 村落周围新建的道路、桥梁等基础设施的色彩、体量、造型需与景观协调；⑤ 严禁难以降解的固体垃圾堆放。

（2）从生物圈层上看，需要设定的目标是保护好本地的乔木、灌木、草本植物及各类动物的种质资源，保持村落特有的动植物利用方式，保持该地区针阔混交林的优美林相，为村民继续提供生产生活资料，并为鸟类等中小型野生动物及微生物提供栖息地。需要划定的变化区间与底线主要有——① 鉴于村民的生产生活方式与外界的联系越发紧密，可以允许村民对本地植物种类进行谨慎改造，允许利用村落中现有的植物品种进行造景与修景；② 严防外来植物品种的入侵对河滩、梯田、树林中本地植物种群的生存发展产生危害；③ 梯田面积不可缩小，在梯田中进行的建设需要符合保护规划的规定，并进行充分论证；④ 梯田中的乌桕树是农耕文化的重要载体，对加固田埂、防止垮塌有重要作用，不得砍伐；⑤ 村口风水林是白鹭等珍贵禽鸟的重要栖息地，严禁砍伐，且不得让人类活动影响到禽鸟的生息；村落中的古树名木、其他树龄较长的树木、对景观产生重要作用的树木禁止砍伐；村落周围杂木林、用材林可以砍伐但需及时补种。

（3）从人文圈层上看，需要设定的目标是保护楼上村历史文化载体，引导新建建筑和构筑与传统村落意象形成和谐的呼应关系，使传统、当代与未来达到新的平衡。需要划定的变化区间与底线主要有——① 村落中属于文物保护单位的建筑物或构筑物需要受到严格保护；② 作为楼上村历代繁衍见证的重要墓地不可被迁移；③ 非文物保护单位建筑、路面铺地与石阶等基础设施可以进行更符合现代居住要求的改造，但建筑造型、材料、颜色等需要与传统建筑相协调；④ 对属于文物保护单位的建筑物或构筑物，以及重要建筑的遗址，可进行价值展示与适度的活化利用。

此外，针对楼上村文化景观的非物质要素也可以设定保护与发展的目标，并划定变迁的可接受范围及变化的底线。

（1）从生产方式上看，需设定的目标是保持旱作与稻作的农耕传统，合理规划旅游业的发展。需要划定的变化区间与底线主要有——① 在不损害景观性格的前提下，旱作的生产方式可以根据生产需要进行调整，但利用泉水灌溉的传统稻作的生产方式维持不变；② 从村民的业态出发，可以发展不损害楼上村景观性格的乡村旅游、文化旅游，将传统农耕生产方式作为展示利用的重要内容进行传承，在增加村民收入的同时向外界传播楼上村文化景观的价值。

（2）从生活方式上看，需设定的目标是维系传统宗族结构与信仰体系，发展传统耕读文化的现代延续方式，引导传统生活方式与现代、未来的生活方式适应与融合。需要划定的变化区间与底线主要有——① 村民的宗族结构需要得到保护，村民在村落中的生活权利需要得到保护，禁止因旅游发展的需要将村民从村落中迁出；② 村民传统的宗族思想、风水思想、宗教信仰需要被传承；③ 村民传统的衣食住行的具体方式可以与现代生活方式相适应、融合。

五、小　结

（一）乡村遗产不仅是指乡村中的建筑遗产，它更是在漫长的历史时期因当地村民特有的生产生活方式与当地的风土共同形成的活态遗产，是理解该族群生存与发展不可或缺的物证。鉴于乡村遗产中物质与非物质要素的多样性与复杂性，需要用文化景观的整体性方法论来构建研究框架并进行梳理。鉴于贵州地区乡村中人与自然相互作用、相互交融的强烈特性，笔者认为对传统时代人地关系的构造与特征进行研究是乡村遗产价值评价的基础。

（二）乡村遗产是活态遗产，不仅具有遗产的属性，更具有人居的属性。从文化景观的理论来看，乡村景观不可能一成不变，景观变迁是永恒的主题。对于乡村遗产保护来说，关键是如何管控、引导各要素变化的方向——首先要明确乡村遗产的价值，其次要设定乡村遗产保护的目标，最后才能划定乡村景观变迁的可接受区间以及划定景观变迁的底线。

第三章
基于系统价值论的整合性规划①
——全国重点文物保护单位楼上村古建筑群保护规划的探索

楼上村历史久远，景观卓越，斩获全国重点文物保护单位、国家级历史文化名村与中国传统村落等头衔。基于其历史研究与核心价值评估，我们对楼上村有了一个较为清晰的定位，它是汉族传统耕读文化与西南少数民族文化在长期互动、交融之中形成的景观生态聚落，是见证我国历史移民社会史的活态乡土村寨，并对未来人居环境的可持续发展模式具有重要启示。楼上村的核心价值体现于其文化景观体系，基于系统价值论的考量，我们对该处国保单位的保护规划，不能局限于常规的工作范畴，而要超越之，要思考更多的问题，并协调文物保护与地方发展的关系。

一、村落类型遗产地的保护规划

1. 文物保护单位中的村落

我国拥有数量巨大的历史村落，根据其所具有的价值，它们被列入不同的"官方遗产"（official heritage②）名录之中。文物保护单位是我国文化遗产保护系统中建立最早、保护最为严格的、针对不可移动文物的官方遗产名录。根据遗产价值的评估，可以分为全国重点文物保护单位、省级文物保护单位以及市、县级文物保护单位③。文物保护单位是在文物普查和调查的

---

① 本章部分内容待发表于：赵晓梅, 杜晓帆. 基于系统价值论的整合性规划——全国重点文物保护单位楼上村古建筑群保护规划的探索. 中国文化遗产（待刊）.

② Harrison，R. *Heritage：Critical approaches*. Abingdon & New York：Routledge，2013.

③ 参见《中华人民共和国文物保护法》（2015年版）。

基础上定期申报、公布的。目前我国共有七批全国重点文物保护单位，其中包含大量村落类型的文物保护单位。早在1988年的第三批和1996年的第四批国保单位名录中，即有以民宅为名的村落建筑群。2001年第五批国保单位涌现了大量村落类型建筑群。

村落型文保单位的出现与我国乡土建筑、聚落研究以及文化遗产概念的发展密切相关，1999年国际古迹遗址理事会（ICOMOS）提出的《关于乡土建筑遗产的宪章》对此也有一定的推动作用，更是与21世纪以来的社会发展变化有着紧密的联系。然而，由于文保单位体系自身的现状，这些村落类的遗产名称至今仍为"某某村古建筑群"。文保单位的价值评估以历史、艺术与科学价值为主，村落也不例外，因此未能关注到村落作为活态遗产在当代生活中对社会凝聚力与文化认可的作用。直到2015年修订版的《中国文物古迹保护准则》面世，社会价值与文化价值才被正式提到与三大传统价值并列的高度，这似乎为村落型遗产的价值研究创造了一个很好的契机，然而保护学界的不少专家对新型价值的认知并未达成认可①。

2. 村落型官方遗产的比较

历史文化名城与历史文化街区、村镇是另一类重要的不可移动文物②。与由国家文物局主管的文物保护单位不同，该官方遗产名录由住房和城乡建设部主管，文物部门参与监督管理③。根据评选标准，我们可以看出历史文化名村在关注文物建筑与历史建筑的数量与组群之外，还关注聚落格局与历史风貌，重视历史村镇的无形特征、真实性与延续性④。截止到2017年底，国家级历史文化名村已有六批276处。

随着新一轮乡村建设的开展，村落型文化遗产受到更为广泛的关注。2012年，住建部与文化部联合创立了中国传统村落名录。该类官方遗产的认定标准既关注村落的建筑组群与空间格局，又突出其文化传承的价值，与非物质遗产建立了更为密切的联系⑤。

文物保护单位与历史文化名村均需编制保护规划⑥，中国传统村落则需编制保护与发展规划⑦。由于三个名录对村落型遗产认定标准不同，三者对应的规划要求也就有所差异。文物保

---

① 参见中国文物学会副会长、世界遗产研究会会长郭旃先生在2016清华同衡第四届学术周"遗产与城乡"专场中的报告《文化多样性与价值观的交融》相关内容。

② 参见《中华人民共和国文物保护法》（2017年版）。

③ 参见2008年《历史文化名城名镇名村保护条例》。

④ 参见2005年《中国历史文化名镇（村）评价指标体系（试行）》。

⑤ 参见2012年《传统村落评价认定指标体系（试行）》。

⑥ 参见2017年《全国重点文物保护单位保护规划编制要求（修订稿草案）》及2012年《历史文化名城名镇名村保护规划编制要求（试行）》。

⑦ 参见2013年《传统村落保护发展规划编制基本要求（试行）》。

护单位的保护规划侧重于基于价值评估的保护对象认定及文物本体的保护措施，历史文化名村侧重对传统格局与历史风貌的保护，而传统村落则在现状分析、保护规划的基础上提出发展策略[①]；而保护区划是三个规划中均存在的有效手段，借以划定保护范围（名村与传统村落称为"核心保护区"）和建设控制地带，对村落及其周边用地、建设加以管理。

3. 楼上村古建筑群文物保护规划的困境

尽管我国三个村落型官方遗产名录的评选标准有所差异，但很多村落均符合三者标准，因而获得了三重名衔。楼上村也如此，分别于2008年、2012年与2013年成为中国历史文化名村、中国传统村落与全国重点文物保护单位。

对应楼上村的三个头衔，需编制相应的规划。一般而言，文物保护单位的文物保护规划最为严格，也应当是其他专项规划的标准与参考。然而，楼上村列入文保单位的时间晚于历史文化名村与传统村落，当我们团队应邀编修楼上村古建筑群的文物保护规划时，名村保护规划与传统村落保护发展规划已编制完成。如何在完成文物保护规划编制要求的前提下与其他规划相衔接，成为文保规划编制亟须解决的问题。我们希望借鉴"多规合一"[②]与价值整合的研究方法，完成该处国保单位的文保规划编制工作。

二、楼上村古建筑群文物保护规划思路

1. 文物保护单位保护规划的基本任务

国家文物局发布的《全国重点文物保护单位保护规划编制要求》对文物保护单位的保护规划提出了基本任务要求，总体上可以划分为对遗产地现状的专项评估，以及对应于专项评估的专项规划。在这些内容中，最为基础与核心的是价值评估、保护对象认定与保护区划。

我国当前的文化遗产保护工作受国际保护理论与规范影响很大，普遍采用基于价值的保护方法（value-based approach）[③]，价值评估指导保护对象的认定。文物保护规划的价值评估遵循《准

---

① 参见2004年《全国重点文物保护单位保护规划编制要求》、2008年《历史文化名城名镇名村保护条例》与2013年《传统村落保护发展规划编制基本要求（试行）》。

② 张永姣，方创琳. 空间规划协调与多规合一研究：评述与展望［J］. 城市规划学刊，2016（02）：78-87. 袁玥. "多规合一"背景下哈尼梯田遗产区传统村落保护与更新设计探讨［D］. 昆明理工大学硕士学位论文，2016.

③ De la Torre，M. *Values and Heritage Conservation*. Los Angeles，The Getty Conservation Institute，2000. 及De la Torre，M. *Assessing the Values of Cultural Heritage*. Los Angeles，The Getty Conservation Institute，2002.

则》对遗产价值的阐释，将遗产价值拆分为历史、艺术、科学、社会、文化等五大类进行分类评估，再依据价值评估确定其价值承载物，由此构成保护对象的认定。然而，由于文物保护单位的不可移动性，文物本体局限于建筑单体或群组、遗址（含墓葬）等类型，相关可移动文物可以作为附属文物。但这种价值评估与文物本体认定的方法显然不适用于活态村落类型的遗产。

保护区划的划定分为保护范围与建设控制地带两个层级，类似于世界遗产的核心保护区与缓冲区①。保护区划的划定既要符合文物保护的要求，又要考虑当地发展建设的需求，同时也要具有可操作性。保护区划的划定也是与其他规划相衔接的重要途径。

2. 整合性的规划理念

根据楼上村的现实情况，我们提出整合性的规划理念与方法论，超越了单纯的文物保护。我们希望能够在规划对象、范围与内容等方面，在符合文物保护规划基本编制要求的基础上，加入我们基于本案例及其他案例的研究与思考，超越传统文物保护规划。

首先，在遗产定位上，我们要遵循文物保护规划编制要求，分门别类地认定文物本体（详见第四章）；同时，我们的核心理念是将楼上村整个聚落视为一处活态遗产（living heritage②），因此它的价值与遗产构成必然要超越传统文物保护规划中的价值类型与遗产构成范畴。我们仍以基于价值的方法论为基本原则，通过价值评估来确定遗产构成、规划保护措施，但是我们的价值研究是基于文化景观理论的（详见第二章），并由此提出楼上村的核心价值。

其次，由于将楼上村定位为活态遗产，我们所规划的对象与范畴大大超越了村内重要的建筑，通过对整体社会史的解读，将楼上村的建造过程纳入大的历史背景、人与自然的互动关系之中。我们从历史与景观两个角度切入（详见第一至三章），分析楼上村与周边周姓村落、当地其他姓氏村落、其他民族聚落的历史关系与社会文化联系，解读这个汉族移民村落如何既延续自己的传统，又不断适应当地的环境。因此我们的规划对象包括建筑空间、农田山林与自然环境，研究范围也将周边其他村落纳入，从区域统筹发展的角度思考楼上村未来保护与发展的关系。

最后，基于楼上村开发管理现状，我们的规划不仅重保护，更突出价值展示与阐释的意义。习近平总书记多次在讲话中强调要在保护的基础上推动文物的管理和利用③。让遗产"活起来"不仅仅要延续遗产的传统功能，更要让不同的遗产社区与利益相关者全面认识遗产的价

---

① 参见2016年版《实施"世界遗产公约"的操作指南》。

② 关于living heritage的概念与方法论可参见Baillie，B. *Living Heritage approach handbook*. Rome，ICCROM，2009.

③ 参见人民网2016年04月13日文章《习近平谈文物保护工作的三句箴言》（http://politics.people.com.cn/n1/2016/0413/c1001-28273470.html）。

值，探究村落型遗产利用的多种途径与方式。当然，这些利用手段是以文物保护与民生改善为基础的，因此文物建筑的保护、景观环境的维护与基础设施的改善（详见第九章）是规划的重点，在此基础上通过其他相关案例的探究，我们提出针对活态村落型遗产的管理、展示与开发方式（详见第十至十二章）。

3. 多学科协作的研究方法论

基于Planning Beyond规划理念，我们需要从历史学、建筑学、社会科学等学科借鉴可实施的方法论。我们团队成员即来自不同的学科专业，从自身专业出发，参与到我们的综合研究之中。

如上所述，历史学与景观学为我们提供了最基础的理论支撑，我们从文献研究、口述史与景观调研（详见第六章）等途径获取村落的基础数据，进而分析村落的核心价值。在价值展示方面，新博物馆学理论以及贵州其他村落的展示模式为我们村落型遗产的展示与管理提供了思路（详见第十一章）。

我们将建筑调研与人口数据采集相结合，采用入户访谈的方式，对保护范围内所有人家进行问卷调查（详见第七章），建立基于GIS系统的数据库，将空间数据与社会人口数据相整合。在GIS系统中，我们也加入了不同历史时期的图层分析，以及基础设施等现状与规划数据。

总的来说，我们对楼上村的研究是多学科协作的综合研究。在这些学科中，景观学与文化遗产的结合是研究的核心，历史学、建筑学、规划学、地理信息学与博物馆学提供了具体的方法论。

在现场调研的过程中，我们尽可能增加当地居民的参与感与获得感，每个调研小组都有一位当地青少年做"翻译"。我们也访谈了不同行业及经济收入水平的人家，增加人类学的思辨思考。

三、楼上村古建筑群文物保护规划核心成果

基于整合性规划理念和跨学科研究方法，楼上村古建筑群文物保护规划在价值评估、保护对象认定和保护区划等方面对传统文物保护规划有所突破。

1. 基于景观系统论的价值评估

遗产价值评估是所有保护工作的基础与核心所在。然而，以往的价值评估多以价值类型加

以区分，未能关注到价值与遗产社区、利益相关者的主观性联系。已有学者根据认知主体的不同区分了个人、家庭、当地社区、民族、国家与世界等层级的价值①，有的学者根据活态遗产方法论突出遗产核心社区的价值认知②，还有学者根据文化景观方法论关注不同景观要素的联系与互动③。根据这些理论与方法论，我们的价值评估将不同类型、层级与构成要素的价值相整合，提出以从历史发展角度来考察的人地互动的系统价值观（详见第二章），来替代之前的分类、分条目的价值分析。

我们认为楼上村古建筑的核心价值体现于它是南方喀斯特地貌、亚热带季风气候环境下，汉族耕读文化与西南山地文化在长期互动、交融之中形成的景观生态聚落的代表。它的价值搭建起明清西南移民的社会史与聚落适应性发展的联系，构建出以楼上村为代表的典型西南汉族移民山地聚落的景观性格，传承着宗族文化与耕读信仰，也表现了多文化交融下的美学意象。其价值不仅体现在对社会变迁史的见证、对楼上村居民当代生活的文化解读，更启发了我们对未来人居环境可持续发展模式的思考。

2. 整合性的遗产构成评估

基于核心价值的评估，同时也考虑到对文物保护单位保护对象认定的要求，我们将保护对象分为文物本体与环境两部分。其中文物本体为仅限于与核心价值密切相关的建筑、墓葬、遗址与巷道；文物环境则是对文物本体的补充，既包括了人文圈层中不同类型的聚落空间，也囊括了生物圈层与地理载体中的重要植被与景观要素（详见第二章）。

从历史发展与景观构造角度来解读我们认定的保护对象，可以发现文物本体是楼上村建造环境的主体，表达了聚落发展的核心阶段与空间构成要素；而文物环境则为楼上村的历史文化与人文景观增添了丰富的细节，讲述着不同的景观逸事，也为展示利用规划提供了参考框架。文物本体与环境整合构成承载核心的物质要素。

在保护对象认定中，我们没有将非物质要素考虑在内。这一方面是考虑到文物保护单位的自身特征，另一方面也是拒绝有形与无形的二元划分法④。我们认为价值是无形的，可以在价值阐释

---

① Pearce，S. *The Making of Cultural Heritage*//Rami，E; Mason，R; De la Torre，M（eds.）. *Values and Heritage Conservation.* Los Angeles：The Getty Conservation Institute, 2000：59-64.

② Baillie，B. *Living Heritage approach handbook.* Rome，ICCROM，2009.

③ Sauer，C. O. *The Morphology of Landscape.* Berkeley，University of California Publications in Geography，1925.

④ 关于有形遗产与无形遗产二元划分的讨论可参考Harrison，R. *Heritage：Critical approaches.* Abingdon & New York：Routledge，2013.

中解释无形要素；并且作为一种社会空间[①]与文化空间，其无形的价值均可对应有形的物质要素。

3. 整合性的保护区划划定

划定保护区划是管理遗产变化最为有效的手段。根据文物保护规划的编制规范，楼上村古建筑群的保护区划由保护范围与建设控制地带组成。其中保护范围划定的主要依据是文物本体所在村寨的核心范围。由于楼上村周氏宗祠服务于周边数个周姓村寨，因此其位置不在核心村寨范围内，我们将它单独划定保护范围。保护范围的边界尽可能以道路或用地等明显界线划定。

由于文物本体相对单纯，保护范围的划定相对简单，与历史文化名村、传统村落划定的核心保护区差异不是非常显著（详见第四部分）。建设控制地带的划定则与我们认定的文物环境联系密切，由于环境要素的多样性、复杂性与分散性，如何通过建设控制地带的划定整合不同遗产要素的考量颇费周折。首先，基于核心价值所认定的文物环境要素分布范围广，将它们全部纳入是不切实际且影响当地发展的。其次，文物环境认定基于我们的文化景观方法论，建设控制地带主要将人文圈层和生物圈层的要素纳入其中，而对地理载体则难以全部纳入。同时，基于地理载体的地形特征，采用景观视线分析法，我们将以核心村寨为中心的重要视觉要素纳入建设控制地带，主要以村寨周边两个观景亭的观景效果为参考。最后，我们希望通过建设控制地带的划定对已经或将要发生突变的要素加以控制，同时也在观景视线外预留发展用地。因此最终根据楼上村所在山体地形特征，将村寨东、西两侧的田埂划为界线，北至公路，南抵廖先河，构成建设控制地带。这样村寨南端的景观梯田也可以受到很好的保护。

四、小　结

文物保护单位的保护规划是保障文物安全、开展保护工作的依据，建立起调查、评估与具体保护工程实施的联系（图1），也具有法律效力。我们在坚持文物保护规划编制规范性的基础上，借鉴文化景观理论与活态遗产方法论，建立起人—价值—环境—遗产的多重联系。

整合性的规划理念不仅体现在多种遗产要素、多层级遗产价值的整合上，更希望能够切合实际地达到不同规划之间的整合。如前文所述，针对文物保护单位的保护规划重点在于文物本体的保护，但我们在价值评估、保护区划与专项规划中将历史文化名村的空间肌理与传统村落的文化延续均考虑在内，将遗产的概念、保护的理念与地方发展相整合。我们在基础设施、产

[①]　关于社会空间的概念可参考Lefevbre，H．*The production of the space*. New Jersey： Wiley-Blackwell，1992.

业、展示与管理等方面的规划（详见八至十一章）均有考虑文物保护与区域发展规划之间的联系。当地居民的生活与发展始终是第一位的，因此我们在规划调研中积极听取村民们的建议与意见，也不断与省、县和乡政府的不同部门开展座谈，听取他们对地方发展的观点，使我们的文物保护规划更好地与上位规划相衔接。

在规划编制的过程中，我们始终以协调员的角色自居，希望能够整合不同利益相关者的想法，但是在很多问题上也难以达成一致。经过几轮的内部讨论，我们最终提交了规划方案。我们希望我们的规划是可以落地的，具有可实施性的，并希望我们团队能够参与到具体专项保护工程之中，尽管在我们规划之前已开展了部分建筑的修缮工程。

然而，在整个规划编制过程中，村民们如何看待我们？各级政府如何考虑我们的提议？我们真的达到了遗产推进者（facilitator）的作用么？我们对文物保护单位的定位以及规划设计是否能够得到村民和其他社区人群的认可？我们的保护规划能否推进当地的可持续发展？能否让更多的人看到这里的青山绿水，留得住大批务工求学的乡村继承人？我们需要更多的时间来检验，定期更新我们的规划。

文物古迹保护工作程序表

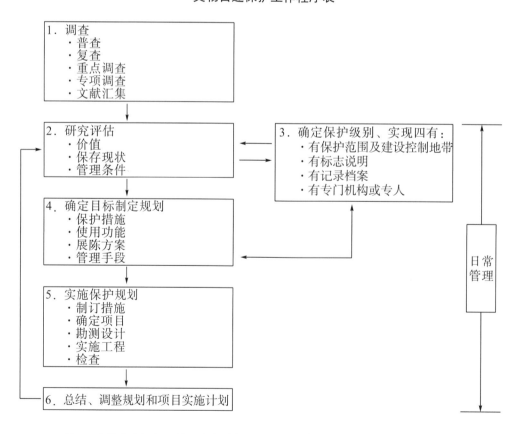

图 1　文物古迹保护工作程序表（来源：2015版《中国文物古迹保护准则》）

第四章
楼上村遗产构成认定方法与保护思路

文物保护规划的核心问题之一是认定文物构成，并进行价值评估，在此基础上提出合理的保护、利用措施。对于楼上村古建筑群的价值评估，则须以文化景观的整体视角看待。《中国文物古迹保护准则》中对文物价值类型限定为历史价值、艺术价值、科学价值、文化价值和社会价值，然而处于传统村落中的古建筑群作为一种活态遗产的物质载体，其价值的核心和特点在于系统性、活态性和传承性，故我们并未将楼上村古建筑群仅仅以其本体作为评判对象，而是将其置于村落的历史、文化和社会中，对楼上村遗产构成及分类重新赋予价值并进行认定。

一、文物构成的现状以及重新认定的依据

楼上村是贵州重要的汉族移民村落，根据国保档案，其建筑主要可分为民居建筑、公共建筑、屯堡遗址以及墓葬等，文物构成包括梓潼宫建筑群、戏楼、周氏宗祠、天福古井、楠桂古石桥、马桑古宅、三座民居、寨门、古石巷等古建筑，九子十秀才墓、四方碑、周国祯墓、周学颐墓等摩崖石刻与古墓葬，以及屯堡遗址与北斗七星树。这些都是楼上村历史文化的物质载体。

村落与周边自然环境联系密切，现有文物构成基本完备，也能从一定程度上反映出楼上村的重要价值，但是在入选全国重点文物保护单位的楼上村古建筑群的构成清单中，仅对本体给予认定，并未划定文物环境。另外当前分类较为混乱，名称不准确、不清晰，且对民居建筑认定过于笼统，未考证民居院落与文物建筑单体之间的关系。根据调查研究，被认定为文物建筑的民居仅有正房可称为文物，而厢房多为近年来新建或已不存在。另个别民居认定存在错误（如全国重点文物保护单位综合管理系统中周正明民居应为周正芹民居）。

民居建筑的认定依据主要为始建年代及保存状况，由于楼上村民居建造方式及风格大多雷同，而当前认定的民居建筑也大多保存较好，院落格局较为完整，窗花雕刻也较普通民居更为精美，故本次调查对于民居的重新认定基本延续了全国重点文物保护单位的认定；但调查中发现有一处保存较好、价值更高的清代民居周永蓉宅，并未入选全国重点文物保护单位，本次将其重新认定为文物构成之一。

公共建筑中仅有保存较为完好的建筑入选了全国重点文物保护单位，但除此之外，如屯堡遗址、阁拗口遗址、观音阁遗址、听水楼遗址、苦竹庙遗址、城隍庙遗址、小屯寺遗址等未做更多的关注，很多遗址反映了楼上村历史、民众生活习俗以及信仰等，我们也将其认定为文物环境的重要组成部分。

墓葬的认定则选取与村落历史文化密切相关的历史人物，故古墓群的组成部分应该限定于对楼上村历史脉络和文化传承具有重要影响人物的墓葬。

二、基于价值判断的文物重新认定

全国重点文物保护清单中仅有文物本体，由于文物环境是文物本体的补充，本次遗产构成的重新认定包括了文物本体与文物环境两部分。

文物本体包括公共建筑、民居建筑、墓葬、遗址和巷道。其认定标准为：

（1）公共建筑选取与村落历史文化密切相关、历史悠久的建筑与建筑群，公共建筑包括梓橦宫建筑群（包括正殿、南北两厢及院落、后殿与戏楼）、周氏祠堂建筑群（包括正殿、小屯寺与阁梁寺）、天福井与井亭、楠桂桥等；

梓橦宫建筑群位于楼上村头龟山的顶部，占地面积3000余平方米，建筑面积483.7平方米。梓橦宫虽多次被毁，但作为楼上村民重要的精神寄托，一直是楼上村重要的宗教场所。楼上村曾信仰道教和佛教，目前村民的信仰特征为"信神不信教"，在梓橦宫供奉了多种不同宗教的神祇。

梓橦宫戏楼为穿斗抬梁式歇山、硬山混合青瓦顶建筑，坐东向西，结构为左右厢楼带廊，居中突出戏台，面阔三间。戏楼作为村民集会娱乐的场所，供村民进行社交活动，每逢重要节日如"说春"，就会在戏楼周边举行仪式，因此戏楼实际上是楼上村的重要的集会地，戏台也便成为楼上村重要的公共建筑物之一。戏楼对于研究楼上村建筑和文化方面也具有一定价值。

周氏宗祠始建于清光绪十九年（1893），坐北向南，面阔三间。大梁题记为"贵州思石二府新二甲所楼上住居""大清光绪拾玖年岁在癸巳仲冬月上旬建立"。宗祠是周氏宗族的象征，宗族对社会的治理也是以周氏宗祠为中心展开的，其治理逻辑主要体现在培养集体意识和强化民族认同、促进个体的社会化、发挥基层社会治理功能及实现文化的传承与选择等方面[①]。如西廊间有《轮水石碑记》石碑一通，明确记载了楼上村农田灌溉的方式和程序，以轮水碑作为共同遵守的约定，起到了社会治理的功能，也反映了楼上村民具有的集体意识。宗祠文化在传统社会承担着个体启蒙、道德教化、失范惩罚、文化传承等社会教化功能，而宗祠也是楼上村作为汉族移民聚落的象征，虽然其建筑形式、生活方式已渐渐融入当地风俗习惯，但最核心的宗族观念却得以延续。

楼上古寨先民们利用天福古井和龙洞湾两处水源作为稻作灌溉的来源，并将廖贤河以北、土层较深厚的坡地改造成适合稻作的梯田，引山泉用以灌溉，水量稳定，是聚落得以生存发展的根本因素；同时，天福古井口感甘甜，也是村民的饮用水源，天福古井孕育了楼上村的土地和居民，是其生命之泉。楠桂桥始建于明末崇祯二年（1629），清道光二十一年（1841）重建。2003年7月维修。桥身由一整块青石板组成，长约3米，厚约0.3米，重约20吨。因前面有一棵楠树和桂花树，因而取名"楠桂桥"。楠桂桥为周国祯修建，这是在他六旬得子后，为敬天地、礼神明、扶难济急、无善不为的情况下兴建的。近年来，原桂树凋零，全村又合力重植，可以说楠桂桥既是四世祖无善不为的实证，也是楼上村民协同一心、继承祖先之优良品德和遗训的实证。

（2）民居建筑选取保存完整、代表性强的建筑，包括周正齐宅（正房）、周正益宅（正房）、周正典宅（正房）、周正洪宅、周永蓂宅（正房）及周正芹宅（正房）等；楼上村民居大多为三合式院落，主要由正房、东西厢房和龙门（仅保存几家）组成，上述几座民居则是楼上村民居建筑中的精品和典型建筑代表。楼上村民居全部为木构干栏式建筑，一般低层以饲养家畜或堆放杂物为主，二层是主要生活面层。将居住层由底层移至楼面，可以最大限度地适应聚居区域内任何起伏变化的地形地貌；可以不用改变地形获得平整的居住层面，适应于炎热多雨气候的通风避潮，适应于不易清理的场区环境对虫蛇、猛兽的防御，适应于河岸水边低凹地带潮水涨高的侵袭。楼上村民居与当地相邻侗寨或其他少数民族民居建筑极其相似，可见其为楼上先祖移居此地后与当地地理环境、建筑文化相互融合和协调的结果。楼上村建筑形式与布局既反映了西南山地建筑的典型特征，也展现了汉族传统的宗族文化。

（3）墓葬选取周氏家族有影响力的人物墓葬，如始祖周伯泉墓、二世祖周朝隆之墓及二世祖妣周婆张老人墓、三世祖周嵩之墓及恩姑熊氏之墓、四世祖周国祯之墓（含四方碑）等周

① 吴祖鲲，王慧姝. 宗祠文化的社会教化功能和社会治理逻辑［J］. 吉林大学社会科学学报，2014，54（04）：155-162+176.

氏家族重要墓葬；楼上村重要墓葬真实反映了楼上先祖移居此地的历史，而作为后世子孙对先祖缅怀的实物寄托，这些墓葬又增加了后世的凝聚力。始祖周伯泉墓位于龙洞湾附近，其碑文记录了楼上先祖移居此地的原因，以及初创时的艰难；三世祖周嵩墓位于龙洞湾，与始祖墓相邻，三世祖与恶霸相斗争，田业被霸，文契被匿，遂连年上讼，最终收回被霸产业，楼上村一脉全为三世祖后人；恩姑熊氏之墓位于村内，恩姑熊氏为将地契藏匿之人，在三世祖与人争夺产业时取出地契，楼上村后世子孙不忘感恩，特立恩姑熊氏墓以示感激与怀念。

四世祖周国祯为第四代祖先，他的思想和主张深刻影响了子孙后代。四方碑位于周国祯墓前，坐北面南，竖碑两座，立于民国二十一年（1932），碑四面等宽，面宽0.38米，高约1.6米，碑冠为四角攒尖石质顶，上饰葫芦状石质宝顶。碑体四周刻四世祖周国祯直至民国时期周氏一门之家族谱系，实为一石刻的家谱和叙事石刻。以上人物对于楼上村的历史文化发展具有重要的影响，其生平和思想对楼上村影响至今，他们是楼上村的开拓者和奠基者，正是他们塑造了楼上村的历史，增加了后世的凝聚力和向心力。

（4）遗址选取与村落历史文化密切相关的历史遗迹，如屯堡遗址。屯堡遗址位于楼上村古建筑群南面附坡之颠，南距楼上村寨约500米。屯堡坐南面北，面积约2000平方米，西侧两巨石为天然卡门。屯堡内为多级台地，分置人和牲口等。楼上村的屯堡遗址与军屯不同，军屯是明初为加强对贵州地区的控制，"屯田之政，可以纾民力，足兵食。边防之计，莫善于此"[1]，在贵州境内驿道沿线设置了大量军事卫所，以屯种养兵，进而形成很多汉族聚落，即贵州屯堡。而楼上村屯堡作为特殊的屯堡类型，更多的是村民为求存而自发所建，主要是与当地原住民发生冲突时的避难堡垒，用厚实的围墙保护内部的哨所和房屋，亦可储存粮草，但平时大多空置，在紧急情况下供人们避难[2]。现仅保留部分围墙，但屯堡的大致范围依稀可见。屯堡反映了楼上村先民移居至此，融入当地的艰难，在此地培育起有异于当地民族及后来汉族移民的特殊"亚民族群体"，形成一个个在当地民族环绕之下的移民孤岛[3]，故屯堡遗址是楼上村先民艰难图存的见证，同时也反映了当时的社会背景。

（5）巷道选取历史悠久、保存较好、与聚落格局密切相关的巷道。由于近年多次整修，仍然保留的古巷道仅有较少路段较为完整，分别是梓潼宫旁巷道、歪门斜道旁巷道、熊氏恩姑墓旁巷道、天福古井西侧和南侧巷道以及古寨至听水楼道路（近古寨段）。古寨坐东北面西南，依山而建，巷道多以青石板铺路，斑驳凹凸，巷宽2—3.5米，并有0.3—0.4米宽的排水沟与之平

① 孙兆霞等著. 屯堡乡民社会［M］. 北京：社会科学出版社，2005：8.

② 王海宁. 传承与演化——贵州屯堡聚落研究［J］. 城市规划，2008（01）：89-92.

③ 古永继. 从明代滇、黔移民特点比较看贵州屯堡文化形成的原因［J］. 贵州民族研究，2006（02）：56-62.

行，几百年来，这种道路和给排水系统设计成为楼上古寨最好的防火带。楼上村牢固的防火设施和独特构造，使得楼上古寨500多年来都未现大火。目前尚存的青石板路绝大部分有台阶。另传说楼上村古巷道整体平面布局呈"斗"字型，反映了楼上村作为汉族移民强烈的风水观念。

文物环境包括历史人文环境和自然环境。历史人文认定标准为选取与村落历史、文化密切相关的历史人文环境要素，具体包括仁佳寨（楼上古寨）传统民居及村寨空间；周氏墓葬群如周学颐之墓、九子十秀才周婆黄老孺人墓（第六世周易之妻、九子十秀才祖母之墓）、七世祖妣周婆杨老人之墓、临济正宗圆寂师祖本慧悟老和尚禅墓、八世祖文生周之翰墓、九世祖清应赠文林郎周公（印）梦龄老府君墓等；周边重要遗址、遗存，包括阁拗口遗址、观音阁遗址、听水楼遗址、苦竹庙遗址、城隍庙遗址、小屯寺遗址等；村寨周边重要风水地，包括寨头（楠桂桥）风水林、寨尾（梓橦宫）风水林（含北斗七星树）及石钟、石笋风水地等；以及周边周氏村寨及仁佳寨周边农田与山林等。

自然环境认定标准则选取与村落风水格局密切相关的自然要素，包括楼上村周边山形水系以及廖先河对岸山峰的多种象形与传说，如青蛙、鼻子、轿子、公公背媳妇与笔架等。

文物环境作为文物本体的重要补充，同样是楼上古寨历史文化的载体，但限于篇幅，本文不再一一赘述。

三、对楼上村遗产认定及保护的思考

（1）遗产的构成应从村落的角度系统看待，而非仅仅针对文物单体的价值。我们在文物认定时已有意将村落作为系统对待，而非仅仅关注于建筑本体。另外对于文物的认定除了关注建筑或遗址本身的保存状况外，其物质实体所承载的对于楼上古寨的历史文化则是我们认定时的最重要依据和参考。

但不可否认，针对具体文物认定的评判标准还是存在一定的偏差，如入选国保清单的大多是保存状况较好的建筑或墓葬，对至关重要但保持状况较差的古遗址关注不够，仅有屯堡遗址被涵盖，而与楼上村名称来源有很大关系的听水楼却较少有人了解，其他如阁拗口、观音阁、苦竹庙、城隍庙、小屯寺等遗址也面临同样的处境，这些能够反映村落历史、民众信仰的遗址从某种程度上也许更加重要。另外针对古墓葬，在认定时不应过多以后世附会的故事作为评判依据，而应以能否体现历史脉络和村落文化为标准。如"九子十秀才"墓能够通过墓主生前经历反映楼上村重视耕读文化的传统，另四世祖周国祯生前敬天地、礼神明，修桥铺路，救难救急，无善不为，作为楼上村文化的重要塑造者和奠基人，其墓葬也理应成为文物认定的对象。

（2）村落的遗产具有特殊性，因为其不仅是专业研究的一类对象，又是满足村落居民现实需求的设施①，虽然研究者与村民的关注点不同，研究者关注的是研究价值，村民关注的是实用价值，但在对村落遗产的价值认定时，不应该仅从研究者的角度去评判，而应该允许村民表达诉求，因为村落的价值认定并不仅仅是一个盖棺定论的总结，更是未来发展方向的引导，而楼上村的未来属于楼上村民，遗产构成和价值的评定应该有他们的参与。

（3）乡土建筑物的改变必须要尊重并维持其布局、它们与物质环境和文化景观的关系，以及各个建筑物之间的关系②。当然，建筑材质、风格和类型也并非完全不可变，我们应尽可能尊重其历史风格和建造工艺，但也应该允许在与整体风貌和环境协调的前提下，进行适当的改造以适应现代生活，因为村落最核心最应被重视的是生活其中的人。

（4）民居建筑得到政府部门的官方认证而成为保护对象，虽然对其价值的认知有差别，且在价值认定过程中村民也并非主导者，但一旦自家民居被认定为全国重点文物保护单位，居民也会自发地更加珍爱和重视。可是由于国保单位的特殊性，并不允许村民擅自修缮和改造，此时"合法"的保护主体由村民变为了当地文物管理部门，如果主管部门的保护无法跟进，而村民又无权修缮，这对文物的保护将极为不利。因此，楼上村民居建筑如何保护，除了技术层面，从管理层面也应该进行思考和改善。

四、小　结

楼上村具有丰厚的历史文化和遗存，如何梳理历史文化，从何种角度整合历史遗存，是进行保护规划的首要任务，也反映了我们对楼上村价值的评判和认知，影响着保护规划的思路和方向。由于全国重点文物保护单位清单中未完全涵盖反映楼上村核心价值的历史遗存，故开展保护规划前对文物本体进行调查和重新认定是必要的。本次文物构成重新认定力求从文化景观角度系统看待村落，并尽可能让村民参与其中，很多遗产地点的调查和价值认定均与村民协作和沟通，取得了不错的效果。当然，本次对遗产的构成认定和保护方法更多的是一种探索和尝试，还有很多不足尚待完善。

---

① 张政伟.论乡土建筑遗产的认定［J］. 中国文物科学研究，2009（04）：16-20.

② 国际古迹遗址理事会.《乡土建筑遗产宪章》，1999年10月.

第 五 章
村落景观环境调研方法与保护思路

从文化景观的视角来看，村落包含的物质与非物质要素多样，且互相之间关系复杂。对于村落景观环境的研究来说，比较难以把握的是如何确定调研的对象以及设定考察的广度与深度。因此，在对乡村遗产制定调研计划、提出保护思路之前，需要对以下问题进行深入思考。

一、为何要重视村落景观环境的研究

村落作为聚落的形式之一，以往对其研究多集中于村落内建筑本体的价值，以及建筑内部与外部空间的价值上，由于参与者学科背景的限制，很多成果中对于更大范围内村落环境的研究是比较欠缺的。然而，如果从活态文化遗产的角度来看待乡村遗产，那就不得不将村落中生活的"人"的要素放到首位来考虑。

从人的生活方式和生产方式来看，虽然建筑是其中极为重要的部分，与人的生活方式联系最为紧密，但显然不是承载乡村遗产全部价值的要素。从文化景观的理论来看，乡村遗产是人与自然的共同作品，是由长期居住在该地的族群通过特有的生产生活方式作用于自然地域后形成的结果[①]，而人和自然在漫长时间段内保持的良性互动关系——"人地关系"是形成和谐有序、可持续发展的乡村景观的内生动力。因此，对乡村景观背后非物质的人地关系模式进行挖

---

① Sauer，C．O．*The Morphology of Landscape.* Berkeley，University of California Publications in Geography，1925（02）：19-54.

掘，是全面阐释乡村遗产价值的必要环节。

人地关系虽然是以非物质的形式存在的，但却会在村落周边的景观环境中留下深刻的印记。因此，对于人地关系的考察，不仅要从对村民的访谈与问卷中得出结论，更需要进行实地调研，真正深入村落周边的景观环境之中，从以物质形态存在的要素入手，探究至今保留的传统人地关系的特征——可以说这是最为客观有效的手法。

二、如何进行景观环境调研

1. 调研问题

鉴于科研经费的有限与调研成本的不断提高，不做任何事先准备、盲目地扎到村子里去寻找问题是不可取的方法，因为文化景观遗产地的价值并不总是表现在可视的、物质的要素上。没有预先对调研对象有整体性的认知，就无法在现场迅速识别问题的存在。可以说，对于文化景观的理解程度取决于研究者本身知识储备的广度与深度。因此在进入田野调查之前，必须对本次调研中想要探索的问题有清晰的界定，而这只能通过扎实的案头工作，对前人已有的研究成果做出精炼的综述后才有可能提出有效的研究问题。同时作为科学研究，一般都会基于某种理论的视野，或者基于某种方法论的视野来推进，因此从理论和方法论的角度也可以提出想要在调研现场进行识别的问题。

2. 调研目标

在提出问题后，需要提出一个科学研究的假设。比如，在做完文献回顾或对相关人士进行访谈后，对于村落遗产中传统人地关系的模式得出一个猜想，可以是不成熟的假设，然后可以先绘制一个研究者认为有可能存在的人地关系模式图，对于村落景观环境特征进行初步的推测。在完成了这项工作之后，就可以设定本次调研的目标——主要目的是检验你的研究假设是否能得到印证，是否有漏洞。而最大的惊喜肯定来自于在现场发现既定假设之外的新问题、新情况。鉴于乡村景观所包含内容的复杂性，在现场调研中得出新的发现是肯定的，但这种发现是要建立在之前案头工作基础之上的。

3. 调研范围

与村落建成区范围比较容易确定不同的是，围绕村落的景观环境的范围是比较难以确定的。首先被设定为调研对象的村落与周围的村落具有同质性，其树林、果园、农田等生产用地通常与邻村的生产用地连成一片，光从行政范围来划分会割裂原有的景观单元。因此需要明确的是景观环境的调研并不仅指该村落行政范围内的景观要素，而需要依据该聚落中村民的生产生活方式所到达的范围，同时根据调研目标来确定调研范围。比如说在楼上村的景观环境调研中，村民建筑与墓地的选址、院落的朝向，都与传统的风水信仰有强烈的关联，而风水思想一定是依托周围山形水系的形态而形成的。因此，与信仰直接或间接相关的山体、水体等自然要素即使离开村落行政边界较远，也需要纳入到调研范围之内。

4. 调研方法

调研方法是需要在调研问题、目标、范围都比较明确的基础上进行设定的，基本上可以分为宏观、中观、微观三个层次。值得注意的是这三个层次的尺度不是一成不变的，可以根据调研需求来设定。以楼上村为例，宏观的景观环境可以包含村落周边更广泛地域内的要素——包括廖贤河及其南岸的大片喀斯特山体，同时也包括楼上村周边的聚落；中观的景观环境可以设定为围绕村落建成区的梯田、杂木林、用材林、风水林、天然涌泉等组成的范围；微观的景观环境则更细致，可以缩小到房前屋后的范围，重点调研此范围内建筑的外部环境要素。根据不同的调研尺度，可以运用GPS、无人机等辅助手段进行记录，并将数据汇总到GIS系统中进行分析和管理。

从人地关系的角度来说，不管是哪个层次的调研，目的都是要回答该村落人地关系的特征——生产生活的用水从哪里来？耕种的方式是什么？植物与动物的种类与村民生产关系的方式是什么？如何处理废弃物？村民的信仰与环境之间的关系是什么……基于对这些问题的回答，可以印证之前案头工作的成效，并更加准确地绘制出人地关系的模式图。

5. 调研结论

乡村遗产中的景观环境调研不是一次就可以完成的，因为景观是一个动态的过程，而非静态的画面。由于生物圈层的季相特征，景观环境在一年四季中都会呈现不同的状态；而农业生产的一般过程表现为"春生、夏长、秋收、冬藏"，因此为了人地关系描述的完整性，现场调研要尽可能涵盖各个季节或时间段。通过每次调研得出相对应季节的结论之后再进行总结和提炼，发现漏洞之后再进行补充调研，以求结论的准确性。

三、村落景观环境的保护思路

在整理村落景观环境的保护思路时，必须对以下几个问题有明确的认识。

1. 识别景观环境的脆弱因子

优美而稀缺的景观环境是乡村遗产的附属资源，也是乡村遗产真实性与完整性的载体。景观环境作为一种资源，它是由世代居住在此的村民在生产生活中创建的，因此这些拥有传统农耕技术的村民是维持现存景观特征的重要因素。我们在对人地关系的调研中不仅要揭示其状态与特征，识别哪些景观要素是极具生命力的，只要不进行有意破坏，即使长时间无人维护都能保持恒定不变的状态；更需要认识到哪些景观要素是脆弱的，如果没有特定人群的维系，是极易改变的。对可视的、脆弱的景观要素进行保护，关键是要能识别出在它背后非物质的生产生活方式中，哪些是导致它变脆弱的因子，对于这些因子是否能够进行调节或管控。

2. 明确景观环境保护的目标

识别出脆弱的因子之后，需要进一步明确景观环境的保护是为了谁？它的存续或改变对于哪个群体是有价值的？在不同的保护目标之下，采取的保护措施与方法可能是完全不同的——如果仅仅为了村民自身的经济追求，那可以根据村民的要求来进行改变；如果仅考虑外来者的偏好，则可能需要对村民的做法进行调控；如果是为了保护该地特有的动植物资源，则需要尽可能保持该物种的自然生境……而在现实调研中会发现，仅考虑一类人的偏好与诉求是不全面的，必须将所有利益相关方的诉求统合后进行通盘分析。在此过程中要充分重视外来专家的意见，同时要考虑本地社区的能力与诉求，在各相关方的博弈中取得平衡，制定出综合的景观环境保护目标。

3. 设定景观环境变化的区间与底线

鉴于乡村文化景观中人地关系的复杂性，需要构建适合该村落景观环境的整体性保护框架，其中可以包括三个层次——地理载体、生物圈层、人文圈层。同时，村落遗产是活态的文化遗产，因此各景观要素的变迁是肯定的，不变是暂时的，在不同时间段形成的稳定状态，是三个层次互相影响并达到平衡的结果。而在急剧转型的社会中，人文圈层的思想、技术、能力等因子都在迅速的变化之中，对原有的地理载体、生物圈层也不断产生新的影响。但是，为了达到景观环境保护的既定目标，必须对作用于景观的人文圈层的各项要素设定一个变化的区间——哪些改变可以接受，哪些改变不可接受。简而言之就是需要划定景观变迁的底线，对以物质形态存在的景观要素背后的非物质要素进行有效引导与管控。

四、小　结

　　在景观环境调研与制定保护思路的过程中，"识别"是研究者最需要具备的能力，研究者需要锻炼在现场进行景观环境识别的能力。此外，对景观环境特征与细微变化的识别需要建立在研究者丰富的知识储备与经验积累基础之上。对于地理载体的研究需要运用地质学、地理学的知识；对于生物圈层的研究需要熟悉生态学、生物学、景观学等学科的知识；对于人文圈层的调研，需要了解民族学、人类学、社会学、建筑学方面的知识。因此对于景观环境的研究，是一项多学科交叉协作的工作，需要组建一支拥有多学科背景的研究团队。

第 六 章
楼上村及其周边环境的景观性格评价

一、景观性格评价理论

"景观性格"（Landscape Character，也有学者将其译为"景观特征"）这一概念最早由Carys Swanwick①于2002年提出，之后便得到了《欧洲景观公约》（Europe Landscape Convention）的大力推动。拥有广阔乡村景观的英格兰是首个应用景观性格评价（Landscape Character Assessment）的国家。在由英格兰乡村署（Countryside Agency）和苏格兰自然遗产部（Scottish Natural Heritage）共同编制的《景观性格评价——英格兰和苏格兰地区操作手册》（*Landscape Character Assessment: Guidance for England and Scotland*）中，景观性格评价被认为是可以为"环境保护"（environmental protection）与"谨慎使用资源"（prudent resource use）做出重要贡献的工具，而这两大目标都是可持续发展的核心。目前，景观性格这一概念已被国际文化景观研究领域广泛关注与应用，并成为了世界遗产文化景观提名评估导则中提出的核心内容之一。

景观性格评价理论认为，"景观"是在人与场所相互作用的过程中形成的复合形态——包括了自然、文化与社会、知觉与审美三个组成部分。其中自然可细分为地质情况、地貌类型、空气和气候、土壤、植物和动物等要素；文化与社会包含土地利用、聚居地、围场等要素；知觉与审美由视觉（颜色、质地、样式、形式）、声音、气味、触摸/感觉、偏好、联想、记忆等要素共同构成（图1）。

---

① Carys Swanwick为英国谢菲尔德大学景观学系（Department of Landscape，University of Sheffield）教授。

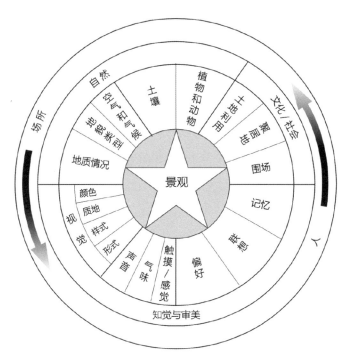

图1　《景观性格评价——英格兰和苏格兰地区操作手册手册》中对于景观的认识①

　　Carys Swanwick认为，人类的感知能力将土地变成了景观的概念，这不仅与视觉感受有关，不仅与我们看待土地的方式有关，还与我们如何听、闻、感受周围的事物，以及由此唤起的感觉、记忆或联想有关；景观性格因不同景观要素以特殊的组合方式形成，是产生"场所感"的来源。

　　这种理解方式不仅阐明了景观的物质要素，更强调了景观的非物质要素，因此这与文化景观理论中对于景观的理解具有高度相似性——均透过了表层的现象看到了景观背后的本质与复杂的构造。由此可见，借用景观性格理论对文化景观进行评价具有互适性。且从某种意义上来说，景观性格评价理论可以被看作是对文化景观理论的补充。

　　景观性格评价并不是被设计出来抵抗景观变化的工具，而是有助于决策的工具。通过评价可以让人理解景观的现状，为什么会变成这样，未来可能发生何种改变，从而保证改变与发展不会削弱景观中有特色或有价值的事物，同时也能给出改进的建议。因此对于规划、设计、管理景观来说，景观性格评价是一个非常有力的工具。同时，景观性格评价的方法并不是从人的主观出发来判断景观品质的高下优劣，而是客观区分相邻景观区域中景观类型的差异——这也是景观性格评价的核心内容，并与国内现有的风景资源评估理论有很大差别②。

---

①　笔者根据《景观性格评价——英格兰和苏格兰地区操作手册》第2页中的Figure 1.1进行翻译并绘制。

②　根据风景资源的珍贵性与独特性，《风景名胜区规划规范》将景源分为五级，分别对应世界级、国家级、省级、市级、县级的吸引力范围。

在文化景观性格评价方法中有两个关键词，一个是景观性格类型（Landscape character types），是指具有同一性格的景观，虽分布在不同的地区，但拥有相似的地质、地形、植被、土地利用历史或居住模式；另一个是景观性格区域（Landscape character areas），是指同一景观性格类型中的特殊区域，同一个景观性格类型中通常包含几个区域，它们具有同样的性格类型，却有不同的区域名称。值得注意的是，很少有景观性格/区域与现有行政边界一致，同一景观性格/区域经常被行政边界分割开来（图2）。因此采用景观性格的研究方法可以打破行政边界的限制，按照景观的特性来重新界定景观单元与分区。

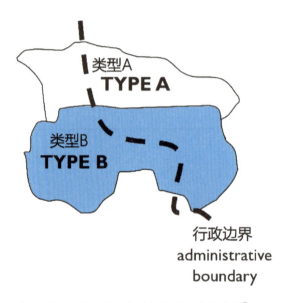

图2 景观性格区域、类型与行政边界的关系①

《景观性格评价——英格兰和苏格兰地区操作手册》中所示的景观性格评价步骤为：① 确定合适的研究尺度与范围；② 文献回顾与案头研究，对该地域景观性格有基本概念；③ 现场调研各景观要素的特征、关系、模式等；④ 划分与描述景观性格类型与区域，区别不同景观类型之间的差异，总结研究对象的景观性格。本研究即按照上述方法对楼上村文化景观进行性格评价。

① 笔者根据《景观性格评价——英格兰和苏格兰地区操作手册》第9页中的Figure 2.1进行翻译并绘制。

二、文化景观视野下乡村遗产的表现形式

通过现场调研可知，楼上村文化景观的表现形式主要分为物质要素的表现形式与非物质要素的表现形式两类。首先，物质要素的表现形式有：

（一）喀斯特山脉与峡谷。村落文化景观整体依托于喀斯特地形中发育的廖贤河谷地带而生。在楼上村极目远眺，所见山体都十分陡峭险峻，乔木无法生长，植被以灌木与草本为主，局部陡崖露出石灰石岩壁。山形奇峻，层峦叠嶂；浅滩碧水，柔美蜿蜒，似中国传统山水画意的真实再现（图3）。

（二）涌泉与溪渠。发源于喀斯特地貌的天然涌泉是村民生产生活用水的主要来源，水质纯净甘甜且富含矿物质；由涌泉形成溪渠，溪渠沿线形成以金丝楠木、阳山竹及其他杂木林为主的、茂密的植物种群（图4）。

（三）缓坡梯田。稻作梯田引山泉水灌溉；田埂上栽植乌桕树用作禾晾架，形成疏林；这是该梯田的重要特征。梯田面积广大，与廖贤河对岸的自然山体形成人工与自然的鲜明对比（图3）。

（四）苍翠茂密的二次林。由风水林、用材林、杂木林构成的茂密树林将楼上古寨建筑群呈东、北、西三面围合。树种主要有针叶树、常绿阔叶树、落叶阔叶树、竹类等，季相变化明显（图5）。

（五）三合院建筑群。由穿斗式木构建筑围合成一正两厢的三合院格局是楼上古寨建筑的重要特征。院落建筑群随缓坡顺势排列，和谐有序；灰色覆瓦坡屋顶高低错落、鳞次栉比（图6）。

图3　廖贤河河谷两岸的山体与梯田
（团队航拍，2016年8月）

图4　龙洞湾溪渠
（作者自摄，2016年8月）

图5　古寨、风水林、梯田的位置关系
（团队航拍，2016年8月）

图6　楼上古寨三合院建筑群
（团队航拍，2016年8月）

图7　暮归的耕牛
（作者自摄，2016年8月）

图8　村民家中保留的木作大锯
（作者自摄，2016年8月）

其次，非物质要素的表现形式主要可以归纳为传统时代的耕读文化。

（一）"耕"是以农耕为主的生产方式，主要表现为以旱作与稻作交替进行的梯田轮作方法，以及各种匠作活动。单块梯田的面积较小，需用黄牛或水牛来耕地，即使现在依然无法用机械代替，耕牛是重要的生产资料（图7）。匠作活动主要表现为村落中的木匠技艺，由于建造木构房屋的需要，楼上村民在传统时代都做得一手好木工，不仅能在本村建房构屋，而且可以到其他村寨做木工赚取收入。现在各家依然保留有锯子等木工工具（图8）。

（二）"读"主要表现在传统时代村民儒学素养比较高，重视教育，村中有先人科举出仕；直至今日仍有村民喜爱书法，逢年过节及祭祀用的对联、客厅内挂轴的诗文都由自己书写；村民重视宗族历史的挖掘，编纂有完整的村史和族谱。晴耕雨读这种传统的乡村生活方式对楼上村民谦和质朴、正直善良的性格养成有直接作用。

根据以上论述，笔者将楼上村文化景观的主要包涵内容与表现形式总结成表1如下：

表1　楼上村文化景观的主要包涵内容与表现形式

类别			包含内容		表现形式
主要物质要素	地理载体	山体	楼上村所在的缓坡		由廖贤河切割作用形成河谷地带
			环绕村落的喀斯特岩溶地貌		
		水体	廖贤河（过境地表径流）		
			天福古井（村落内部涌泉）		在村落内部与外部形成沟渠
			龙洞湾泉水（村落外部涌泉）		
	生物圈层	植物	乔木、灌木、草本植物		梯田内各类农作物、周围群山上的松柏林、以大乔木为主的村口风水林、梯田景观、水渠沿线的竹林与楠木林
		动物	家禽、家畜、野生鸟类等		建筑物中饲养牲畜的空间
	建筑与构筑	民居	木构覆瓦建筑		平面为三合院式建筑、青石板院坝
		公共建筑	宗教类建筑		周氏宗祠、古戏台、梓潼宫、屯堡遗址、观音阁遗址、观景亭等标志性建筑
		道路	路面铺地		石板路、土路
主要非物质要素	生产方式	农耕	旱作、稻作		耕读文化
		其他	手工业、务工、仕途等		
	生活方式	宗族结构	周氏宗族谱系		
		文化教养	儒学		
		信仰体系	祖先崇拜、风水思想		

三、景观性格类型与区域划分

根据景观性格评价的层级[①]，结合楼上村的尺度特征，本研究将景观性格评价设定为两个层级，并划分出分别对应两个层级的景观性格类型与区域。

（一）第一个评价层级是楼上村与周边山水环境层级（图9）。根据第二、第三章中对楼

---

① 在《景观性格评价——英格兰和苏格兰地区操作手册》中将景观性格评价层级分为国家与省域、城乡县域、本地三个层次。在本研究中笔者根据楼上村的尺度特征将评价层级有所调整。

上村及其周边山水环境中景观要素的确认、相互间关系的分析，以及景观特征的描述，可以将本层级主要分为四种景观性格类型——A建筑群、B梯田、C树林、D水体；同时，根据自然或人为形成的边界，可以对图9中的对象地域划分出较为详细的景观性格区域（表2）。

表2 楼上村及周边环境的景观性格类型与景观性格区域划分

景观性格类型		景观性格区域	
编号	名称	编号	名称
A	建筑群	A1	廖贤河村
		A2	新建建筑群（传统木构）
		A3	楼上村老新村
		A4	楼上古寨
		A5	村口公共建筑群
		A6	正楼上
		A7	小学
		A8	周氏宗祠
		A9	新建建筑
		A10	楼上七组
		A11	楼上八组
		A12	下苗寨
B	梯田	B1	梯田（水田）
		B1.1	抛荒梯田（水田）
		B2	梯田（旱地）
		B2.1	抛荒梯田（旱地）
C	山林	C1	针阔混交林
		C2	针阔混交林（风水林）
		C3	针叶林
D	河道	D1	水体（廖贤河）
		D2	砂石滩

首先，建筑群可以划分为12个主要的景观性格区域，基本上由自然形成的聚落（A1、A6、A10、A11、A12）、古建筑群（A4、A5、A8）、新建建筑群（A2、A3、A9）、新建公共建筑（A7）边界围合而成。从规模上看，楼上古寨所在的A4区域，是面积最大的建筑组群。

其次，楼上村及周边山水环境中的梯田主要分为稻作梯田（B1）、旱作梯田（B2）两个景观性格区域。同时通过田野调查的结果，将已经出现抛荒、种植果树等其他经济林木的稻作梯田（B1.1）与旱作梯田（B2.1）的区域标示出来。

再次，按照树种的特征、状态与位置，将对象范围内的林地主要划分为针阔混交林（C1）、风水林（C2）与针叶林（C3）三个景观性格区域。其中针阔混交林主要分布在楼上古寨等聚落的周围，受人类活动的影响较多；古树名木等树龄较长的林木主要集中在风水林的范围内；而针叶林集中分布于峡谷两岸的喀斯特山体之上。

第四，廖贤河是流经该区域的主干河道，呈现出跨地区的带形景观性格区域（D），呈曲线状蜿蜒流淌。水体（D1）富含矿物质，呈青绿色。河床上的白色砂石滩（D2）是特殊的景观性格区域（图9）。

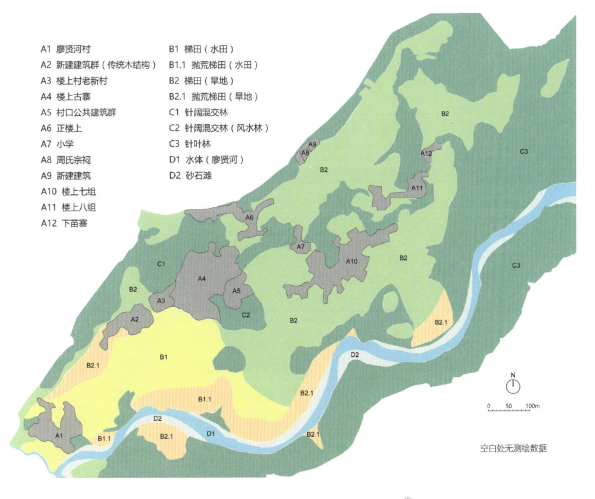

图9　楼上村及周边环境的景观性格区域划分①

―――――――――――――

① 笔者基于田野调查绘制而成，图中空白处仅表示无测绘数据，实际上是同质的乡村地区。

（二）第二个评价层级是楼上村核心社区的层级，也就是对图9中相邻的景观性格区域A3、A4、A5进行进一步分析。选择该区域（图10）进行评价，是因为考虑到在村落文化景观中，建筑是影响景观性格、塑造景观意象的重要因素。建筑材质、色彩、造型的改变，不仅直接影响到视觉感受，而且建筑空间的改变也会对村民的生产生活方式产生重要影响。基于第二、第三章中对楼上村建筑特征的描述，结合田野调查的成果，可以进一步将该地区划分为12个景观性格区域（表3）。

表3　楼上村核心社区的景观性格类型与景观性格区域划分

景观性格类型		景观性格区域	
编号	名称	编号	名称
A3	楼上村老新村	A3.1	砖混结构住宅
		A3.2	传统木构院落
A4	楼上古寨	A4.1	国保民居院落
		A4.2	砖混住宅院落
		A4.3	传统木构三合院
		A4.4	井亭（天福古井）
		A4.5	风水林旁曲尺形院落
		A4.6	杂木林旁曲尺形院落
A5	村口公共建筑群	A5.1	古戏台（国保）
		A5.2	梓潼宫建筑群（国保）
		A5.3	村委会、游客中心建筑群
		A5.4	入口广场

首先，楼上古寨的民居建筑群（A4）位于老新村与村口公共建筑群之间的中心位置，它可以被划分为6个景观性格区域。其中A4.1与A4.3拥有村落中最典型的三合院住宅形式，正房、厢房与院落的占地面积较大，造型规整。其中A4.1范围内始建于明清时期的马桑木古屋等文物建筑，已经被列入全国重点文物保护单位，这些历史悠久的三合院建筑拥有传统时代楼上村建筑文化的基因。但同时，紧靠该区域的院落（A4.2）中也有被翻新为两层砖混结构的正房，不过依然保留了传统灰瓦屋顶。在靠近树林的景观性格区域（A4.5、A4.6）内，受地形限制，房屋的平面多为曲尺形或一字型，可被视为非典型三合院。不过正房、厢房、院落的面积更小，建筑密度更低。

其次，在核心建筑群西侧建有老新村（A3），老新村中A3.2的范围内主要是传统形式的木构建筑，受地形限制，建筑平面以曲尺形或一字形居多，建筑前晒场面积较小。而A3.1的范围内则出现了色彩、形制与传统三合院建筑完全不同的砖混结构建筑，因此该区域从视觉上比较突兀。

　　再次，位于古寨东侧，由风水林所包围的是村口公共建筑群（A5），主要由全国重点文保单位——古戏台所在的广场空间（A5.1）、梓潼宫所在宗教空间（A5.2），以及村委会与游客中心建筑群（A5.3）与楼上古寨入口广场空间（A5.4）组成（图11）。该区域内建筑形制特别，体量较大。

图10　楼上村核心社区测绘图（数据来源：贵州省石阡县文物局）

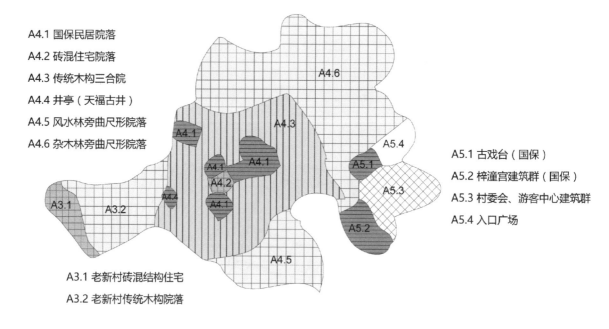

A4.1 国保民居院落

A4.2 砖混住宅院落

A4.3 传统木构三合院

A4.4 井亭（天福古井）

A4.5 风水林旁曲尺形院落

A4.6 杂木林旁曲尺形院落

A5.1 古戏台（国保）

A5.2 梓潼宫建筑群（国保）

A5.3 村委会、游客中心建筑群

A5.4 入口广场

A3.1 老新村砖混结构住宅

A3.2 老新村传统木构院落

图11　楼上村核心社区的景观性格区域划分①

四、景观性格的描述与概括

基于前面的分析，可以结合两个不同的评价尺度，从景观要素的特征、意境、场所感等方面来综合描述对象地域的景观性格。

1. 楼上村与周边山水环境层级

第一，根据景观性格类型A–D看整体山水结构与形态，会发现与中国传统绘画中的山水意象神似（图12）。喀斯特山体的特殊形态与峡谷中蜿蜒水体所具有的曲线美，恰好契合了传统山水文化中对于和谐之美的追求，可以看作是东方山水画、山水园林的天然摹本。这种充满东方美学审美意趣的景观意象，是楼上村周边山水景观最显著的特征。这种山水意象可以激发具有传统文化底蕴的外来者的联想与想象，其审美体验可以超越具象的山水形态，触及到传统自然哲学与山水美学的认知层面。

① 笔者根据田野调查的结果绘制而成，按照不同类型院落的空间分布范围来划分景观性格区域，该区域范围内更为细节的基础设施、植被等状况没有被体现出来，如有需要可以在下一个层次体现。

图12　从楼上村往南眺望的山水形态（左）与北宋《千里江山图》（右）中的山水意象①

　　第二，从景观空间的构成来看，秀美的自然山水景观、林木景观（C、D）与散居村落（A）、大面积梯田（B）相结合，形成和谐的山水田园风光，是该区域内景观环境的最大特征。同时，以天然涌泉灌溉的稻作梯田（B1）集中分布在楼上古寨以南、廖贤河以北的范围内，形成了该区域内最大面积的稻田景观，相比相邻的景观性格区域来说具有稀缺性，十分珍贵。

　　第三，多层次的曲线美是产生和谐感的重要原因。曲线的柔美不仅体现在廖贤河与河岸砂石滩蜿蜒的形态上，也体现在峡谷两侧丘陵的形态之上。极目远眺，没有奇峰怪石，唯有层层叠叠的丘陵，形成具有韵律感的天际线。而曲线形态最为丰富、最集中的场所是梯田，由于梯田围堰的走向与坡地的等高线走向基本一致，梯田中的曲线虽繁复但走向基本相同，因而形成了多层次且极富韵律感的线形；而梯田中分布疏朗而均匀的乌桕树，则如同五线谱上的音符一般具有跃动感。可以说，山、水、梯田中多层次的曲线美彼此呼应，互为衬托（图13）。

　　第四，景观环境的色彩与质地对于和谐感有重要影响。对象范围内的颜色种类比较少，主要为青绿、灰白。石灰岩山体裸露出来的岩体均为灰白色；岩体间的廖贤河为青绿色，砂石滩为白色；由于植物种类的原因，山林与梯田中的绿色显示出丰富的色相；建筑的屋顶为统一的灰白色。因此，人工构筑与自然山水在色彩上形成了呼应。此外，梯田中的水稻在夏天会形成如茵般的细腻质感，与山林毛糙的质感形成对比，但又被绿色所统一，形成"对立统一、和而不同"的和谐之感。

　　第五，由于峡谷的阻隔，该地区不处于陆路交通要道之上；主干河道河床较浅，且枯水季与丰水季水量差别较大，不适合船运，所以该地区虽然河道比较宽阔，但水运并不发达。因此从物资交流的角度看，该区域处在一个内向、半封闭的环境中，自给自足的生产方式形成的田园风光给人以和谐优美、宁静悠远的场所感，如世外桃源一般在深邃的峡谷间豁然开朗，足以

---

① 北宋王希孟《千里江山图》局部，图片来源于网络。

图13 楼上古寨周围景观环境要素线描图（为突出研究对象的形态特征，笔者基于航拍图绘制了景观要素的线描图）

表达"采菊东篱下，悠然见南山"的意境。

由上可知，楼上村与周边山水环境层级的景观性格可以被概括为：

（1）山水画般的意境；（2）山水田园诗般的情境；（3）丰富的曲线形态；（4）多层次的韵律感；（5）对立统一、和而不同的色彩与质地；（6）内向、宁静、悠远、深邃的场所感。

2. 楼上村核心社区层级

第一，从功能性出发，现有核心建筑群主要可以分为位于村落入口处的和宗教（梓潼宫）、娱乐（古戏台）、游客接待、村委办公等相关的公共建筑（A5）与居住建筑（A3、A4）两个类型。公共空间比较疏朗，建筑色彩华丽，居住空间更为致密，建筑造型朴实。由于场地的需要，"说春"[①]等大型仪式都在入口广场等公共空间举行。从生活空间上看，村落的公共空间与私密空间形成对比，喧闹与宁静产生反差，在空间上形成了公私分明、疏密有致的特征。

第二，现有的居住空间格局并不是一蹴而就的，它反映的是整个村落建筑空间的生长过程。从三合院的形态来看，占地面积较大且形制完整、历史悠久的院落（A4.1）位于古寨的中心位置，此处地势比较平坦，视野开阔；而位于边缘处、靠近山林地的民居所在地势比较陡峭，院落面积狭小，建筑平面呈曲尺形或一字型。因此按照先到先占的原则推断，A4.1、A4.2、A4.3处的院落空间是最先形成的，之后才陆续形成了A4.5、A4.6、A3.2、A3.1的外围院落空间——从核心向外圈扩散。

第三，景观性格区域A3、A4、A5内的建筑单体是典型的穿斗式木构建筑，柱子直接承托檩条，高一至二层，结构简明；A4.1与A4.3区域中的建筑多为典型的三合院形式——由一座正房与两座厢房围合晒场形成"一正两厢"的平面布局形态；而A3.2与A4.5、A4.6中的建筑平面多为曲尺形或一字型，但门前都有晒场[②]。民居建筑色彩为原木色；为防止雨水对木构屋架的侵蚀，坡屋顶采用悬山式，覆灰白瓦。因此，原木色穿斗式木结构、一正两厢三合院（晒场）、灰白色悬山式坡屋顶，共同构成了楼上村传统建筑群的景观意象。

第四，由于风水学的影响，主要建筑空间中A4.1、A4.2、A4.3的正房统一朝向西南，从平面上看正房中轴线基本平行；加上与正房平面相垂直的两翼厢房，这种简明的建筑单元——三合院的"型"被不断复制，在平面上形成了多个"冂"字形铺陈的韵律感（图6、图13）。同时，由于坡屋顶正脊均为水平线，从高处俯瞰，这种多层次的水平线也形成了和谐的韵律感。可以

[①]　贵州省石阡县的"说春"活动是农耕文化的重要组成部分，于2011年被国务院列为第三批国家级非物质文化遗产代表性项目。2016年11月30日，中国"二十四节气"正式列入联合国教科文组织人类非物质文化遗产名录，"石阡说春"作为"农历二十四节气"习俗，入选非遗扩展名录。

[②]　可以视作非典型三合院形态。

说，这是在共同生活方式与价值观下形成的致密而有序的建筑形态，其特征符合审美的规律。

第五，在A4.1、A4.2、A4.3范围内，除了狭窄的石砌巷道是公共空间以外，村民的交往空间主要是在各家的院落内，这是半私密型空间。有时从一个院落到另一个院落，只需通过一条逼仄的通道，或者通过厢房的一扇门。因此除了主要巷道以外，有另一个更为隐蔽和复杂的、只有村民自己熟知的流线系统，它串联起了多个院落空间，起承转合，自由而流动。院落之间居民的交往大多是通过这种流线完成的。

第六，A3、A4的建筑群面对峡谷铺陈展开，与主要道路亦保持一定距离，因此保持了内向与宁静的场所感。每日早晚炊烟袅袅，鸡犬相闻，平静祥和；夏日夜间在古寨边缘可以听到溪水潺潺、蛙声一片，看到明月映照、繁星点点，闻到稻香随清风飘荡——这种传统农耕时代特有的宁静安详展现出独特的魅力；村民去廖贤河畔放牛也会经过古戏台与梓潼宫前广场，耕牛的缓慢脚步使乡村的悠然之情油然而生。此外，梓潼宫等公共建筑群被修建在高大茂密的风水林中，清幽寂静，气氛肃穆。

由上可知，楼上村核心社区层级的景观性格可以被概括为：

（1）公私分明、疏密有致的空间形态；（2）不断生长的生命力；（3）水墨画一般的建筑群像；（4）多层次的院落空间与水平屋脊线形成的丰富韵律感；（5）行人流线多样而自由；（6）质朴的乡村氛围；（7）内向、宁静、平和、悠然的场所感。

五、小　结

对于文化景观保护来说，不仅需要管控物质要素的变化，更加需要重视景观性格的变化，这关系到场所感的真实性——相比物质要素的可视表层，景观性格所形成的场所感是不可视的，同时也是最为脆弱的。

某一文化景观要素的改变——无论是可视的物质要素还是不可视的非物质要素的改变，都有可能导致场所感受到不可逆的破坏。这也是很多文化遗产地虽然可以成功保持建筑群等物质要素的躯壳，但无法阻止原有场所感发生变化，并最终导致景观性格变迁，使文化遗产的真实性受到损害的原因。通过前述研究发现，影响到楼上村景观性格的潜在因子正在逐渐出现。其中包括了物质要素与非物质要素的变化所共同带来的影响。

（一）生活方式逐步现代化。村民对于厨房、卫浴设施有更高需求；同时由于建筑技术的进步，新建砖混结构的建筑单体或附属建筑逐渐出现（A4.2）；极少数新建建筑从造型、材质和色彩上与传统建筑产生强烈反差（A3.1）。

（二）生产方式发生变化。外出务工取代传统农耕，成为经济收入的主要来源；作为生产资料的耕牛在减少；家禽、家畜的饲养也逐步减少；现有的农业景观的维系主要依靠中老年人口；由于效益不佳及人手不够，靠近树林和廖贤河的、比较偏远的梯田被抛荒或种植果树（B2.1、B1.1），适合种植水稻的梯田中出现了越来越多的玉米地，正在逐渐蚕食如茵绿毯一般的传统稻作景观（B1）。

（三）即将到来的旅游业的发展、维修资金的进入、基础设施的完善都将带来较大影响。入口广场周围的商业化氛围正悄然形成（A5.3、A5.4），村口古建筑已经被整修得焕然一新，历史感受到较大影响（A5.1、A5.2）；整修后的道路的石砌铺地，采用了外来的浅红色的石材，与原来就地取材的灰白色石灰岩产生了比较强烈的反差（A4）。此外，廖贤河下游筑坝蓄水，水位升高后，河床上白色沙滩的面积将大大缩小（D2）。

上面所提到的景观性格区域是变化较大的，也是面临问题比较多的、比较脆弱易变的区域，也是需要在将来根据遗产价值与规划目标进行重点调整与管控的区域（表4）。

表4　景观性格变迁评价表

评价层级	景观性格描述	景观性格变迁程度	对应景观性格区域
（一）楼上村与周边山水环境层级	山水画般的意境	—	
	山水田园诗般的情境	—	
	丰富的曲线形态	—	
	多层次的韵律感	—	
	对立统一、和而不同的色彩与质地	中	B1、B2.1、B2.1、D2
	内向、宁静、悠远、深邃的场所感	弱	A5
（二）楼上村核心社区的层级	公私分明、疏密有致的空间形态	—	
	不断生长的生命力	—	
	水墨画一般的建筑群像	中	A3.1、A4、A4.2
	多层次的院落空间与水平屋脊线形成丰富的韵律感	—	
	行人流线多样而自由	—	
	质朴的乡村氛围	中	A5.1、A5.2
	内向、宁静、平和、悠然的场所感	弱	A5.3、A5.4

　　通过以上分析可知，村民的生产生活方式逐步告别自给自足的特征，转而与外界的联系越来越紧密，是导致楼上村景观要素、形式、特征、性格变迁的主要因素。在整个社会快速实现工业化、现代化、信息化的背景之下，这个过程几乎是不可逆转的。村民生产生活方式的现代化需求，也需要被正视。作为外来者，不应该轻易对景观性格变化的好坏进行简单的判断，而需要基于楼上村文化景观的价值评价，来设定各利益相关方都能接受的规划目标，在不同的目标下针对各个景观性格类型与区域划定不同的变迁底线。

第 七 章
居民生活调研方法与应用

随着社会文物古建保护认识水平的逐步提高，对文物古建筑的保护从仅重视保护单一建筑本体发展到保护文物古建与周边环境并重、保护文化形态及整体文化风貌①。楼上村集中国历史文化名村、中国传统村落与全国重点文物保护单位多重头衔于一身，具有一定的特殊性。在制定保护规划的过程中，系统而有效的前期调研十分必要，除了对文物古建本体的关注，对建筑周边环境及村落人居生活环境的调研同样不可或缺。本章根据对楼上村的数次调研与规划工作的具体开展，阐述了入户访谈与建筑环境调研相结合的方法。

一、入户访谈与建筑环境调研的必要性

1. 居民意见与诉求、当地视角的切入

乡土建筑遗产的文化内涵，来自农业生产和农村生活，来自人与自然的亲密接触，来自世世代代的文化积淀与传承……人们在乡土建筑里久居，使这些建筑具有了灵魂，因此对于乡土建筑遗产的保护，也要考虑到人们的情感价值，要维护人们的珍贵记忆②。民居建筑、院坝道路、祠庙寺观、梯田林地等空间，是传统村落中的重要物质文化遗产，承载着当地居民的生活印记，培育了当地居民的价值观念，与村民当前的日常生活密切相关。

通过对建筑环境的实地调研，并深入居民家中访谈，从当地居民的视角切入，收集居民意

---

① 戴俭，刘刚，冯晓芳. 本体与背景环境的约定——从保护规划的实践谈规划前期的历史研究［J］. 建筑学报，2005（07）：24-25.

② 单霁翔. 乡土建筑遗产保护理念与方法研究［J］. 城市规划，2008（12）：33-39.

见与诉求，避免了规划者的单一主观判断，有助于更好地实现对规划对象的认知。此外，通过当地居民参与、协助研究的方式来发掘村落价值，一定程度上会提升当地居民对村落的自我认同感，激发当地居民的主人翁意识，积极投身到村落建设中来。

在楼上村案例中，我们认真听取村民的意见与诉求，在建筑环境调研中发现了保存状况良好、价值较高但却未被列入全国重点文物保护单位的清代民居周永葶宅，也听到了民居修缮、基础设施建设等村落发展中的问题。当地视角的切入带来了对村落价值的进一步思考，促使村民意识到村落价值，甚至会主动营造、维持楼上村的地域特色。意见与诉求的反馈不仅增加了村民的参与感，同时对后期保护规划的制定提出了新的要求。

在现场调研的过程中，我们还得到了周滇涂、周观顺、周廷令、周延安、周昌琴与周昌燕等当地学生志愿者的帮助，每个调研小组均有一位学生作为"翻译"与"向导"。实践证明，这种以当地居民参与的方式开展的调研工作是极为有效的。

2. 基础资料的收集、更新与校对

规划文本内容一般应包括各类专项评估、规划原则与目标、保护区划与措施、若干专项规划、分期与估算五部分基本内容；规模特大、情况复杂的文物保护单位规划文本还应包括土地利用协调、居民社会调控、生态环境保护等相关内容[1]。面对众多规划内容，基础资料的收集必不可少，通过查阅资料、入户访谈等前期调研，力求对规划对象有更加深入的了解，并为后期规划文本的编制提供全面翔实的基础资料。在楼上村保护规划的前期调研中，通过入户访谈与建筑环境调研相结合的方式，将建筑、院落等空间数据与村落人口数据相结合，保证了前期调研的系统完备，并为后期保护规划的制定尽可能多地收集到了相关资料。

在前期调研阶段，既需要在调研前查阅已有的相关材料，也需要现场调研来对已有资料进行校对与补充。置身于西南民族地区这一空间场域中，楼上村只是众多传统村落中的一个，仅靠省志、县志只言片语的记载难以窥其全貌，而现有的相关规划材料已编制数年[2]，资料、数据等亟待更新。在这一背景下，采用入户访谈与建筑环境调研相结合的方式，通过对楼上村居民生活的调研，让世代生活于这些乡土建筑中的当地居民参与进来，对构建当地世代生活图景、理解楼上村发展变迁脉络，乃至梳理与深入发掘文物古建、村落的历史及价值具有重要作用。

---

[1]　参见2004年《全国重点文物保护单位保护规划编制要求》，国家文物局官网：http://www.sach.gov.cn/art/2007/10/28/art_1036_93807.html.

[2]　具体有2010年《石阡县国荣乡楼上历史文化名村保护规划》，2014年《贵州省铜仁市石阡县国荣乡楼上村传统村落保护发展规划（2014—2030）》，2015年《石阡温泉群国家级风景名胜区——楼上古村落景区旅游服务村修建性详细规划（2015-2025）》等。

不同于其他少数民族村落，楼上村作为汉族移民聚落，仍保留着撰写族谱的传统，在入户访谈中就发现了《楼上周氏族谱》等文书资料的存在，其记载基本反映了楼上村历史发展变迁的脉络。在调研过程中，楼上村仍在进行给排水、排污管道等基础设施的建设，通过对楼上村施工中的驻村项目工作人员的访谈，部分原本难以测绘的数据等资料也得到了解决。

通过对调研中建筑环境数据及口述史资料的整理，实现了基础资料的收集、更新与校对，这是进一步研究和编制保护规划的前提与基础。而后对调研资料加以分析，便可发现村落的动态变化，使得保护规划编制者对建筑本体及村落整体的价值和意义可以做出更加准确的认识。

二、入户访谈与建筑环境调研的具体实施

1. 以结构性访谈为主，开放性访谈为辅

在实地调研中，我们采取了结构性访谈为主、开放性访谈为辅的访谈方法。结构性访谈，又称"封闭性访谈"或"标准化访谈"，是研究者根据访谈对象预先设计好的具有一定结构的问题，这类访谈方法对问题内容、提问顺序及记录方式等都有严格的标准，故对基础资料的收集较为全面，但难以收集较深层次的问题；开放性访谈，即"非结构性访谈"，这类访谈只需预设一定的主题，鼓励被访问者尽量站在自身角度阐述个人的观点看法、情绪感受等，某种程度上可以当作对结构性访谈的补充[①]。

在入户访谈与建筑环境调研过程中，根据楼上村人口数据信息，初步估计调研对象有145户，在样本量大且调研人员有限的情况下，我们同时采用了问卷调查法，将结构性访谈内容及开放性访谈主题放入问卷中，分组、分区调研，以确保访谈内容及建筑环境调研过程中记录信息的全面性。问卷分为两个板块，即入户访谈板块与建筑环境板块。

入户访谈板块分为三个部分。第一部分是家庭基本信息，包括家庭类型与人员构成、宗教信仰及收支情况等内容，用以进行人口数据的采集与更新。第二部分是生产、生活方式，囊括了能源与采暖、粪便与垃圾处理、厨卫设备与给排水、牲畜饲养以及农业、手工业等生活情况，对村民生活生产方式的调研，既可以考量村落基础设施的建设情况，又可反映出村民对当前村落生活环境的满意程度。第一部分与第二部分设置的均是具体型问题，属于结构性访谈的范畴，但也设置了部分开放式问题，如住房描述与住房需求就无需受访村民给出明确答复。第三部分则设置了开放式问题，如村寨建设过程中的问题与建议、在当地生活与县城买房居住之

---

① 杨威. 访谈法解析［J］. 齐齐哈尔大学学报（哲学社会科学版），2001（04）：114-117.

间的取舍等较为抽象的问题，明显属于开放性访谈主题。开放性访谈对构筑楼上村近年来村寨建设发展的脉络，了解村民对保护规划的期待及诉求具有重要意义，虽然这些反馈并不一定都会体现在最终的保护规划文本中，却往往能够使我们发现村落之美及价值，即使是所谓"激进"或"偏激"的回答也会对保护规划的制定起到警示作用。

建筑环境板块主要围绕建筑的基本属性以及社会属性展开，涉及房屋年代、房屋结构、房屋层数、住房面积、房屋质量、房屋风貌、产权与使用功能等内容，在入户访谈时结合访谈者实地勘察与受访者反馈做出判断，填入问卷，并在访谈前后对建筑、院落拍照留下现状照片。

在楼上村问卷调查的设计中，主要考虑到了以下几个研究目的：一是通过家庭背景信息调研采集并分析楼上村空间人口数据，从而对其家庭结构、住房现状需求有更加直观的了解；二是通过对村民生产、生活方式的调查以获取本地居民文化生活、信仰构成及业态分布情况；三是基于对建筑本体及周边环境的调研记录，分析判断建筑保存现状；四是通过围绕村落文化遗产的核心"人"，设置开放性问题，收集村民关于乡村保护、发展的意见与建议。

2. 入户访谈的具体实施

经过调研前对相关资料的查阅，确定了访谈样本量在145户，调研团队将已有的楼上村地形图进行细致的分区划分（图1），共划分为四大分区、四小区，并将F区、G区作为重点入户调研区域，同时将入户调研团队划分为两组，每组两人，并搭配一至两名当地学生志愿者作为"翻译"及"向导"。这些前期准备工作，可以使访谈更加顺畅，加快访谈速度并提高资料搜集的全面性。

在学生志愿者的带领下，入户访谈采用逐户调研的方式，对每个调研家户都进行编号并将编号记录在所对应的地形图中。在对具体访谈对象的选择中，会根据家庭类型的差异有所甄别，对于核心家庭我们一般选取户主夫妇作为访谈对象，而对于主干家庭、联合家庭来说，访谈对象的范围较广，户主夫妇与其子女均可作为访谈对象。入户访谈中如遇到家中无人或是不符合访谈要求的对象，访谈者会尽量采集基本信息，而后视情况进行补充入户访谈。

图1　入户访谈调研分区地形图（局部）

前文已经提到，入户访谈分为三个部分，其中每个部分的具体内容如下表（表1）所示：

表1　入户访谈调查表

家庭基本信息	生产、生活方式	开放式问题
家户编号	耕地面积	村庄建设问题与建议
受访者姓名、性别与年龄	作物类型	生活便利度与县城置房需求
家庭住址与所属生产队	耕作方式	其他补充问题
户主姓名、与受访者关系	林地面积	
家庭人口	林地树种及栽植目的	
家庭结构（成员工作）	屋旁植物及栽植目的	
家族历史	植物年龄	
宗教信仰	能源形式	
姓氏祠堂	采暖设施	
家屋祖堂	粪便处理	
家庭年收入	厨卫设施	
人均年收入	牲畜圈、牲畜种类及数量	
收入来源	工艺及器具	

3. 建筑环境的现场调研

建筑环境的现场调研是前期调研工作的重心之一。调研团队在对村落建筑基本了解的前提下，借由入户访谈的契机对建筑现状进行调查更新，并及时补充建筑修缮、文物故事等历史信息及周边环境信息。全国重点文物保护单位清单中认定的民居建筑仅有五处，更多的民居建筑为非文物建筑。对大量的非文物民居建筑来说，我们更多关注的是民居建筑本体及与周边环境的协调程度，附属文物则较少关注。

建筑本体的调研内容（见表2）包括有住房年代、住房结构、住房质量、住房层数、住房风貌、建筑面积、住房描述与需求等。在楼上村调研中，住房结构、质量、层数、风貌等可以通过直观观察得出，而住房年代、建筑面积、住房描述与需求则需结合访谈整理而得。为了对建筑本体保存现状及其与周边环境的协调程度做出更好的判断，入户访谈小组合理分工，对民居建筑（包括正房与厢房）及院落进行拍照存档，并做好编号存入相对应的入户访谈资料文件夹中，方便后期资料整理时与村落航拍图逐一对比。

表2　民居建筑调查表

建筑编号								
记录内容	住房年代	住房结构	住房质量	住房层数	住房风貌	建筑面积	住房描述	住房需求

在建筑环境的现场调研中，除了对民居建筑基本信息的记录，调研团队也在对建筑信息进行着更新与校对，尤其是经过改建、拆除重建的住房，其规格大小及相对位置已发生变化，需在调研参考图纸中进行记录与修改，并结合航拍图对相关图纸进行更新，以适应保护规划图纸编制的需要。

在对建筑环境的现场调研中，我们也发现了一些问题与不足。这些问题中有些是客观原因造成的，如对住房面积的统计，并非所有村民都保留有对房屋基本信息记载清晰的房屋产权证明，简单的测算难免会出现误差与错误；有些问题则是主观原因所致，如入户访谈初期，参考地形图采用2004年的版本，图纸中建筑的比例规格等存在问题，且时间久远造成部分建筑相较于图纸变动较大，虽然后期调研中及时更换并一一校对，但还是带来了前期调研建筑信息更新费时费力、拖慢调研进度等一系列问题。

4. 基于调研数据的分析

我们于2016年7月–8月间通过入户访谈调研，共收集整理了有效调查问卷94份，其中由于调研间房屋无人居住等原因，有8份数据仅对建筑环境进行了采集更新。入户访谈完成后，我们将问卷中的数据整理至excel表格，形成楼上村核心区域入户访谈数据库，并通过这些数据尝试对楼上村基础信息进行分析与总结。

4.1 受访者个人信息

在受访者中，女性占到了采访总数的43%，男性为57%（图2）。受访者年龄普遍偏大，其中41–65岁的中年人占据绝大多数，有50人之多，仅有不到20人的青年人在采访之列，这一数据与村中常住人口数据相似（图3）。囿于有限的土地资源及产业，多数青壮年村民外出工作，劳动力外流状况较为普遍，部分房屋长期无人居住。

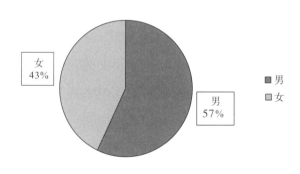

图2　受访者的性别饼状图

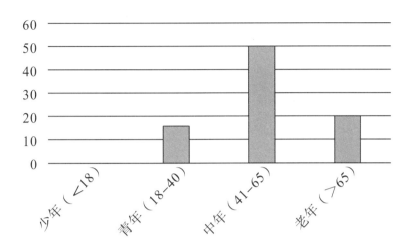

图3 受访者的年龄柱状图

4.2 受访者家庭人口信息

在前文中，已经提到我们对受访者的家庭人口信息也进行了采集，包括家庭人口、家庭结构、家族历史等。从下图（图4）可以看出，受访者家庭人口数多集中在4-6人，基本上为父母—子女或父母—子女—孙子女的结构，两代或三代人共同生活在一个院落结构中，年长者一人或夫妻二人独自生活的情况较为少见，基本上做到了"老有所养"。孝悌观念深深印刻在楼上村村民的道德观念中，也侧面印证了楼上村和谐有序的社会关系，表明其一直秉承着汉族传统的宗族文化价值观。

通过对受访者家庭结构的进一步分析，可以看出楼上村家庭结构以核心家庭为主（即由父母和未婚子女组成的家庭，也包括仅由夫妻二人组成的家庭），超过半数，占据了62.4%；其次是主干家庭，也有34.1%之多；仅有3.5%的联合家庭，比例之少几乎可以忽略不计（图5）。

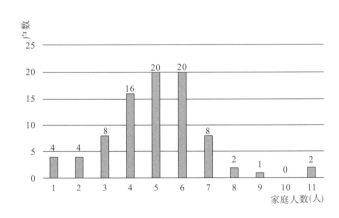

图4　受访者家庭人口数目柱状图

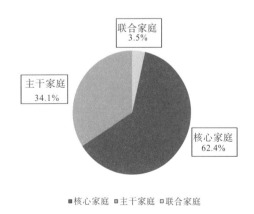

图5　受访者的家庭构成饼状图

4.3 家庭收入

在家庭收入的调研中，由于客观条件的限制，仅收集到59份有效数据。需要注意的是该村的低保收入为人均2500元左右，以2500元为标准划分，楼上村仍有9户以上的低保户，需要靠政府补贴维持生计，超过半数的受访者家庭，其人均年收入在2500–15000元之间（图6）。虽样本量不是很大，但也一定程度上反映了楼上村的家庭收入状况，即总体上收入差距较小，普遍收入较低。

各家庭的收入来源主要在于外出务工，有56%的受访家庭表示外出务工收入是其家庭主要收入来源；传统农林牧副业在收入比例中的分量逐渐缩减，仅有19%的受访家庭收入主要来自农业，林业及养殖业的比例仅为3%、2%；也有小部分村民选择在当地就业，8%的家庭其主要收入就来自于当地就业；12%的家庭主要收入来源于国家补贴、做风水先生等其他收入（图7）。

通过分析可以发现，家庭收入数据与楼上村人口数据有很大的关联性，即多数人选择外出务工，外出务工收入成为楼上村大部分家庭的主要收入来源，村中常住人口相应减少。因而，如何在保护传统村落的过程中振兴当地产业，吸引年轻人回乡，也成为在规划编制中需深入思考的问题。

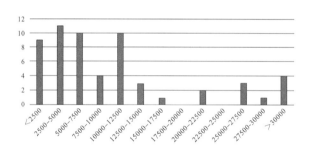

图6　受访者家庭人均年收入柱状图

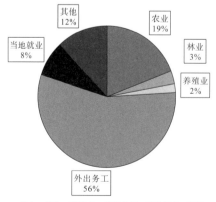

图7　收入来源饼状图

4.4 住房信息

楼上村民居建筑年代（按照正房建造年代）自明清至今均有分布，在86户有效住房信息数据中，住房年代以1949年后为主，尤其是1980年代至今的住房有46户，占到了有效调研数据的半数以上。值得注意的是，有28户明清及民国住房建筑分布，其中明、清及民国年代住房分别有2户、12户、14户，近数据总量的1/3（图8）。

在调研中发现楼上村的住房结构主要有木结构、砖木混合结构及砖混结构三种。其中，木结构住房占据绝大多数，达到了71%，砖木混合结构住房为21%，砖混结构住房最少，仅有7%（图9）。楼上村传统民居建筑多为"一主两厢"（一正房，两侧厢房）的布局，村民为了生产生活需要，多在正房一侧建设现代化厨卫设施，或是在厢房底层加建砖混围栏饲养家禽及耕牛等，虽然住房结构改变，但总体上来说建筑及村落风貌仍维持较好。

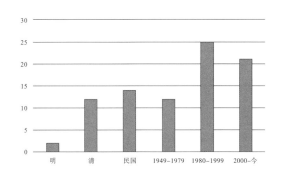

图8　住房年代条形图

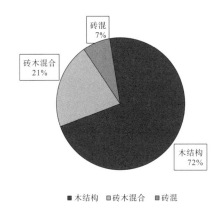

图9　住房结构饼状图

4.5 生活信息

在楼上村村民生活信息的采集与分析中，主要围绕采暖设施、粪便处理方式、垃圾处理方式三方面展开。楼上村村民仍然偏向于传统柴火采暖方式，这一比例为42%；使用电暖的数量次之，占到24%；也有相当比例的村民使用炭火及烧煤方式取暖，分别为20%及13%；仅有1%的村民使用其他取暖方式（图10）。

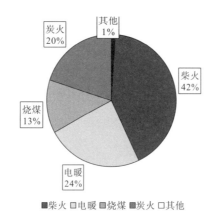

图10　采暖设施饼状图

　　楼上村的基础设施建设较为落后，在调研过程中排污管道仍在铺设，这也导致了楼上村村民在粪便处理方式的选择上，较为简单、传统。74%的村民把其当作人工肥，人工挑走粪便用以给养土地；而政府帮忙兴建的沼气池早已被大多数村民舍弃，仅有15%的村民仍在使用；使用化粪池处理的方式占比最少，为11%（图11）。

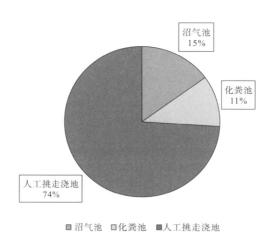

图11　粪便处理方式饼状图

　　在垃圾的处理方式上，楼上村村民的选择较为粗放。有35%的村民选择焚烧处理，22%的村民直接倒在屋旁坑沟之中，仅有10%的村民会倒进垃圾回收站，集中处理。造成垃圾处理方式简单粗放的原因，一是基础建设的缺失，垃圾处理站多放置在主路旁，且处理站点较少；二是村民在长期生活中养成了简便处理的习惯（图12）。

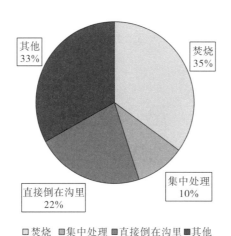

图12　垃圾处理方式饼状图

三、小　结

　　在楼上村古建筑群文物保护规划编制的前期调研中，我们并非仅仅关注文物古建本体，还对居民生活生产方式进行了重点调研，关注当地居民的生活与发展。在调研过程中采取了入户访谈与建筑环境调研相结合的方法，既对以往测绘资料、规划资料进行了收集，又梳理与更新了文物古建的历史与现状、基础设施建设、村落运行管理状态等，同时也搜集了大量的文书与口述史资料、图像资料等，做到了资料搜集的全面客观、科学严谨。而通过对入户访谈资料的整理与分析，获悉了楼上村居民生产生活方式与生活发展诉求，如对整个村落给排水与房屋厨卫设施的迫切需求。为了保护规划编制的科学性与合理性，在楼上村居民生活调研中，我们进行了一系列系统性的新的尝试，正如前文所说：在坚持文物保护规划编制规范性的基础上，尝试建立起"人—价值—环境—遗产"的多重联系。

　　当然，也必须承认前期调研中存在众多不足之处：如入户访谈前，预估访谈样本量在145户，实际访谈量（有效调查问卷数）为94户，占样本总量的64.8%，忽略了暑期外出打工住户；在建筑环境调研过程中，参考图纸选取的失误等。总之，如何在规划文本中更好的体现居民诉求与发展需求，仍值得进一步探索。

第 八 章
保护规划图纸绘制技术与表达方式的探索

保护规划制图是规划的重要内容之一，研究如何科学地设计绘制规划专题图纸、正确合理地反映规划的理念显得尤为重要[①]。保护规划图纸作为保护规划项目方案最直接的表达，其规范性、可读性、配色以及绘图软件的合理运用能够大大增加方案的可实施性，同时准确地表达设计者的想法与理念。本章基于《楼上村古建筑群文物保护规划》的项目规划图纸，在遵守规划类图纸绘图规范的前提下，探索一种更好的图纸表达方式。

本章将分为三个小节来阐述上述内容，分别为：楼上村古建筑群保护规划图纸简介；图纸表达方式的探索；思考与总结。

一、楼上村古建筑群保护规划图纸数据采集方法与绘制技术

项目图纸共分为三个部分，分别为：现状评估图纸（下文用其英文单词首字母E简称）、规划说明图纸（下文用S简称）以及规划方案图纸（下文用P简称）。下表（表1）为各部分图纸对应的图纸目录：

---

① 赵景伟. 基于GIS的城市规划制图［A］. 中国工程图学学会.中国图学新进展2007——第一届中国图学大会暨第十届华东六省一市工程图学学术年会论文集［C］. 中国工程图学学会，2007：4.

表 1　楼上村古建筑群保护规划图纸目录（作者自制）

E类	S类	P类
E01楼上村古建筑群区位图	S01楼上村古建筑群文物构成现状图	P01楼上村古建筑群保护区划调整图
E02楼上村古建筑群保护对象认定图	S02楼上村古建筑群价值系统分析图	P02楼上村古建筑群文物本体保护措施规划图
E03楼上村古建筑群文物本体保存状况评估图	S03楼上村古建筑群文物建筑大木结构与墙体保存现状评估图	P03楼上村古建筑群防护设施规划图
E04楼上村古建筑群防护设施现状评估图	S04楼上村古建筑群文物建筑地面与屋顶保存现状评估图	P04楼上村古建筑群环境整治规划图
E05楼上村古建筑群建筑风貌评估图	S05楼上村古建筑群非文物建筑现状评估图	P05楼上村古建筑群基础设施规划图
E06楼上村古建筑群环境现状图	S06楼上村古建筑群周边坡度、坡向、高程分析图	P06楼上村古建筑群道路性质规划图
E07楼上村古建筑群基础设施现状评估图	S07楼上村古建筑群道路铺装与道路宽度评估图	P07楼上村古建筑群道路整治规划图
E08楼上村古建筑群道路通行状况评估图	S08楼上村古建筑群保护区划比较图	P08楼上村古建筑群展示利用与管理规划图
E09楼上村古建筑群道路质量评估图		
E10楼上村用地性质现状图		
E11楼上村古建筑群展示利用与管理现状评估图		
E12楼上村古建筑群保护区划现状图		

　　为了能够准确绘制上述三部分图纸，我们采取的方法有：前期详细全面的现场调研、充分记录现场的手绘图纸、大量航拍全景以及建筑环境照片、实地勘测、已有资料的充分利用等。实地调研时，村内正在大面积整修道路，包括新增、重新铺装、拓宽、填埋道路等。这部分更新的道路，在当时我们获取的资料中并没有充分显示。为了保证绘制图纸的真实性与准确性，调研团队决定分为几个小组，分片区调研村中的道路，同时对道路的铺装材质、道路宽度、道路用途等进行最准确的调查。由于此次地毯式调研任务量大、时间紧迫，我们运用了一款手机软件（APP）——"GPS状态"来辅助调研。该软件能够跟踪使用者行走的路径，并在地图上显示出道路，后期还可将该数据导入Google地图中加以利用。这款手机软件在很大程度上帮助了我

们，使我们在绘制E类图纸时更加全面与准确，也使我们坚信合理的软件运用能够很大程度上帮助调研的进展。

在充分掌握了现场资料、结合现场观察与勘测后，我们选择地理信息系统（GIS）作为绘制底图的软件。GIS拥有对于庞大数据及其相应属性的准确定位，能够帮助我们绘制准确详尽的底图。然而，规划图纸不仅仅要满足对于图纸信息的准确性、真实性的要求，图纸最终呈现的效果也是设计者需要考虑的重要方面，舒服的色彩搭配、协调的图纸布局显得尤其重要。因此，以楼上村项目图纸为范例，我们推荐采用"多软件联合运用"的方法，使得图纸最终所呈现的效果更加丰富。

"多软件联合运用"的具体实施方法为：在GIS绘制底图后，将底图导入PS里进行润色、修改。同时，PS润色过程中可以针对性地调整色彩的饱和度、明度等，使图纸看上去更加和谐美观。当涉及一些分析类图纸时，AI的灵活运用也能起到关键作用。AI软件绘制出的矢量图形，对于分析图纸中所需线形元素的清晰度、准确度等有很大的帮助。

综上，楼上村图纸中E类图纸注重对于现实情况的真实表达，在不缺少任何信息的前提下，准确全面地将信息表达在图纸上，使得审图者对于楼上村现状一目了然，同时为后期的说明类图纸以及规划类图纸打下很好的基础。楼上村图纸中S类图纸是超出制图要求的新增创新型图纸。经过团队的多次商讨，认为S类图纸对于楼上村现实状况、历史沿革的深入分析能够帮助我们更深入地了解楼上村，切实地以村子的文化、传统、现实状况为出发点来规划。楼上村图纸中P类图纸重在表达规划方案、突出设计理念，不仅如此，P类图纸的可读性要强，要让每一位阅图者都能看懂并且理解。具体的制图表达方式的探索将会在第二小节详细阐述。

二、图纸表达方式的探索

本节对于图纸表达方式的探索将从四个方面进行阐述，分别为：软件的合理运用、色彩的选择、图纸元素的表达以及创新型图纸制图说明。

1. 软件的合理运用

合理地运用软件不仅能够使得图纸更加美观并富有层次感，还能够提升图纸质量从而更好地传达规划理念。据尧传华等人在《GIS技术在规划项目中的应用》一文中所述：地理信息系统所具备的对各种数据，尤其是空间数据及其属性数据的综合处理和分析能力，是人们面对庞大的调研数据以及复杂的现场环境时所迫切需要的工具之一，也是现如今各行各业争先恐后地采用GIS技术来挖掘分析的深度、强化分析的表现力的重要原因①。高敏钦也在《Photoshop和GIS综合应用实例研究》一文中声称：GIS软件的空间数据处理与分析能力能够直观地展示项目地的地貌、地形，同时为各种地形特征的定量与定性分析以及不同类型专题图的制作提供基本且全面的数据②。

此外，在使用GIS软件绘制底图的过程中我们明显感觉到该软件区别于其他绘图软件之处在于其能够对不同古建筑的多个属性进行很好的归类。例如其中一栋文物建筑——周正典宅，GIS软件能对这个建筑单体的层高、结构、年代、保存状况、风貌等一一进行记录，其余建筑与墓葬等单体亦然。再将同一属性下不同状态用不同颜色进行区分（例如同样是层高这一属性，一层建筑用浅紫色、二层建筑用黄色、三层建筑用深紫色进行区分）。在为每个单体赋予各个属性后只需在GIS中选择需要显示的属性并导出图片，底图就完成了。

然而，如果仅仅使用GIS图纸作为最终规划图纸，总显得图纸过于单薄，无论是信息量、图纸美观度、图纸排版都难以达到成图要求。因此我们选择PS、AI等软件来辅助图纸以达到最终效果，至此多软件合并运用便成为楼上村图纸的核心。高敏钦在其《Photoshop和GIS综合应用实例研究》一文中指出：地理信息系统具有强大的数据处理和图形分析能力，Photoshop作为图像处理软件被广泛应用于各个领域，二者在制作图形方面各有优缺点。该作者还称：Photoshop能够对图像和图形进行更加细致美观的处理，并且操作简单易懂，性能良好，为用户的操作使用提供便利，在规划类制图方面也可大大提高图像处理效率，且效果显著③。

以本书附录《规划说明》中楼上村古建筑群保护对象认定图（图8）为例，图中的文字、墓葬符号、图例等均在PS里添加，这样做的好处是：可以在添加元素的同时考虑图纸的排版并采用一种适宜的构图方式。其次，相比GIS，PS添加文字类信息也更加方便快捷。图中PS所添加的"仁佳寨传统民居及村寨"与"仁佳寨周边农田与山林"块状填色使这两片区域浮于白色底图之上，从而使图纸更加具有层次感。在经过PS处理后，图纸无论从美观度、信息覆盖量还是内容排布上都优于原先的底图。

2. 色彩的选择

在图纸色彩方面我们遵循"扩展色相范围"的宗旨，意为突出图纸的重心，分清图纸主次，同时注意颜色的搭配舒服宜人。其次，色彩的选择也应遵循所表达元素的"质感"。楼上

---

① 尧传华．GIS技术在规划项目中的应用［A］．中国城市规划学会.规划50年——2006中国城市规划年会论文集（下册）［C］．中国城市规划学会，2006：12.

② 高敏钦．Photoshop和GIS综合应用实例研究［J］．计算机时代，2014（10）：14–16.

③ 高敏钦．Photoshop和GIS综合应用实例研究［J］．计算机时代，2014（10）：14–16.

村为传统村落，自然风貌较多，表现大片山林田地时宜选用绿色系来填充，充分尊重图纸表达元素的"主题色"。下面以《规划说明》中楼上村古建筑群环境总图（图25）为例具体讲解：

冈本一宣先生在其《配色设计原理》一书中说到：单一色系色彩的运用容易形成荒凉、凄冷的印象，所以互补色、对比色的合理运用能够很好地缓和这种感觉，为常见的配色方案①。以楼上村古建筑群环境总图为例，山林地、梯田、水系等元素的颜色充分尊重了原自然环境的颜色，同时通过降低色彩明度与饱和度来降低该色系带给人的冲击感。然而，作为图中重点的文物建筑选取绿色的互补色红色来绘制，这种在同一色系的色彩组合中加入互补色的手法可以增加色彩的温度，从而打动人心。此外，楼上村图纸遵循一个基本原则，即同一要素在不同图纸中选用固定的表达方式与色彩，例如文物建筑在楼上村保护规划项目中均用红色填充。这么做不仅仅提高了图纸的可读性，使审图者不至于混淆元素，同时也通过红色这一"明快的闪色"或"华丽色"来突出文物建筑，使这部分元素成为每张图纸的重心，简称为图纸的"魂"。

相比于传统的保护规划类图纸，楼上村保护规划项目前期的充分调研以及对其历史的深入了解，都使项目组工作人员对楼上村有了更深层次的认识。在选择色彩与色彩搭配方面更加具有独到的眼光，同时对于自然界原色的尊重也使得图纸更加具有感情。

3. 图纸元素的表达

上文讲述的色彩搭配着重描述了审图者的内心感受与图纸层次，接下来所讲述的"元素的具体表达方法"则在很大程度上帮助审图者理解图纸，并且通过此次规划类图纸的绘制与探索，初步在元素的表达上形成一个统一的标准。以《规划说明》中楼上村古建筑群展示利用现状评估图（图38）为例：

该项目的规划图纸遵循同种元素用统一的表达方式，并且几种元素的表达方式不相互重叠的原则，使图纸更加具有层次感，信息一目了然。例如，上图中项目所规划的区域边界均用虚线表示，颜色则选取三原色中的蓝色与红色加以突出；其余元素例如观景亭、指路牌、垃圾桶等不仅在颜色上做了区分，在形状的表达上也尽可能保留元素的原形制。这么做的好处是能够很大程度上帮助审图者了解信息分布，快速读懂图纸。

此外，上文所提及的"楼上村保护对象认定图"中文字信息的位置也经过制图者谨慎的思考，大量的文字信息不仅要排版至合适的位置使其不至于被忽略，又不能影响阅图。在经过反复尝试与探索之后，最终文字采取了两侧排布的方式，并衬托以透明度的白色背景，不仅充分

① ［日］奥博斯科编辑部. 配色设计原理［M］. 北京：中国青年出版社，2009：14–15.

表现了图中信息，同时又使得大量文字的排布井然有序。传统的规划类图纸倾向于标注在元素周边（主要以标注在元素上部或下部为主），然而图中元素的排布一般是无秩序的，相对的标注也会显得较为凌乱，在此基础上笔者更加倾向楼上村保护规划中的标注方式。然而，需要强调的是，传统的文字标注方式在整洁度方面略有欠缺，但对于文字与所描述对象的关系却一目了然，这是楼上村文字标注方式的不足之处，在未来的制图过程中还应继续探索。

4. 创新型图纸制图说明

在对传统规划类图纸在制图方面进行探索性创新的同时，楼上村项目也对传统规划图纸未涉及的领域进行了研究并制图。例如能够突出传统村落人地关系的《规划说明》中的楼上村古建筑群价值系统分析图（图6）。

楼上村古建筑群价值系统分析图讲述了：楼上村是贵州喀斯特地貌之上，亚热带季风气候之下，在汉族先民传统耕读文化的长期浸润之中形成的景观生态聚落；其选址与发展体现了中国传统风水哲学的完整价值体系；其生产生活方式与人地关系完美折射了中国传统哲学中天人合一的价值观；其和谐有序的社会关系印证了汉族传统宗族文化的价值观；其建筑形式反映了明清时期西南山区民居建筑的典型特征；其周围的喀斯特山水环境与中国古典山水画、山水文学、山水园林所描绘的山形水态高度神似，极具东方山水美学价值；其聚落景观与梯田景观是自然与人类在长期互动中形成的共同杰作，达到了自然景观与人文景观的完美结合，对未来人居环境的可持续发展模式具有重要启示。

上述的"楼上村古建筑群价值系统分析图"是其他规划类图纸所不具备的。我们认为只有充分了解村落的潜在运行体制、其人民与土地之间的关系，才能更好地做出适宜的规划，并能够长期帮助村庄实现可持续发展。其次，对于村庄历史沿革的深入研究也是必不可少的，充分了解村子自建成时至今所经历的关键历史节点能更好地针对不同时期所建造的单体建筑提出更加具有根据的保护措施，例如不同时期的墓葬、不同年代背景建造的房屋应选用不同等级的保护措施等。

经过详细走访调研以及对于楼上村村志的研读，我们绘制了《规划说明》中的楼上村历史文化传承示意图（图4）。该图左上部分以立体模型的演变为叙述方式，一目了然地展示了楼上村在五百多年的演变过程中增加或减少的建筑及构建所覆盖的区域。该分析图详细阐述了村子的发展起点，早期建造的建筑为哪几栋等等，这对于后期制定楼上村的本体保护规划具有重要意义。右图分析了几个迁入、迁出的时间点，罗列了楼上村的发展历程；图纸下方用时间轴的形式描绘了楼上村本体的建成、摧毁、重建年代，这部分对于构建单体价值的评估具有重要意义。

综上所述，详尽的调研以及对于村落历史的研究是项目规划的前期必备工作，我们希望将这种调研模式推广，用遗产保护与传统村落规划的"两只眼睛"更全面地看待传统村落的保护规划。

三、小　结

综上所述，虽然现如今规划类图纸已经形成固定且规范的绘图方法，但是对图纸创新型表达方式的探索仍然能够很大程度上帮助图纸表达，使其可读性更强。充分的前期调研与资料搜集可以更准确地掌握项目地概况，与此同时一些新型高效的软件可以帮助调研勘测基地状况，例如GPS状态。其次，图面效果也是能够直接影响图纸表达方式的重要因素，GIS与PS联合运用的方式能够使图纸层次更加丰富，表达的细节更加充分；另外色彩的合理搭配与图纸元素的清晰表达也能在很大程度上使图纸耳目一新并且表达更清楚。最后，此次"楼上村古建筑群保护规划图纸"勇于创新，在规定图纸以外新增部分创新型图纸，更加清晰地表达了村子当中的人地关系、历史沿革以及人物变迁。

然而，当我们对此次楼上村古建筑群保护规划做了许多思考与总结后发现，虽然在图纸内容、表达方式、色彩应用、软件合并等方面较以往的规划图纸有所更新，但仍然有不足之处：此次楼上村保护规划历时较长，对楼上村的走访调研共计3次，期间楼上村连续不断的对道路、基础设施等进行整修，而文本与图纸现状部分未能及时更新村子现状，这使得最终成果中的图纸较当时村落的现状有未更新之处。另外，对传统村落保护类规划图纸的绘制方法还处在探索阶段，文中所谈及的色彩搭配以及元素的表达方式等仍然有待改进与提高。我们期待未来能探索出更加系统的规划图纸绘制方法，以便提高规划类图纸的整体审美与表达能力。

第 九 章
农村基础设施的类型、特点与规划

一、乡村基础设施规划的意义与分类

1. 乡村基础设施规划与升级的意义

十九大报告中明确提出"实施乡村振兴战略""始终把解决好三农问题作为全党工作重中之重"，为乡村发展指明了目标。村落的基础设施建设，关系到村民的日常生活，也关系到村落中文化遗产的保护与传承。1975 年，国际古迹遗址理事会（ICOMOS）通过《关于保护历史小城镇的决议》，历史村镇的遗产保护日益受到国内外政府机关、学者等方面的关注。1982年通过的《关于小聚落再生的宣言》提出尊重小聚落中人民各自的传统生产生活方式。村落中的基础设施正是这种生产生活方式所依赖的物质载体，是长期以来生活其中的百姓，为了方便生产生活而建设、形成的，例如水利灌溉设施、道路等，展示出和谐的人地关系。近年来，我国的古村落基础设施规划与提升逐渐受到重视。2008年国务院颁布的《历史文化名城名镇名村保护条例》要求改善历史文化名村的基础设施[1]。住房城乡建设部、文化部、财政部在2012年联合下发的《关于加强传统村落保护发展工作的指导意见》指出，要优先安排传统村落的基础设施和公共服务设施建设项目，改善居住条件，提高人居环境品质[2]。2014 年4 月25日，住建部、文化部、国家文物局等多部委联合下发《关于切实加强中国传统村落保护的指导意见》，要求传统村落的发展应切实做到保护文化遗产、改善基础设施与公共环境、合理利用文化遗产、建立保护管理机制。在各类乡村文化遗产保

---

① 资料来源：中华人民共和国政府网站. http：//www.gov.cn/flfg/2008-04/29/content_957342.htm.

② 资料来源：中华人民共和国住房和城乡建设部网站. http：//www.mohurd.gov.cn/wjfb/201212/t20121219_212337.html.

护的规定中，均把改善基础设施作为提高当地村民生活水平与生活环境的重要途径。

　　楼上村具有多重身份，既是第四批中国历史文化名村，又是第一批中国传统村落，其中的古建筑群又属于全国重点文物保护单位。在自然环境、村落肌理、古建筑群、古墓葬、文化特质、宗亲关系等方面具有较高的历史、科学、艺术、文化、社会、经济价值，能较完整地反映明清以来的贵州地区汉族村落传统风貌和地方特色。百年历史的青石板路、天福古井等基础设施，本身就是长期以来村民生产生活实践的产物，一些使用功能依然延续，至今仍服务于生活在楼上村的百姓，整个村落具有明显的活态遗产特征。但是，石阡县属于国家级贫困县[①]，经济发展、百姓生活有待进一步提升。楼上村历史上建成的基础设施服务能力有限，不能有效满足村民日常使用的需要，存在着自来水供给范围有限、污水在路面上直接排放、部分道路雨天湿滑通行不便等问题。另外，消防系统，防雷、防盗设施建设滞后，影响文物本体安全。村民生活与遗产保护两方面的现状，共同决定了楼上村在基础设施规划与提升时，既要满足文物保护规定，又要便于当地村民生产生活，实现文化遗产保护与改善当地村民生活环境的双赢结局。

2. 楼上村基础设施的分类

　　世界银行在1994年发表了以"为发展提供基础设施"为主题的报告，对经济基础设施的概念进行了界定，将之概括为永久性工程构筑、设施、设备和他们所提供的为居民所用和用于经济生产的服务。在我国的《村庄整治技术规范》（GB50445-2008）国家标准中，将基础设施定义为维持村庄或区域生存的功能系统和对国计民生、村庄防灾有重大影响的供电、供水、供气、交通及对抗灾救灾起重要作用的指挥、通信、医疗、消防、物资供应与保障等基础性工程设施系统[②]。

　　基于楼上村现有的道路、给排水、电力电信、消防等基础设施现状、特征与历史价值评估，可以把楼上村的基础设施分为两类：一是具有历史价值的基础设施，如青石板路、天福古井等；二是现代的基础设施，如自来水、电力电讯等。

　　具有历史价值的基础设施不得拆除重建，也不应当在基础设施现代化的过程中被人遗忘。针对这些基础设施，应该经过评估，纳入村落的整体保护体系，作为系统性展示的一部分，予以保留。在修缮时应当基于文化遗产保护的真实性原则，研究工匠的传统智慧、不同时期的匠艺特征、围绕这些基础设施形成的风俗习惯等，对保存较好部位的维护，要采用恰当的工艺与材料进行修补，维持其使用功能，保留其传统风貌。

---

①　资料来源：贵州省统计局. 贵州省统计年鉴（2017年）. http：//www.gz.stats.gov.cn/tjsj_35719/sjcx_35720/gztjnj_40112/2017/201712/t20171212_3085661.html.

②　资料来源：中华人民共和国建设部. 村庄整治技术规范网站. http：//www.fire.gov.cn/xinwen/xinxiDoc/201011/20101122_095647_372.pdf，2008.

现代的基础设施，应该在便于村民日常使用的基础上，考虑经济与美观的统一。一方面，农村与城市在基础设施建设方面存在一些差异，并非所有城市中常见的基础设施、公共服务设施在农村都适用。另一方面，现代的基础设施建设，应当符合当地村民的使用习惯，便于村民日常生活，对一些不良生活习惯，如焚烧、乱丢垃圾等行为应予以引导。

在《全国重点文物保护单位楼上村古建筑群保护规划》中，涉及的基础设施包括道路、给排水、环卫设施、消防设施、安防设施、防雷设施、电力电讯系统等。规划对其现状特征、保存情况等方面加以分析，参考国家、地方相关标准，结合楼上村整体保护发展、文物保护规定等因素，制订了规划，安排了楼上村基础设施修缮、建设的时空部署。

二、城乡基础设施的起源与分异

1. 城市的起源与基础设施建设

在漫长的岁月里，世界上的大部分人口都生活在农村、小聚落中。城市的诞生与发展，是一个长期过程。随着生产力的发展，剩余产品逐渐累积，私有制应运而生，为城市的发展提供了物质基础与实际需求。第二次社会分工，手工业及商业从农业畜牧业中独立出来，人类的生产生活方式发生了重大变化，居住形态也随之改变。为了便于商品交换，早期的不固定交易场所逐渐固定下来，"市"也就逐渐兴起。为了保卫财产安全，夏代就注重建设城郭来防御入侵，"筑城以卫君，选廓以守民"。自此，手工业者、商人居住于城市，农牧业者居住于农村的格局基本形成，基础设施的需求也显现出不同。

从历史上看，城市与农村在基础设施的形成与特征方面体现出诸多差异。就基础设施方面来看，首先，城市的基础设施服务的人口众多，农村的基础设施服务的人数较少。唐代的长安城是封建时期世界范围内城市发展的一座高峰，据估算，最多时有高达百万的人口生活于此。其次，城市某些基础设施是经过统一规划的，而农村的基础设施更多是自然生长的。例如唐长安、洛阳，明清北京城，就是经过规划形成了主要道路、次要道路的路网体系。另外，在北魏孝文帝迁都洛阳后，也对给排水、卫生等方面的问题提出过明确要求。一系列的文献、遗址、实物都证明，基础设施建设是城市发展中的重要组成部分。

自进入现代社会以来，城乡差别越来越大，以欧洲为代表的城市改造逐渐兴起[①]，在客观上

---

① 虽然这种改造的目的有所不同，如体现皇权、镇压起义、改善生活环境等，但在实际效果上都体现出基础设施改造对人生活质量的提升。

改善了城市居民的生活环境。以现代的、工业化的技术手段解决城市基础设施问题逐渐成为主流，并推广开来，新的基础设施规划建设方式与标准逐渐形成。这种工业化时代里基础设施所呈现出的现代特征，明显区别于手工业时代基础设施的自发属性。此时城市与农村的基础设施在建设规模、建造技术、服务受众等方面的差异与日俱增。

2. 城市基础设施的"现代建设"与农村基础设施的"自然生长"

现代性是一个宏大的哲学命题，卡尔·马克思、马歇尔·伯曼、希尔德·海嫩等学者都对现代性进行过论述。对传统的批判以及对理性建设的强调共同构建了现代城市建设的思想基础。在城市现代化的潮流中，现代技术、资本、权力等要素在主导城市发展的同时，也约束着城市基础设施的改造与建设。国内外城市的近现代改造皆是如此。19世纪奥斯曼的巴黎改造，采用与老巴黎一刀两断的方式，拆除与改建房屋、新建道路与下水管道等，把巴黎改造为现代化城市。在上海的公共租界中，也发生了相似的改造与建设。清政府与殖民者当局签订条约，通过《土地章程》成立工部局作为租界的行政管理机构，权力范围涵盖城市建设与管理的诸多方面，直接管理租界的基础设施建设。在此期间，工部局对道路系统、宽度，下水道等基础设施的规范等做出了明确的规定，并开行公共交通线路。上海当局为了赶超租界，于1927年编制《大上海计划》对市中心区、交通运输、卫生设备、市政设施等7个方面做出规划。虽然最终没有完全实施，但也是上海现代化转型的重要组成部分。

农村基础设施的自然生长主要体现在与自然环境相协调、小规模有机提升、延续使用功能等方面上。与城市大规模现代化改造的基础设施不同，我国农村基础设施的始建与维护，是乡土社会差序格局的反映。在很多村落中，同姓的族人生活在一起，共同承担基础设施的建设，也共同享受基础设施带来的便利。楼上村轮水碑中的记载，恰好直观地说明了这一点。同样的，楠桂桥的修建，也是周氏族人努力的成果。

3. 城乡基础设施在空间上的差异

现代建设与自然生长的差异，是城乡基础设施的主要差异。除此之外，城乡基础设施在规划时的差异还表现在应对的人口规模、周边环境风貌、规划指标计算等方面上。

首先，城市与农村基础设施的重要差别之一就是由于集聚效应，城市汇集了大量的人口、产业，城市基础设施的服务对象正是数量如此众多的人口。中国改革开放40年来，城市化率提升到58.5%[①]，如此大规模、高速率的人口迁移，并涌入城市，意味着城市无法像农村那样在一

个长时间的累积中，以渐进式有机生长的方式逐渐改善基础设施，只能更多地依赖现代科学技术开展建设。

其次，城乡基础设施规划时，所应对的周边环境差异较大，空间处理的手法不同。城市基础设施规划，需要应对的多是改造过的人工环境，基础设施的设置应与周边建筑、城市景观等相协调。农村基础设施建设则需要更多地考虑与周边自然景观与村落风貌相协调，尊重自然形成的过程。福建省2017年公布了一批美丽乡村建设的反面典型，包括在村庄中道路（图1）、驳岸等大量使用水泥硬化（图2），建设大广场、大牌坊、绿化广场等既不符合村庄的传统风貌，破坏村庄的自然肌理，还会增添日常维护成本、造成铺张浪费。

再次，城乡基础设施规划的指标体系也存在差异。由于城市人口集聚程度较高，建设基础设施更容易产生规模效应。通常来说，城市的基础设施规划是在对未来人口预测的基础上，参考千人指标计算，并在空间中进行合理安排。农村的基础设施受到人口数量及经济发展的限制，更多地偏向于一般性的规定[①]。

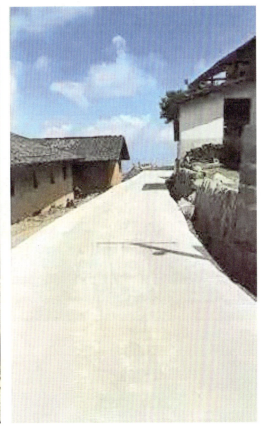

图1-1

---

① 中华人民共和国国家标准《村庄整治技术规范（GB50445—2008）》。

图1-2

图1　原有道路使用水泥硬化①

图2　原有驳岸使用水泥硬化②

① 资料来源：福建省住房和城乡建设厅. http://www.fjjs.gov.cn/xxgk/fgwj/gfxwj/201705/t20170511_182835.htm.

② 资料来源：同上。

三、历史村落中基础设施规划的原则与特点

1. 农村从封闭转向开放下的"变"与"不变"

长期以来，我国农村社会基本上处于封闭的系统中。传统社会中的农民自己耕种土地、收获粮食供养家庭，仅需要与外界进行少量交换（交易），便可以维持生计。通过读书参加科举考试并获得国家任用，是少数能够跳出农村封闭系统的途径之一。这也是我国传统农村社会中，"耕读传家"作为家训的主要原因。近代以来，外国商品伴随着殖民入侵进入我国，但对农村的影响有限。1949年以来，经历了社会主义改造，原有的小农经济的生产方式被打破。改革开放后，城镇化进程加速，越来越多的农村人口进城务工，消费品、现代化设施与服务、各种思想涌入农村，传统的农村封闭式社会被彻底打破，成为城乡二元结构中重要的一极。

在城乡统筹发展的背景下，农村——不仅仅是历史村落——的基础设施规划都应当正视一个问题，即：传统基础设施无法解决现代消费社会带给农村的问题。例如现阶段越来越多外界的商品、物资流入农村。但是农村的环境承载能力与代谢能力有限，不足以自我处理商品流入产生的垃圾，造成垃圾堆积。同时，农民长期以来养成的焚烧、丢弃垃圾的习惯，会污染村庄环境。因此，需要正视农村由封闭转向开放的现状，从城乡统筹的视角，综合考虑农村问题的解决方式。

在乡村遗产的基础设施规划中，不仅要对传统基础设施进行价值评价与利用，还要恰当地运用现代的技术与方法来解决现代的问题。这些现代技术的应用，应当以不破坏农村的整体风貌的"自然性"，且有利于解决村民生活困难为限。乡村遗产的基础设施规划，什么要素是可以变的，什么要素是不变的，要以价值评判为依据。一般而言，能够体现出该地历史传承与地域性特征的传统道路、给排水系统等要素，应该经过修缮后，继续使用。当然，在传统基础设施不能满足需求时，应当新建相应设施，扩展其服务能力。对电力电讯、环卫等新引入的基础设施，可以在符合审美标准的基础上，引入现代要素。新旧基础设施与村落的传统风貌相协调，并不是要求像勒·迪克提出的"风格性修复"那样，"再造"出理想化的风格，而是指在尊重历史传承与地域性特征的基础上，基础设施应当与农村的自然环境、文化生态的空间特征相协调。

2. 经济社会效应的综合考虑

谁使用谁付费，是市场经济的重要特征。基础设施作为重要的"公共物品"，大多由政府

负责规划与建设[①]。城市基础设施建设成本与运营成本，通过间接税、过路费、排污费等税费形式，直接收取。农村基础设施规划与建设面临的问题就不一样了。首先，2006年以来免征农业税[②]，农村的基础设施建设主要依靠政府出资与村民集资两种手段，容易出现建成后维护运营费用不足等情况。其次，由于农村居住比较分散，基础设施建设难以通过规模效益降低成本。再次，许多农村经济依然落后，村民无力支付过高的基础设施建设与运营费用。

因此，农村基础设施规划时应当综合考虑村民需求、支付能力、建设与运营成本等多方面因素，依照当地实际情况分别制订建设指标，尽量采用低维护成本的规划方案，避免出现基础设施刚建成就被闲置的情况。

3. 多元主体的公众参与

农村基础设施规划离不开多元主体的参与，包括村民、政府、专家、非政府组织、企业等。村民是村庄的主人，是基础设施的直接使用者。在楼上村的规划中，通过对每一户的入户访谈，了解到现有基础实施在日常使用中带来的不便之处以及村民的改善愿望，让更多的村民参与到规划之中，凝聚了村庄的共识，使得规划能够最大程度上反映村民们的共同意愿。政府的参与为基础设施的规划与建设提供了资金与政策保障；专家、非政府组织能够为规划提供智力支持与技术保障；企业则负责基础设施的施工建设。可以看出，由于涉及产权、土地、资金、政策、技术等诸多方面，农村基础设施的规划与建设需要这些主体的配合，单一主体的单方面行动无助于提升基础设施建设的总体效益。只有通过多元主体的积极互动与参与，才能有效保障乡村遗产中基础设施规划建设既延续其历史文化价值，又满足村民日常需要。

四、楼上村基础设施现状评估与规划概要

1. 街巷道路的现状与规划概要

1.1 街巷道路的现状

楼上村的一部分道路、桥梁（楠桂桥）属于具有历史价值的基础设施，应当得到妥善保护。这些古巷道呈现"斗"字形，以青石板铺设，历史较为悠久，现存的巷道分布于歪门斜道

---

① "公共物品"是经济学研究中的重要概念，多是指产权难以清晰界定的物品，如空气、海洋中的鱼等。并非所有的公共物品（公共服务）都是由政府提供，张五常对英国18世纪港口附近的灯塔建设与使用的研究，证明私人也会提供公共物品。但在现阶段的中国，公共物品主要是由政府提供。

② 农业不征税不代表农民不交税。农民还是会在购买化肥、日常生活用品时以增值税的形式交税。

旁（图3，本章未注明来源的图片均为作者摄于2016年）、梓潼宫旁（图4）等。根据路面破损程度，将现存古巷道保存现状分为两等，评估结果见表1。其他道路包括有历次整治时改建的大块红石板路；村民简单改造的碎石路、土路、土石混合路；村庄集体新建、改建，村民自行修建（有些自家门口的道路）的水泥路、水泥石子路（图5）。红石板路雨天较滑；土路质量差，泥泞、崎岖；环村的新建道路路况好。

表1 古巷道现状评估表

古巷道位置	保存状况
梓潼宫旁	较好
周正齐民居旁	较差
熊氏恩姑墓旁	较好
天福古井西侧	较差
天福古井南侧	较好
古寨至听水楼	差

注：由于巷道近年多次整修，巷道是否属于文物本体在此以是否为青石板路面为判断标准。

图3 "歪门斜道"前的古巷道　　　　　图4 梓潼宫前的古巷道

图5 大块红石板路面、土石路面、水泥石子混合路面、石板路面与水泥路面结合处

1.2 道路规划概要

首先，应当保存古巷道空间与道路街巷肌理，不得采取随意拓宽、改变道路铺装等方式改变道路文物属性。对破损严重、影响日常使用的古街巷，采用相同的青石板进行修补。其次，针对其他道路的规划与整治，主要包括保养维护与整改两种手段。保养维护主要是针对质量较好、铺装与周边风貌相协调、通行便利的道路，对其进行日常维护，确保通行安全。整改主要是针对被破坏的古巷道、不当的水泥道路、雨天湿滑的红石板路进行修缮，并对影响日常使用的土路、石路进行适当调整、改建。再次，应当注意在结合区域开发规划时，新增设的通村道路不应影响文物安全及村落风貌。

2. 给水系统的现状与规划概要

2.1 给水系统的现状

虽然楼上村靠近廖贤河（图6），但由于与村子高差较大，难以在日常生活中使用河水。村民的日常生活用水主要依靠村庄北部的龙洞湾（图7），另有部分供水依靠村外较远的水源地通过管道、中继池（水窖）的方式引入楼上村（图8）。但是这样供水方式导致供水量较少、水压有限，地势较高的民居供水不足，并且在村庄内部的供水管线较为杂乱，影响传统风貌。除此以外，天福古井是楼上村的重要水源之一，许多村民会在古井周边洗衣洗菜，并且挑水回家，以供日常饮用、使用。

2.2 给水系统的规划概要

楼上村给水的规划主要包括两个方面：水源及供水设施、供水管线。可以开辟新的水源地或从外部接入水管，在楼上村西侧山地建给水厂，设置高压水箱和泵房，保证楼上村日常用水。供水管线的布置应当依据文物建筑消防需求、村民生活实际情况，结合消防考虑，采用环状与枝状相结合的布置方式，接入每栋建筑。管线走向应当尽量依托村内道路，顺应山地坡度关系。楼上村保护范围内管线有条件的应当尽量入地敷设，或者置于隐蔽部位。

3. 排水系统的现状与规划概要

3.1 排水系统的现状

楼上村道路旁建有排水沟穿家过户，用于排放雨水与生活用水。楼上村排水主要以明渠为主（图9），结合暗沟，沿路分布，排向天然冲沟，最终汇入廖贤河，注入乌江。但排水雨污未分离，有时厨余及清洗用水会直接排到路面，造成污染。目前，排水系统仍在发挥使用功能，但是难以满足日益增长的生活需求。

图6　廖贤河

图7　龙洞湾水源地

图8 从远处取水用的管道与中继站（水窖）

图9　路边的排水明渠

3.2 排水系统规划概要

楼上村的排水应当雨污分流，依照"雨水自然排离、污水统一处理"的原则，建设污水处理站与排水管网，优化村内整体排水网络，避免破坏原有街巷肌理。保留文物建筑院落内传统排水体系，加强日常维护，雨水由院内雨水暗沟或明渠排出，就近排入村内雨水排水管线。通过统一设置污水排放系统，设置排污管道，防止厨余污水等直接排放到道路造成污染。在附近田地设置两处埋地式污水处理设施，统一将污水净化后排放至农田。

4.   消防系统现状与规划概要

4.1 消防系统的现状

楼上村缺乏完善的消防系统，现有消防系统布局覆盖范围有限，且供水不足。虽然楼上村配备有消防给水管道（图10）和室外消火栓，但是由于水压不足，消防水管内无水可用，发生火灾时根本无法发挥作用。村口原来有池塘，现已被填平。廖贤河、龙洞湾等水源地距离村庄较远，无法作为消防用水。

4.2 消防系统规划概要

应当注重消防系统建设，配备室外消防给水管道和室外消火栓，并有足够的消防水源支持；还应当设置火灾自动报警系统、消防电源及电气火灾监控系统、消防应急照明和疏散指示系统。另外，还应当完善消防安全制度，加强消防安全教育，并进一步加强管理人员的消防知识及技能的培训，定期检查消防水池、消火栓及各灭火器状态，及时更换过期或不适用的灭火器，严格完善消防器材的维护管理制度。

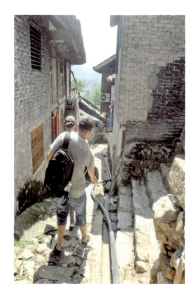 

图10　路边的消防管线

5. 安防系统现状与规划概要

5.1 安防系统现状

楼上村古建筑群是国家重点文物保护单位，这些古建筑保留有大量精美木构件，很可能成为盗贼盗窃的目标。其中民居建筑现在依然由房主个人管理，祠堂、梓潼宫建筑群、天福古井和楠桂桥等公共建筑由村委负责。目前，无专人管理和日常维护这些文物，缺乏监控系统和安全警报系统等安全防护设备，尚无安全应急预案。

5.2 安防系统规划概要

安防要从硬件建设与制度建设两方面入手。一方面要划定安防区域，并将楼上村文物建筑及院落纳入安防区域，并安装技防设施，在安防区内外按照规范，设置摄像监控镜头及声音、红外感应防盗报警装置，监控室建议与文物管理用房结合，设置在村口梓潼宫附近；另一方面应当加强人防制度建设，对现有楼上村相关工作人员定期进行相关岗位培训，提升人防业务水平；如有需要可再聘用1-2名专业保卫人员对文物本体进行安全防护。

6. 防雷系统现状与规划概要

6.1 防雷系统现状

楼上村地处山区，村落周边高大树木较多，特别是梓潼宫周边的七星古树，有较高的历史价值，也容易受到雷击损伤；位于坡地上的古民居也有雷击隐患。目前，楼上村文物建筑没有满足木构古建筑防雷要求的防雷系统。

6.2 防雷系统规划概要

近期应随文物修缮工程，在各文物建筑正脊安装避雷装置，添设接闪器、引下线、避雷针、避雷带和接地装置等。应当注意文物建筑屋顶严禁安装任何天线，同时保证防雷装置与各种供电线路间保留一定的安全距离。另外应对楼上村相关工作人员进行防雷培训，对楼上村各个建筑组群防雷装置进行定期检查和维护。

7. 环卫设施的现状与规划概要

7.1 环卫设施的现状

楼上村内部设有7个垃圾桶（垃圾站）（图11），但无人负责清理转运。可燃垃圾由村民自行焚烧（图12），其他垃圾则倒入冲沟中（图13），待雨季涨水时全部冲入廖贤河。另外，村民自家建有沼气池，但大部分因年久失修而失去生产沼气的功能。村民自家排泄物依旧排入池中。部分村民家中依然使用旱厕。

图11　楼上村的垃圾站

图12　村民焚烧垃圾　　　　　　　　　图13　村民丢弃垃圾的冲沟

7.2 环卫设施规划概要

建立垃圾清扫、转运体系，及时转移垃圾桶内堆积的垃圾。合理布置垃圾桶，优化布局，要在数量上满足村民和游客的日常生产、生活使用要求，并进行垃圾分类，设置垃圾收集转运站。垃圾站设置需符合环卫要求且注意隐蔽，不得破坏楼上村风貌。另一方面，要通过宣传教育，引导村民形成良好的卫生习惯，杜绝垃圾扔入冲沟排到廖贤河的情况。

8. 电力电讯设施的现状与规划

8.1 电力电讯设施的现状

楼上村电力网线主要采取地上架空方式（图14），在村庄内部分布较为密集，产生不良的视觉影响，也造成电力网线围绕文物建筑的隐患。民居类文物建筑中均引入电力线路，在发生线路老化、鼠害等时会存在线路短路、失火等风险。

图14　楼上村的架空电力线路

楼上村核心范围内手机信号良好，入户接通网络及有线电视，通讯便利。并且在楼上村核心保护范围内观察不到通信收发信号基站，不影响整体风貌。

8.2 电力电讯设施规划概要

结合文物建筑修缮、维护工程，对文物建筑入户线路进行改造，文物建筑院落内所有电力线路一律采用套管敷设方式统一布线，禁止私搭乱接。铺设独立的消防设施供电线路，与生活线路分开双路供电，以保证消防水泵及其他消防设施的正常工作。近期应当对古民居入户线路进行全面排查，更换老化线路；中远期对村内供电线路进行入地改造，拆除影响景观的电线杆。

在楼上村北部设置村落电信基站，为今后居民生产生活、文物展示利用、游客信息服务奠定基础。基站设置应隐蔽，不破坏村落整体风貌。

五、小　结

党的十九大报告中明确提出振兴乡村的战略，提升农村基础设施服务能力是题中应有之义。我国农村社会经历着从封闭转向开放的过程，原有的基础设施不足以应对现代消费社会带来的各类问题，规划与提升农村基础设施服务能力十分必要。

　　从历史发展的角度来看，城乡之间基础设施存在着较大的差异。由于城市规模大，服务人口众多，近代以来采用的大量的现代技术运用到城市基础设施规划与升级之中，展现出现代建设的特征。历史上农村基础设施的建设与使用，是我国农业社会中差序格局的空间显现，具有一定的历史价值，且延续至今仍在使用，展现出自然生长的特征。乡村遗产中的基础设施规划，应当在城乡统筹发展的思想下，关注农村基础设施的变与不变，综合考虑经济社会效应，搭建多元主体参与平台，提升农村基础设施的服务能力。

　　楼上村的明清时期青石板古街巷、天福古井、排水体系等基础设施具有较高的历史价值，在规划时应当注意保护与修缮。其他不属于文物范畴的道路、给排水系统、防护系统、环卫系统、电力电讯系统则应该在不影响楼上村文物本地价值的基础上，参照国家相关法规，适当引入现代技术，合理规划与提升基础设施服务能力，并使之风貌与村落环境相协调。

第 十 章
文物管理与旅游开发

在楼上村保护规划文本的编制中，调研团队除了着眼于文物本体保护外，也将地方未来发展纳入思考。结合楼上村文物本体及管理现状，在保护之余，要培育村落自主发展能力。如何使楼上村跳出依靠普通大众旅游谋发展的怪圈，以文化保育、传承为核心？激活当地文化生命力是关键。这需要唤醒当地村民文化意识，让村民更加主动地呵护当地的文化，自觉参与到楼上村文物管理中来。

在保护规划制定中，调研团队发挥多学科团队协作的优势，对楼上村进行多层面、多维度的系统研究，从自然、历史、人文等角度进行资料搜集、价值提炼。利用田野调研的方法，特派调研人员入户访谈，在厘清文化源流的同时，了解村民的发展困难与愿景，结合村民实际需求，找出楼上村现阶段在文物管理与旅游开发中存在的问题。以保护规划为蓝本，运用案例比较法，借鉴尧上村旅游发展模式，在对文物本体进行保护管理的同时，合理利用当地文化资源传递文物背后所蕴含的文化价值。在此基础上，提出楼上村未来发展构想，延续村落生命力。

一、楼上村文物资源管理现状

楼上村古建筑群（习称"楼上古寨"）始建于明弘治六年（1493），保存现状较好且构成完整，与周边自然环境联系紧密，背山临水，布局严谨。楼上村古建筑群于2013年5月被国务院公布为第七批全国重点文物保护单位，据国保档案记载，楼上村现状文物构成包括：梓潼宫正殿、梓潼宫南北两厢及院落、梓潼宫后殿、戏楼、周氏宗祠、小屯寺、天福古井、楠桂桥、马桑古宅、三座民居、寨门、古石巷等古构筑物，九子十秀才墓、四方碑、周国祯墓、周学颐墓等摩崖石刻与古墓葬，以及屯堡遗址与北斗七星古树。

楼上村古建筑群由石阡县文物局管理，在挂牌全国重点文物保护单位后，石阡县文物局旋即展开了针对部分国保建筑的保护修缮工作。调研期间，梓潼宫、戏台已经修缮完毕，梓潼宫处于关闭状态；周氏宗祠、民居等其他国保单位，还没有开展相应的修缮工作，且多处于关闭状态；楠桂桥、古墓葬等处还没有进行相应的管理，杂草蔓延。楼上村没有设立文物管理专职人员，平时由村委会连带进行简单管理。

部分国保单位周围设立起简易标识，标注出国保单位名称，且附有简要介绍说明。村内主要路口处也设有指示主要文物建筑方位的道路标牌（图1）。但因为楼上村坐落于喀斯特山脉与峡谷间，地势复杂，道路系统较为零碎，各个文物单位分布不一，间距不定，村内暂未划定系统流畅的参观路线，现有的道路指示设施不能满足外人游览的需要。在缺乏合理的路线规划、指示的情况下，游客容易晕头转向。零散简易的解说标牌，也不能满足人们的精神文化需求。楼上村近几年来，长期开展基础设施建设工作，导致原有的道路系统被破坏，现有的路线临时而凌乱，短时期内一旦有大批人员造访，将存在卫生管理、人员疏散上的隐患（图2）。

走访发现，楼上村当时正在进行的几个基础设施建设工程分别隶属于多个部门，有石阡县文物管理局、石阡县温泉名胜管理局、石阡县环保局、石阡县水利局及石阡县国荣乡楼上村村民自治委员会等。管理信息，大体如下表所示（表1）：

图1　楼上村现有指示标牌（作者自摄，2016年）

图2　施工期间道路返修图（作者自摄，2016年）

表1　楼上村管理机构信息表（作者自制）

机构名称	机构管理信息			
石阡县文物局	性　质	政府性保护管理机构（事业）		
	主管项目	梓潼宫、戏台等国保单位维护、修缮		
石阡县楼上传统村落整体保护与发展项目建设指挥部	隶属部门	石阡县宣传部		
	工作人员	覃金明	石阡县温泉群风景名胜管理局管局副局长	负责单位项目
		龙天伏	石阡县温管局楼上管理所科长	景区负责人
		任廷武	石阡县温管局规划科科长	
		杨　刚	石阡县温管局规划科科员	
	主管项目	楼上村排污主管道、道路建设、给水及消防管道铺设、公厕修建及垃圾桶投放等县温管局项目		
石阡县环保局	主管项目	楼上村排污分管道		
石阡县水利局	主管项目	楼上村水库修建		
国荣乡政府	主管项目	楼上村新村建设		

　　如表所示，介入楼上村的管理部门较多，各方分头管理，权责不甚明确，难以开展统一的工作计划与发展规划。文物管理方面主要归属于县文物局，而基础设施建设又未归文物部门管理。楼上村村内正在进行的基础设施建设项目较多且涉及面积较大，因分属不同部门管理，施工内容有重叠的部分。总体来看楼上村现有管理效果不甚理想。

　　楼上村古建筑群是当地先民与自然长期和谐相处的智慧结晶，是历代村民从古至今生产、生活方式的融合沉淀，已成为当地村民生活中不可或缺的一部分，是全体村民们共有的遗产。现行的文物管理制度未能很好地关注村民的主体性，村民在文物管理之中发挥作用有限，未能考虑村民提高生活水平的需求，一定程度上造成了村民与文物间的阻隔。村民作为村落的主人，对村落的发展延续起着重要作用，对文物有着更为深刻、联动的理解与感情，应该运用恰当方式引导村民更积极地参与到文物保护与管理环节中去。在价值认知的基础上，自觉助力文物管理。

二、楼上村旅游资源简述

　　楼上村位于中国十大非著名山峰、贵州省级自然保护区、佛教名山——佛顶山脚下，历史悠久，人杰地灵。村落坐东北朝西南，苍山点缀，松柏环抱，环境宜人，蕴含着丰富的旅游文化资源。村内古楼、古屋、古巷、古桥、古井、古树、古墓、古书一应俱全，拥有北斗七星古树、戏楼、梓潼宫、千年紫荆、九子十秀才墓、龟纹石、猴子岩、倒栽松、椿楦墓、楠桂桥、天福古井等多处人文景点。现将楼上村旅游资源分为自然、人文、历史三大类，并选取代表性意象进行简要概述。

1. 自然

　　梯田：楼上村依山就势，可耕面积有限，先民充分运用自己的智慧，复合利用土地，开垦出适合当地自然环境的梯田进行农作活动。寨内现存梯田面积不大，但四季常青，风光旖旎，一直延伸到廖贤河边，具有极高的观赏价值。此外，梯田还可以反映出楼上村种植品种、耕作方式等一系列生产活动历史以及由此生产活动生发出的农作节日、农事谚语、村风民俗等文化活动。在物质与非物质层面，梯田都是楼上村不断延续的中坚力量。

　　廖贤河：廖贤河属于上游河道，水质清澈，终年呈蓝绿色。廖贤河以南均为巨大的石灰岩山体，形态各异，意象丰富。廖贤河峡谷以河谷为主体，以奇峡、险峰、碧水、瀑布、溶洞为主要特征，构成雄奇秀美的自然风光，具有极高的景观艺术价值。同时，廖贤河也是楼上村村民主要活动地点之一，河内的冷水鱼供养着楼上村村民的日常生活。

2. 人文

三合院民居：村民宅基地有限，家家户户房屋大小较为平均，外部形制、内部装饰基本相同。根据当地的风水说法，周氏不适宜居住四合院形式，会将周氏围困住，故多采用三合院形制民居，形成典型的汉族三合院式建筑，并延续至今。院内形成小型龙门呈八字形状，不正对堂屋，有所偏斜，以"歪门斜道"著称，也体现着神秘的村建风水学。楼上村民居建筑与自然山水和谐统一，构成良好的自然人文空间。

梓潼宫：梓潼宫的修建体现了周氏家族对文教的重视，也体现出村中"能人"建设家乡、保育族风的责任意识。梓潼宫除了作为楼上村村民信仰之地外，还兼具教化功能，梓潼宫历史上就曾开办过学堂，并一度作为学堂使用，是汉族耕读传家的优秀传统的物质体现。周氏先祖虽移居贵州，但却一直延续和传承了汉人耕读传家的传统。楼上村历史上一共出过进士、贡生、秀才四十多人，六世祖周易家更是有一门九子而有十个秀才之说。梓潼宫现在仍是村内重要的文教场所，近年来成立了国学班，为村里的孩子们教授诗书礼法等中国优秀传统文化。

周氏宗祠：宗祠是家族的象征，宗祠的建立是楼上村汉族身份的印证，具有身份认同、传习文化、道德培育等多重功能，是宗族精神的物质载体。现在，楼上村许多村民家中仍供奉着"汝南堂"的堂号，就是村民谨记先人遗训，发扬周氏家风的体现。多年来，楼上村的建筑形式、村民的生活方式一直在变，但核心的宗族观念却不断绵延，是凝聚族人的重要精神力量。这种凝聚力对当今社会仍然具有较强的教育与启发意义。

村风民俗：楼上村的非物质文化遗产也十分丰富，现存清明会、汝南堂祭祖法会、楼上古乐、傩堂戏、木偶戏、人大戏、板凳龙、哭嫁、蚌壳灯、茶灯等非物质文化遗产和习俗。北京大学孙华教授曾说过："一个完整的传统村落不仅是村落的建筑，还应当包括村落赖以存在的田地、水泽和山林，包括活动在这个区域内的人们及其行为传统模式。"在2017年春节前后的两次调研中，调研团队置身当地，了解到有关当地风习民俗更多、更细致的内容，如春节前，各家各户通常要将饲养的家猪屠宰以迎接新的一年，留下自家食用的量，其余的拿到市场去卖。这项工作难度不高，但需要多个青壮年共同协作。这成了家族联络感情的重要时刻，各家各户通常电话邀请自家亲戚来帮忙。受邀的青壮年携妻带子，男人们杀猪的同时，妇女们也不闲着，负责清洗和烹调，孩童们则簇拥在一旁戏耍，一切有条不紊。这项工作通常会持续一天，中午、晚上各路亲戚围坐在一起，吃的就是当天现宰的猪肉。春节期间，调研团队亲睹了村里春官说春、舞毛龙、祭先人等民俗活动。楼上村地域文化深厚多样，节日习俗独特而有趣。在多次调研中，调研团队感触最深的就是当地村民对外来人的包容与热情，亲朋邻里间的友好互助。这一切都是楼上村宝贵的无形文化，是楼上村魅力所在。

3. 历史

根据《楼上周氏族谱（1493—2008年）》记载，调研团队将楼上村村落形态的演变大致分为形成、发展、成熟三个时期。楼上村基本雏形的建立得益于四世祖周国祯的善举和建造。周国祯先后修建了楠桂桥、梓潼宫等，到第六代先祖周易时，村落正式定名"楼上村"，楼上村村落形态粗具雏形。第六代先祖时期到19世纪末（清朝末年），是楼上村村落的发展阶段，楼上村村民的居住区域逐渐向北边延伸，核心居住区逐渐定型，同时一些宗教建筑也得到了重建和维修。民国到20世纪末，村落形态基本成熟，村民集体出资建立了戏楼、天福井等公共建筑。楼上村村落形态的演变，是楼上先民在有限的自然条件下充分利用自然的智慧体现，在特殊的生产、生活方式下，宗族观念、耕读观念也体现其中。对楼上村历史的诠释，是了解楼上村及村内各文物本体的前提基础。

三、楼上村旅游发展现状

楼上村区位优势较强，距石阡县城15公里，有城郊线直达，路况较好，交通衔接力强。村内旅游业起步较晚，一直因缺乏系统性的开发而不温不火。调研发现，村民目前主要收入来源于在外打工，中青年流失量较大。村内只有零散的几家私人民宿，由村民直接经营，服务水平较低，设施条件一般且同质性强。村民普通话水平参差不齐，留守的中老年人基本可以听懂，但无法正常与外人沟通交流。走访期间，我们特地请到当地的高中生、大学生充当"翻译"，协助调研。入户访谈时，也将"是否期待发展旅游业""若楼上村旅游业发展起来，您打算经营些什么"等问题穿插在与村民的交谈中，了解村民的发展困境与意愿，着重考虑村民的实际需求。

1. 民宿发展现状

调研团队就楼上村旅游发展现状，对村内几家经营民宿的老板展开了深入访谈，了解村内民宿的发展概况、经营动因与困难。内容如下（表2、表3）：

表2　楼上村民宿发展脉络表（作者自制）

2006年左右	村中约有10户开办民宿
2008年	民宿产业瘫痪两年
2015年	县旅游办（局）里免费补助每户农家乐2张床及床上用品、2个空调、8000元
2016年	现有4家民宿运营

表3　楼上村民宿发展现状表（作者自制）

业主姓名	运营时间	现状职能	发展难题
李逢芬	2014年	餐饮、住宿	发展规模受限 农家乐政策福利发放不到位 政府现拖欠几千元餐宿费用
周昌华	2015年	餐饮、住宿	宣传不足游客较少 预约客较少，接待措手不及 位置较高，夏季有时供水不足 政府拖欠几万元餐宿费用
周其信	2008年	餐饮、住宿	道路泥泞 游客较少
周其发	2015年	餐饮、住宿、小卖部	游客较少
周昌井	未运营	小卖部	
周昌智	未运营	建房中	

初步调查结果显示，目前村内旅游业发展较弱，政府对经营民宿的业主虽有补贴，但并未出台强有力的引导性政策支持旅游发展，经营者对此颇有不满。楼上村的游客构成多以专家调研团队、上级政府工作人员、采风学生为主，普通游客造访较少。村民对旅游发展虽有希冀但信心不足，认为自身文化特色不够、旅游设施简陋。在谈及未来旅游发展构想时，村民目光也多集中于餐饮、住宿等大宗项目。

2017年，在村干部带领下，村内成立了楼上村集体经济发展有限公司，这是由中央推行到地方的一种带动乡村贫困村民脱贫致富的发展模式，每个贫困户可免息向国家贷款5万元，3年返还，而后将资金直接投入村社发展有限公司来运营，公司损亏自负，若盈利则村民可分红。同时，公司会为部分村民提供劳动就业机会，如保洁、修路、挖泥、种植等。公司的发展目标、发展计划虽未明确指向旅游，但在访谈中，村领导仍透露出对旅游发展的期待，并表示旅游业的发展对公司前景的影响举足轻重。

2. 游客满意程度

我们在调研走访中了解到，楼上村外来造访人员构成基本稳定：主要是开展工作的上级政府工作人员、开展调研的专家学者、采风绘画的学生等，一般游客很少慕名前来。

2017年春节期间，由中共石阡县委、石阡县人民政府主办，县宣传部、文广局、教育局、民宗局等承办的大型"说春"表演活动在楼上村举行，新华社等多家媒体受邀，在活动现场进行了采录、报道。活动当天，楼上村古寨区（古戏台处）人满为患，摩肩接踵。调研团队借机针对游客设计了调查问卷（问卷内容见本章末），了解造访游客的体验、不满及期许。调研发现，活动现场很多观众都是政府工作人员及本乡村民，其中75%来自国荣乡，到访的游客少之又少。在与游客的交谈中，调研团队了解到他们普遍认为楼上村现有道路条件较差，路标体系不完善，卫生环境条件一般，配套设施也不齐全，并表示应该不会再来也不会向亲朋推荐，楼上村旅游发展现状可见一斑。

3. 村民发展诉求

据2016年12月调研团队走访村委会得到的数据显示，楼上村现有人口1653人。调研获得的信息显示，村内半数以上人口都在外打工，且外出人口多为中青年（图3）。村民十分羡慕周边旅游业发展较好的村落，如同样处于佛顶山脚下的尧上村。调研团队也先后两次前往尧上村进行调研，了解到尧上村目前旅游发展兴旺，年游客接待总量超过15万人次。外出打工的青年多返乡与家人一同经营生意，年收入较为可观。楼上村村民十分羡慕尧上村旅游发展现状，希望楼上村也发展旅游业，期盼子女回村。

2017年春节期间，调研团队特意开展了一次针对返乡过节的村民的访谈。他们表示，在外打工也很辛苦，很期盼家乡旅游可以发展起来，留在村里做点小生意，至于具体经营方向、经营模式、经营意愿等仍旧缺乏新意。

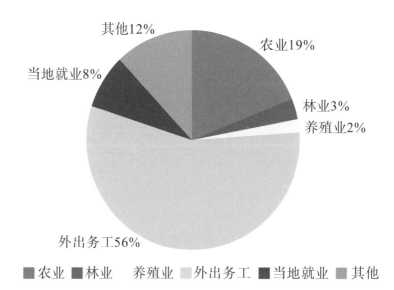

图3　楼上村村民主要收入来源饼状图

四、楼上村文物管理及旅游发展构想

通过文献研究、田野调查，调研团队对楼上村的起源、发展进行了梳理，同时对楼上村地方文化特色、文物资源进行了摸排走访。不难发现，楼上村历史悠久，文化积淀深厚；周边景观环境，包括山形水系、森林农田等要素在视觉上极富美感，山、水、民居在空间上的组合和谐有致，使楼上村像一幅被遗忘在纸上的画卷；楼上村物质与非物质文化遗存都十分丰富，村落内部穿斗式木构建筑是西南山区典型的建造形式，同时又保留了汉族合院形制，是楼上村移民历史的体现；现存的清明会、汝南堂祭祖法会、楼上古乐、傩堂戏、木偶戏、人大戏、板凳龙、哭嫁、蚌壳灯、茶灯等非物质文化遗产和习俗，更是古建筑群与自然山水的生动点缀，动静交错构成当地独特的人文空间。以房屋建筑为代表的有形文物已经受到官方重视，而非物质文化作为楼上村村落性格的主要体现，还需要通过不断提高村民对自身文化的认知能力、增强村民的文化自信心而得到加强。

细致全面的入户访谈，对梳理楼上村景观特质、评估核心价值、落实以价值为导向的保护规划具有现实意义。调研过程也使得村民对自己的文化有了二次认知的机会，是一次引导村民重温自身文化的尝试。将村民拉回历史记忆中，重新审视自身文化，在文化认知基础上自觉投入村落保护并不断涌现出新的创造力，是调研团队努力的方向。

2017年春节调研期间，调研团队走访了为楼上村村民不断称道的尧上村，探求其发展经验，寻找、分析楼上村未来发展的可能性。尧上村坐落于佛顶山下，是仡佬民族文化村，距离石阡县城37公里，从县城出发走思剑高速只需20分钟左右就可到达。全村50余户，300余人口，有"仡佬第一村"之称，主打"六和"及"敬雀节"文化，保存了较为完整的民居、风雨桥、祠堂等仡佬族建筑。村内布局井然，商贸亨通，旅游发展兴盛，接待设施齐全。尧上村游客较多，构成较为单一，基本以休闲观光为目的，多来自石阡、镇远、贵阳、六盘水、思南及云南、四川等地。

据了解，2003年尧上村筹备发展旅游业，并成立指挥部，全称"尧上民族文化村建设指挥部"。2005年指挥部开始引导村民开发乡村旅游，召开群众会，发动广大群众支持并自觉投入乡村开发。2006年村民逐步坚定了对发展乡村旅游的信心，自发组织成立了"尧上村旅游协会"（后文简称协会），协会是村委的下属部门，由村民组织而成。此后，尧上村的发展基本就靠协会来带动（表4）。

表4　尧上村旅游协会架构表（作者自制）

成立时间	2006年		
协会性质	尧上村委下属部门，村民自治组织		
构成人员	会长、副会长、会员、管钱的管事、工作人员等		
现有成员	会长、管账的理事、管钱的管事、清洁工5名		
部门规划及职责	餐饮部	集体经营、厨艺培训、价格监管	现由村民个人承包
	文艺部	集体参与、舞蹈编排、文艺表演	现由贵州引秀文化旅游发展有限公司承包
	运输部	石阡—尧上 班车（2班/天，15元/人）	现由村民个人承包
	综合部	住宿、棋牌、观光、导游	现由村民个人承包
职能权限	景区内重大事项讨论表决 监管整治景区内违法违规现象 征收管理费，基础设施维护修理		
管理费用收取标准	小摊：100—200元/年　餐馆：500—3000元/年　住宿：50元/间		

此外，尧上村还推出一系列"尧上特产"，包括黄水粑、烤全羊、神仙豆腐、草凳、佛顶山香菇、佛顶山虫草、佛顶山土酿米酒等一系列特色商品和旅游纪念品。村民多沿街做一些小生意，调研了解，收益情况较好且原本外出打工的子女多返乡协助父母一同经营（表5）。

表5　尧上村各类产业年收入总量（作者自制）

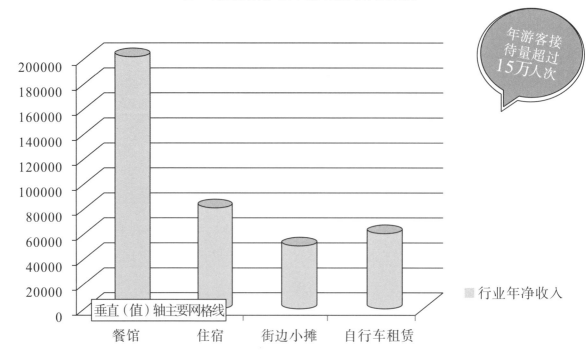

在对尧上村的走访中，我们发现尧上与楼上村在发展中面临很多相似的问题，他们的解决方式非常具有参考意义。整理如下（表6）：

表6　尧上村与楼上村对比简表（作者自制）

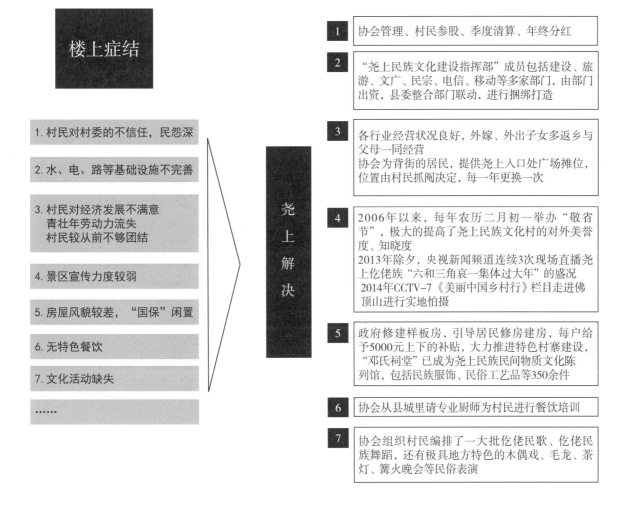

楼上症结		尧上解决
	1	协会管理、村民参股、季度清算、年终分红
1. 村民对村委的不信任，民怨深	**2**	"尧上民族文化建设指挥部"成员包括建设、旅游、文广、民宗、电信、移动等多家部门，由部门出资，县委整合部门联动，进行捆绑打造
2. 水、电、路等基础设施不完善	**3**	各行业经营状况良好，外嫁、外出子女多返乡与父母一同经营 协会为背街的居民，提供尧上入口处广场摊位，位置由村民抓阄决定，每一年更换一次
3. 村民对经济发展不满意 青壮年劳动力流失 村民较从前不够团结	**4**	2006年以来，每年农历二月初一举办"敬省节"，极大的提高了尧上民族文化村的对外美誉度、知晓度 2013年除夕，央视新闻频道连续3次现场直播尧上仡佬族"六和三角哀—集体过大年"的盛况 2014年CCTV-7《美丽中国乡村行》栏目走进佛顶山进行实地怕摄
4. 景区宣传力度较弱		
5. 房屋风貌较差，"国保"闲置	**5**	政府修建样板房，引导居民修房建房，每户给予5000元上下的补贴，大力推进特色村寨建设，"邓氏祠堂"已成为尧上民族民间物质文化陈列馆，包括民族服饰、民俗工艺品等350余件
6. 无特色餐饮	**6**	协会从县城里请专业厨师为村民进行餐饮培训
7. 文化活动缺失	**7**	协会组织村民编排了一大批仡佬民歌、仡佬民族舞蹈，还有极具地方特色的木偶戏、毛龙、茶灯、篝火晚会等民俗表演
……		

他山之石，可以攻玉。相较于尧上村，楼上拥有更优美的自然环境与更加丰厚的人文资源，具有较强的发展优势。如何合理运用这种优势？正确处理文物与村民的关系是关键，以文化认知为核心，对村民进行二次认知教育。将村民发展需求作为主要考量，平衡文物管理与旅游开发之间的关系，将村民纳入文物管理与旅游发展环节，可以借鉴尧上村等的发展经验，解决实际操作中产生的问题。只有立足实际，提振村民信心，楼上村文物管理才会更加流畅，楼上村景观才能得到更好保护。

附件：楼上村游客参观体验调研问卷

1. 您的性别是？

□ 男

□ 女

2. 您来自哪里？

3. 您的年龄是？

□ 15岁以下

□ 15–27岁

□ 28–40岁

□ 40岁以上

4. 您的受教育程度？

□ 小学或以下

□ 初中或高中毕业

□ 专科或本科

□ 本科以上

5. 您每年大约在旅游上的花费是多少？

□ 1000以下

□ 1000–2500

□ 2500–5000

□ 5000–10000

□ 10000以上

6. 您最喜欢哪种类型的旅游景区？

□ 人工开发的景点（如游乐园等）

□ 古代遗迹（历史文化类）

□ 自然景点（好山好水）

□ 依情况而定（待补充）

7. 请问您一般选择哪种旅游方式？

□ 随团

□ 自助游/自驾游

□ 与"驴友"同行

□ 独自出游

□ 其他

8. 请问您这次来楼上村的原因是？

□ 公务出差

□ 家庭外出

□ 单位旅游

□ 探亲

□ 其他

9. 您是通过哪些渠道听说楼上村的？

□ 旅游杂志

□ 电视景区宣传

□ 旅游网站

□ 朋友介绍

□ 其他

10. 您在楼上的时间安排？

□ 1天以内

□ 2天

□ 3–5天

□ 其他

11. 您在以往的旅游过程中，景区的什么活动您最喜欢，印象最深刻？

□ 民间风俗展示

□ 民俗文化参与活动

□ 摄影大赛

□ 其他

12. 在此次旅游过程中，您对此次旅游的服务质量如何评价？

　　问题评价（注：请您按照以下各项的评价进行打分，分值越高表示您的评价越高）

□ 旅游交通　1　2　3　4　5　6　7　8　9　10

□ 旅游餐饮　1　2　3　4　5　6　7　8　9　10

□ 旅游住宿　1　2　3　4　5　6　7　8　9　10

□ 旅游购物　1　2　3　4　5　6　7　8　9　10

□ 旅游娱乐　1　2　3　4　5　6　7　8　9　10

□ 旅游宣传　1　2　3　4　5　6　7　8　9　10

□ 旅游景观　1　2　3　4　5　6　7　8　9　10

13. 您对楼上旅游的总体印象怎么样？

□ 看到了它独有的风景

□ 有自己的特点，满意

□ 没什么特别之处，一般

□ 不满意

14. 您在楼上参加了什么活动（"说春"），通过何种途径知道的，觉得如何？

15. 第几次来楼上？下次还会来吗？会介绍给亲朋好友吗？

16. 与其他旅游地相比，楼上有何不同之处，您对楼上的未来发展有何建议？

第 十 一 章
贵州省村落展示方法研究

村落展示是村落价值阐释的结果，是文化传递的直接途径，是村落保护的重要手段。楼上村自然环境优美，拥有丰富的历史文化资源，建筑形态保存完好，具有极高的历史、文化、社会价值。对楼上村进行合理展示有助于当地村民对本土文化进行二次认知，同时也是外界了解楼上村的重要窗口。在对楼上村现有展示状况分析的基础之上，通过对贵州省境内部分村落展示方法、展示效果进行简要评析，可为楼上村村落展示方案的提出做铺垫。案例对象以团队调研的村落为主，限于篇幅与表达需要，本章挑选贵州境内几处具有代表性的村落展示方法进行介绍，并就其展示效果进行简要评析，为楼上村展示方案的提出提供参考。

一、楼上村村落展示现状分析

1. 展示内容单一

楼上村现有展示内容以楼上村古建筑群国保单位为主，许多自然、历史、文化资源尚未得到充分体现。先期研究薄弱，对楼上村的解读缺乏完整的视角，许多重要资源、节点被忽视。展示内容单一，同时对展示内容缺乏必要的解释说明。

楼上村地理环境优美，自然条件决定了村民的生产生活方式与内容，物质的、非物质的文化生发于村民与自然的长期互动之中，孕育出楼上村的传统文化。同时，当地民俗信仰、节日娱乐等非物质文化又是楼上村传统文化的生动体现，而楼上村现有展示体系却未将非物质文化要素、自然要素等纳入其中，缺乏对村落构成要素的充分研究与解读，仅包含了物质本体部分。

楼上村景观优美，人文历史丰厚，是中国明清时期西南汉族移民发展的活态例证。现有展示对于楼上村村民迁移历史、生存智慧及由此延发而出的宗族观念、耕读传家思想、风水观念、价值取向等都少有涉及。展示内容单一，被展示各要素间也缺乏联系，导致楼上村的文化诠释、传递不尽如人意。

2. 展示主题不明

楼上村文化底蕴丰厚、特征鲜明。作为中国明清时期的汉族移民村落，从村落选址到村落文化景观的形成都体现了较强的汉族特色：宗族观念、耕读文化。同时，楼上先民也悦纳了周边少数民族的优秀传统文化并运用于生产生活中。这些都对楼上村村民审美偏向、精神气质、行为习惯等产生重要影响。楼上村现有展示体系缺乏明确主题，不利于村民二次认知自身及外界认知楼上村。展示主题不明源于对楼上村系统性认知的欠缺，片面关注展示要素单体，忽略各个要素间的联系，展示主题模糊，传递出的只是断断续续的文化特征，未能展示出各个要素背后蕴含的巨大价值。

3. 展示路线混乱

楼上村地势复杂，道路系统更甚，加之各展示要素间间距不一，分布有疏有密，在缺乏合理的路线规划与指示的情况下，容易晕头转向。近年来，村内基础设施建设一直在开展中，原有道路系统也遭到破坏，楼上村基本道路状况一般。

村内暂时没有规划出明确的游览路线，现有路线在村落展现、文化解读、要素衔接等方面存在欠缺。许多文物建筑周围也没有设置明确的指示标识，部分设立了标识也不够醒目清晰且安放杂乱。在没有系统规划参观路线的情况下，一些位置不那么明显的展示要素容易被忽视。同时，楼上村村内道路状况一般，崎岖狭窄，不便以步行以外的其他方式通行。

4. 展示方法陈旧

村内目前主要利用分散式展示标牌，利用标牌对村内部分国保单位进行简要描述。在几个重要路口交叉处设有道路方向及景点指示牌，但覆盖率较少，村内多羊肠小道，指示效果不佳。部分国保单位前设有附带简要介绍的标牌，但因村内基础设施建设，部分展示标牌损坏较严重。村内目前仅有这一种展示方法，较为单调，解说力度较低，难以满足造访人的文化需求。

村落各构成要素的特征属性，决定了展示方式的有所不同。对楼上村村落先期研究不足，导致对楼上村认知不全面，这也是造成楼上村现有展示方法"草率"、单调的根本原因。以对楼上村的文化解读与价值认知为基础，选择恰当的展示方法，如数字媒体技术，对于楼上村文化传递、村落保护具有重要意义。

5. 缺乏公众参与

村民作为村落的主人，他们如何看待村落对村落的保护、发展、延续意义重大。展示体系中忽视村民的主体性，会导致对村落解读不全面、不深刻。村民应该成为村落文化景观保护的中坚力量，自觉参与到对村落的保护传承中去，村民自身就应是文化展示的主体。然而，现实情况则是，楼上村许多新生代村民，多已投奔城市谋生，对自己的文化不甚了解。留守的村民对自身文化司空见惯，不认为当地文化本身有什么值得关注的。普通话水平较低，也是村民展示自身文化的绊脚石。不止在楼上村，村民作为展示环节中重要一环，在各个村中都常被忽视。向村民了解村落历史文化，鼓励村民对村落文化进行解读，是村民对自身文化进行二次认知的过程，也是振奋文化自信心的过程。对村民进行传统文化传习、讲解培训，邀请村民参与文化事务管理是增强村民自信，促进村民主动展示、传递自身文化的途径。

村民是楼上村与外界连接的重要纽带。村民在对村落文化进行解读的过程中，必定会加入更多的生活体验，使得村落文化的展示更为生动、直观。相反，如果村民自己都不了解自己、不珍视自己的文化，那么仅仅依托于外界对村落的理解而形成的展示方案，展示效果通常会大打折扣。

二、贵州省村落展示方法评析

1. 历史文化陈列馆——石阡仡佬族民俗陈列馆

尧上村又称尧上仡佬族民族文化村，隶属于贵州省石阡县坪山乡，位于佛顶山脚下，邻近包溪河，自然条件得天独厚，是仡佬族聚居的自然村落，有"中国仡佬第一村"的美誉。

图 1　石阡仡佬族民俗陈列馆（图片来源：网络）

尧上村的主要展示设施就是石阡仡佬族民俗陈列馆（图1），它利用邓氏宗祠的建筑空间，摆放了当地村民过去常使用的农具、织布机等，但并没有针对这些展品设计解释说明标识。祠堂内设立祈福空间，供人烧香祭拜。院内有大鼓，缴费便可击鼓祈福。展示面积虽不大，但因地处佛顶山入口必经处，村内游客络绎不绝，也带动了陈列馆的人气。村民多在当地做小生意，居住空间主要在背街处，行经村内基本看不见村民日常生活场景。

评价：历史文化陈列馆在贵州境内是常见的村落展示方法，展示情状也多如尧上村仡佬文化陈列馆，多是对一些脱离了生产生活的器物的简单罗列，并没有严密的展示逻辑与展示设计，对展示对象背后所蕴含的信息缺乏深入解读。但因展示成本低、可操作性强，此种展示方法为多数村落所采用。但外来人很少能通过被罗列的生活用具，对村落有更为深入的了解，展示传播效力较低。

2. 分散式展示——大利侗寨

大利村，始建于明朝末年，位于贵州省黔东南榕江县栽麻乡西南部，是以杨姓为主的侗族村寨，又名"利侗"。村内绿荫掩映，建筑古朴，文化景观保存较好。大利侗寨较好的自然人文条件使得它赢得了很多称号：2006年被列入世界文化遗产预备名录；2012年公布为国家首批传统村落；2013年公布为第七批全国重点文物保护单位；2014年成功申报第六批中国历史文化名村。

大利侗寨风貌保存较好，村落各构成要素保存完整。村内建有齐全的解说标识系统，道路指示牌多且指向明确（图2、图3）。村内每座国保单位均悬挂有设计感较强的中英文名称牌，观赏性强，部分还附有简要的文字说明。这种分散式展示的方法也是常见的村落展示方法之一，比如位于贵州黎平县东南部的肇兴侗寨就利用分散的展示方法，在每个重要的文化节点周围挂牌进行简要解说。

图2、3　大利村分散式指示牌现状（作者自摄，2017年）

　　大利村内传统文化保存较好，以生活需求为依托。在村内行走可以看到当地仍在继续着各种传统的生活方式，村内晾晒有村民手制的侗布，家家户户门口基本都摆放有泡满板蓝根的染布用的桶和缸。村民多延续着传统的生活方式以满足日常生活需求，并不是表演的文化（图4、5、6）。

图4、5、6　大利村生活景观（作者自摄，2017年）

　　评价：在村落风貌、文化等保存较好的村落中可以采用分散式展示方法，散落在村内的解说标牌成了文化传播载体，这也对村内道路标识系统的设计提出较高要求。分散式展示方法，一方面满足了人们自由参观的需要，使得游览路线更为灵活，另一方面也对解说牌内容提出了较高要求：如何满足不同人对不同信息的了解需要？如何对村落文化进行有效展示？这些都是需要重点思考的问题。标识牌刻录内容是文化传播的重要手段，但因解说篇幅有限，不同人的获得感可能不同，各个展示要素间关联性也较薄弱，可能会影响游览的体系性，在对村落文化价值与精神的展示、传播等方面，仍有改进空间。

3. 虚拟展示——大利全景VR及电子导览

　　侗寨的电子导游讲解与全景VR（即"Virtual Reality"，虚拟现实。虚拟现实技术是一种可以创建和体验虚拟世界的计算机仿真系统，它利用计算机生成一种模拟环境，是一种多源信息融合的交互式的三维动态视景和实体行为的系统仿真，使用户沉浸到该环境中）导览已经制作完毕，并以QR码（即"Quick Response"，QR 码即二维码。QR 码比普通条码可存储更多的资料，扫描时要求很低，通过图像输入设备或光电扫描设备自动识读以实现信息自动处理，现已广泛应用在移动互联网中）的形式制作成解说木牌挂于进寨入口处，人们可以利用手机、平板电脑等移动终端的扫描功能进入页面（图7）。

图 7　大利村电子导览二维码（作者自摄，2017年）

　　全景VR画质清晰，操作方便，对村落整体进行了360度全景展示，画质精细，可以放大缩小，调整观看角度，给游客带来身临其境般的体验。每个村落文化景观构成要素都附有说明，游客还可以在导览页面下留言，并选取航拍模式，以鸟瞰视角，直观了解村落布局（图8、9、10）。

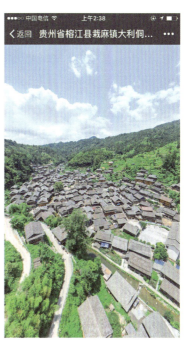

图8、9、10　大利全景VR操作界面（作者手机截图，2018年）

　　大利村电子导游讲解则更加智能，界面清晰，操作简易，对每个景点都有文字版、语音版说明，语音版说明还可以根据声音喜好选择不同的"虚拟导游"。此外，可以根据导览推荐的路线游览村落，同时启动"自动"模式，在靠近每个解说点时，页面会自动感应，讲解展示要素蕴含的历史文化信息（图11、12、13）。

图 11、12、13　大利电子导游应景讲解操作界面（作者手机截图，2018年）

随着数字科技的发展，许多村落也顺势进行了展示方法的尝新。利用新技术，建立数字博物馆，如贵州荔波县的水利村就建立数字博物馆，以360度全景摄影影片为展示基底，将村民日常生活图景作为底图，在图片中标出重要的解说点，解说内容包括建筑、信仰、习俗等。水利村村落展示方法与大利村的VR全景展示类似，但没有使用VR技术，目前它的数据正在不断充实中，还没有真正面向公众。

评价：VR展示设备让人们在虚拟真实的环境中对村落各个构成要素有了更为全面、生动的了解。电子导游讲解与全景VR导览是现代科技的结果，使得人们足不出户也可以有身临其境的体验感。在村落中游览时，也可以更加自主地安排自己的游览路线，对感兴趣的地点多做了解，在虚拟与现实的比较中，留下深刻印象。但电子导游讲解与全景VR展示的方式需要大量资金、技术，成本不低，如果忽视对村落各个构成要素信息的解读，盲目追赶新科技的潮流，将得不偿失。现在，许多村落盲目尝试数字技术，利用高科技手段进行村落展示，虽然满足人们的猎奇心，但没有很好地诠释出村落的文化与价值，未能体现各个构成要素之间的关系，没能真正发挥出科技的作用，展示实际效果不佳，对村落的保护、发展、延续没有产生较为持久的影响。

4. 交互体验式展示——地扪生态博物馆

地扪村位于贵州省黎平县茅贡乡北部，村落景观保存较为完整，村内传统生活方式仍有承习，是最具有代表性的侗族村寨之一。地扪村于2002年入选第一批传统村落名录，并入选第六批中国历史文化名村。

地扪生态博物馆建馆十余年来，主要从当地文化保育、民俗传承、历史记录等方面开展工作。这里主要以其开展的体验类活动为主进行介绍，说明体验活动作为一种村落展示方法的意义。地扪生态博物馆针对从小生长在城市的小朋友开设了乡野课堂，招募城市小朋友体验地扪的采茶、造纸、稻田养鱼等传统农业、手工业活动（图14）。在体验活动中，除增加体验者的生活常识外，无形中也向小朋友和家长展示了地扪村传统生产生活方式及蕴含其间的当地文化。体验活动是村落展示方法之一，亲身体验是最为直接的接受方式，在体验中人们加深了对村落的认知与了解。

图 14　地扪生态博物馆乡野课堂现场（图片来源：有山有水有亩田微信公众号）

除此之外，地扪生态博物馆还是一座专家工作站，为世界各地的专家学者提供有关村落的学术讨论、交流的平台，这些活动不断吸引着外界进入地扪，带动地扪文化的展示传播。同时，地扪生态博物馆本身也是展示地扪侗寨文化的重要场所。

评价：体验活动是最为直观的展示方式，尤其针对农耕文化的体验，可以使人们在简易的耕作活动中了解乡村，在与土地的亲密接触中，培养人与自然的感情，更加爱护环境。在感受农民生产生活中，体悟村落生存智慧。体验活动要以对当地文化的认知、解读为依托，也要针对不同的体验群体设计不同的体验活动。盲目照搬其他村落的体验活动有时并不符合村落的实际情况。

5. 文化艺术节——隆里国际新媒体艺术节

隆里古镇属于贵州省黔东南苗族侗族自治州锦屏县，在明代曾作为重要的军事城堡，建筑极具特色，格局保存完整，是贵州第一批建立的生态博物馆群之一。2007年隆里古镇被列为第三批中国历史文化名村，2013年隆里古建筑群被评为第七批全国重点文物保护单位，隆里古镇还于次年入选中国传统村落名录。

艺术节、旅游节作为村落展示方法之一近年来屡见不鲜，多地都通过举办或承办艺术节、旅游节、学术会议等增加人气，以活动为依托，展示传播当地文化。隆里古镇于2017年承办了国际新媒体艺术节，吸引了大批观众。隆里古镇为艺术展览提供展示场地，同时加强了对当地文化的宣传力度：设立大型宣传牌、开办非遗体验活动、组织民俗表演等（图15、图16）。艺术节虽然增加了隆里的人气，但不免有喧宾夺主之嫌。直观而言，对隆里文化展示与传播并没有起到理想中的效果，当地居民也并没有融入其中，隆里清静的生活气息与人脑现代艺术脱节，临街的居民顺势做起了小生意，背街居民多选择"深居"家中，不凑热闹。

图 15   隆里国际新媒体艺术节活动展板（作者自摄，2017年）

评价：艺术节、旅游节是短时期内增加名气、吸引公众目光的重要手段。然而，也要警惕艺术节或旅游节喧宾夺主、本末倒置，在打扰当地村民正常生活的同时，对当地文化造成无形损伤。盲目地引入艺术节、旅游节并不是明智之举，要从认知自身做起，结合当地文化特色，选择与当地文化特色相适应的活动来承办，类似承办古建筑研究学会、民俗学会等与当地文化契合的学术论坛活动。要发挥自身优势，在烘托承办活动的同时，使当地人更了解自己，外人更了解当地。

图16　隆里国际新媒体艺术节隆里文化宣传板（作者自摄，2017年）

三、对楼上村未来展示方法运用的思考

　　贵州省内村落展示方法多样、新颖，对楼上村展示方案的提出具有较强的参考和借鉴意义。就目前走访调研获悉的信息来看，贵州省内多数村落的展示方法并没有完全达到预期的展示效果。对村落历史文化的解读较为薄弱，展示内容较为单一，影响了展示内容与展示方式的匹配度。

　　村落展示应该以村落文化景观的保育为出发点和落脚点，而不仅是关乎展示手段、展示形式的技术性问题。在科技发达的今天，针对不同展品特性的多种展示需求基本可以满足，展示内容显得尤为重要。对村落文化的解读与认知是展示的基本前提，村落展示要以展示村落的文化与价值为基础，展示是文化与价值传播的手段。

　　村落是由各要素构成的有机整体，在对各构成要素解读不充分的情况下，会造成对村落文化与价值认知的偏差，盲目尝试新手段，只能使展示手段反客为主。要重视对组成村落文化景观的各个要素的解读，以整体性视角认知村落，只有在此基础上对村落进行展示，才能保证村落的保护、存续与发展。

村落是村民在一定自然环境条件下与自然长期互动形成的人与自然的共同作品，在漫长的历史时期中，特定的地域条件促使村民形成独特的生产生活方式，同时又不断改造着当地的自然生态，所以村落是活态的。楼上村的选址理念、山水格局、建筑风格、宗族文化等都保留有汉族文化特色，楼上先民依托原生自然环境，形成独特的生产生活方式，开垦出特色的农田景观，供养生活。村民在日常生产生活中，形成较为固定的生活方式，进而形成当地文化，以生活习俗、房屋建筑、节日信仰等物质、非物质的形式呈现，又进一步塑造着楼上村。楼上村展示方法的确定，要以对楼上村的历史文化解读为基础，以楼上村的文化与价值传递为出发点和落脚点，在充分解读各个构成要素的基础上，分析要素特征，匹配相应的展示手段。

第十二章

贵州村落产业发展现状与展望

一、贵州村落产业发展现状

1. 贵州省产业发展现状

贵州省土地资源以山地、丘陵为主，平原较少。山地面积占全省土地总面积的61.7%，丘陵面积占31.1%，山间平坝区仅占7.2%。可用于农业开发的土地资源不多，由于人口增长，非农业用地增多，耕地面积不断缩小。贵州省人均耕地面积远低于全中国平均水平，土层厚、肥力高、水利条件好的耕地所占比重也非常低[1]。《贵州省统计年鉴》显示，2016年第一产业占国民经济和社会发展主要指标结构比例为57.3%，第二产业占17.2%，第三产业占25.5%[2]。2016年，国内旅游收入贵州占全国比重为12.7%[3]。到2017年，旅游接待人数和旅游总收入分别增长40%和41.6%，旅游业持续"井喷"[4]。

2. 贵州村落产业发展模式研究

贵州是个多民族聚居的省份，在第一至四批中国传统村落名录中，贵州有546个列入。贵州的传统村落和民族村寨保护与发展研究及实践在全国起步较早，20世纪80年代初，即着手开展村寨调查并进行保护试点工作，建立了一批露天民族民俗博物馆。1995年中国和挪威两国政府

---

① https://baike.baidu.com/item/%E8%B4%B5%E5%B7%9E/37015.

② http://www.gz.stats.gov.cn/tjsj_35719/sjcx_35720/ndsj_35724/201711/t20171110_2965639.html.

③ http://www.gz.stats.gov.cn/tjsj_35719/sjcx_35720/ndsj_35724/201711/t20171110_2965681.html.

④ http://www.gzgov.gov.cn/xxgk/jdhy/zcjd_8115/zjjd/201801/t20180125_1092101.html.

联合在六枝特区梭戛乡建立中国乃至亚洲第一个生态博物馆——梭戛苗族生态博物馆（图1），发布了《六枝原则》，其中第九条规定"促进社区经济发展，改善居民生活"。近年来，贵州在实施文化遗产保护"百村计划"中，以建设和转型生态（社区）博物馆为重要抓手，有效保护、合理利用乡村文化遗产资源，立足乡村生态环境优势，大力发展生态产业，促进乡村经济发展，反哺乡村公共文化服务体系建设[①]。

2017年8月3日颁布的《贵州省传统村落保护和发展条例》对传统村落的发展促进有如下规定："在延续传统生产生活方式的基础上，支持传统村落发展特色种植养殖、农产品加工、休闲观光、创意农业等，拓展农业多种功能，促进产业融合发展。"[②]根据笔者的调查，贵州省的村落产业发展模式与《贵州省传统村落保护和发展条例》规定基本吻合，分别列举典型案例如下：

（1）特色种植养殖业

贵州以特色种植养殖产业为发展模式的村落案例，典型的是流芳村。流芳村位于黔东南黎平县茅贡乡，地处308省道上，距黎平县城37公里。全村共173户，有水田面积49.2公顷，旱地13.33公顷，以种植香禾糯稻、籼稻为主，至今流芳村依然保留着稻田养鱼养鸭的传统农耕方式。2005年，流芳村与香港社区伙伴、贵州大学、黎平县农业局、县民宗局合作，联合成立了"茅贡乡有机生态农业基地"，开始尝试有机耕作，历经数年，耕作面积逐步扩展，同时养殖业也完成了相应的转换。全村从2005年的30户逐步发展为全村173户都加入生态农业协会[③]（图2）。

图1　贵州六枝梭戛生态博物馆鸟瞰
（作者自摄，2017年）

图2　流芳村的百姓在插秧
（图片来源：http://yangbo.gydpx.org/qdn/lp/lf/）

2005年开始，有机耕作首先在位于上游山谷里的数十亩稻田中尝试。按照有机认证关于产

---

①　http://www.zjww.gov.cn/news/2015-12-10/1087017666.shtml.

②　http://www.gzrd.gov.cn/dffg/sgdfxfg/31769.shtml.

③　何星. 贵州南部侗族传统农业生态模式研究——以茅贡乡流芳村为研究对象［J］. 四川农业科技，2018（01）：64-67.

品可追溯性的要求，每块田都要设置标识，有编号、面积、作物品种、耕作者名，在试验过程中，还增加了协作者名、肥料、除草及病虫害防治措施的标识，便于比较。最开始的时候用了机械润滑油制作的粘虫板，以及在田里加入少量柴油的方式杀虫，这两种方式均会造成污染，之后改成在稻田里放养鱼鸭等传统方式，以及安装杀虫灯等无污染方式。稻、鸭、鱼生态系统是有机耕作中抑制虫害、杂草和获得肥源以及增加产出的重要手段。流芳转为有机耕作以后，稻田里的水生物和蛙类的密度开始恢复[1]（图3）。

除了有机米、有机鸭、有机鱼等有机产品外，流芳村又进行了有机折耳根、有机玉米等有机蔬菜的种植试验，以及本地小香鸡的养殖，采用林下放养的方式，将流芳村的有机种植养殖产业由单一的种类发展到多种[2]。

在管理模式上，村民合作成立了有机农业协会，选举产生了管理机构，成员由会长、副会长和理事组成。协会的主要工作是将村民组织起来，制定种植和养殖的计划和目标，商划定种植范围界线，进行品种试验，行使监督职能，修筑公共设施和道路，组织培训和学习，传授种植知识，了解销售情况，以及商议其他重要事项（图4、图5）。农户将稻谷卖给协会，协会加工成大米后再出售。利润的20%作为协会办公经费，80%作为协会成员的劳动报酬，每名会员每年可得2000多元[3]。

图3　流芳村的稻田鱼（图片来源：http://yangbo.gydpx.org/qdn/lp/lf/）

---

① 　http://yangbo.gydpx.org/qdn/lp/lf/.

② 　http://yangbo.gydpx.org/qdn/lp/lf/.

③ 　鲍小冬．流芳村："有机农业试验"静悄悄［J］．农家参谋，2012（04）：1.

　　流芳村探索的有机农业发展道路，是建立在乡村人文传统的支撑上，通过农村协会的形式平衡个体与公共利益，同时进行有效的监管，保证产品的品质。对于流芳村农产品是否真正达到有机农业的标准，目前仍存在一定的争议，但这种特色种植养殖业的探索对于贵州村落产业的发展无疑是有益的。

　　（2）休闲观光旅游业

　　贵州以休闲观光旅游产业为发展模式的村落案例，典型的是尧上村。尧上仡佬族民族文化村位于铜仁市石阡县坪山乡，坐落于佛顶山脚下，是佛顶山旅游景区核心景区之一（图6）。尧上村村民通过发展生态养殖、开发旅游产品、办农家乐等方式发家致富，并开发神仙豆腐、黄水粑、烤全羊、打糍粑等地方风味小吃。2014年，尧上村农家乐餐馆12家，商铺十余家，乡村旅舍宾馆5家。通过开发乡村旅游，基本实现户户有产业、人人能就业、全年共接待海内外游客77万人次，实现旅游总收入4.32亿元[①]。

图4　流芳村合作社组织村民讨论　　　　　图5　流芳村村民集体拓宽道路
（图片来源：http://yangbo.gydpx.org/qdn/lp/lf/）　（图片来源：http://yangbo.gydpx.org/qdn/lp/lf/）

图 6　尧上村的环境风貌（作者自摄，2017年）

―――――――――――――――――

① https://baike.baidu.com/item/%E5%B0%A7%E4%B8%8A%E6%9D%91/22161489#viewPageContent.

根据笔者调查，尧上村能发展旅游业带动脱贫致富，且当地村民之间并未因经济利益而形成恶性竞争，其主要原因在于尧上村的旅游管理模式。2003年尧上村为筹备发展旅游业而成立指挥部，全称为"尧上民族文化村建设指挥部"；2005年指挥部开始引导村民开发乡村旅游，召开群众会；2006年村民逐步坚定了对发展乡村旅游的信心，又进一步自发组织成立了"尧上村旅游协会"。

尧上村发展休闲观光旅游业的经验可以归纳为：①协会管理，村民参股，季度清算，年终分红；②"建设指挥部"成员包括县政府的建设、旅游、文广、民宗、电信、移动等多家部门，由部门出资，县委整合部门联动，在基础设施部分进行整体改造；③协会以特色美食带动产业发展，从县城里请专业厨师为村民进行餐饮培训，大大提升了村民的餐饮服务质量水平；④协会本着公平和发展机会均等的原则，为房屋不临街的居民提供尧上村最核心区域——入口广场的摊位，且摊位的具体位置由村民抓阄决定，每一年更换一次，保证公平性（图7）；⑤政府修建样板房，引导农民修房建房，每户给予5000元左右的补贴，大力推进特色村寨建设；⑥协会组织村民编排了一大批仡佬民歌、仡佬民族舞蹈和极具地方特色的木偶戏、毛龙、茶灯、篝火晚会等

图7　尧上村村口广场需要抽签的优质摊位（作者自摄，2017年）

民俗表演，2006年以来，每年的农历二月初一举办"敬雀节"；⑦2013年除夕，央视新闻频道连续3次现场直播尧上仡佬族"六和三角宴·集体过大年"的盛况，2014年CCTV-7《美丽中国乡村行》栏目走进佛顶山进行实地拍摄，这些都提升了尧上村的知名度，推动了旅游发展。

尧上村从一个偏僻的仡佬族山村转变为富饶的特色旅游村寨，与县政府的资助和政策扶持密不可分。尧上村是村民实现自我组织与良性循环的代表，村内各项公共事务以及资源分配等，全由旅游协会决策，很多巧妙的办法均是村民集体商议而得，有效避免了其他旅游区因资源分配不均而产生的矛盾，这也可以作为乡村"组织振兴"的一个典型案例。

（3）创意农业手工业

贵州以创意农业手工业产业为发展模式的村落案例，典型的是地扪村以及茅贡镇。茅贡镇坐落在黔东南黎平县西部，距县城42公里，302省道黎榕公路穿境而过，全乡境内以低中山为主，有15个行政村，包含有11个中国传统村落，有丰富的物产以及传统农耕文明遗产。地扪村位于茅贡乡北部，距离乡在地4公里，全村都是侗族。2004年，地扪侗族人文生态博物馆开始筹建，此后十余年间在探索乡村产业发展发面做了诸多有益的尝试（图8）。近年来，茅贡镇

图8 地扪侗族人文生态博物馆鸟瞰（作者自摄，2017年）

政府又将地扪的经验扩大到茅贡镇，提出了乡村文化创意产业的发展模式，目前仍在持续探索之中。

地扪生态博物馆在十余年的探索中，逐渐摸索出一些跟传统农业和手工业相关的特色产业：一是订制农产品，建立社区生态产业合作社，村民种植小红米、黑糯米，加工茶叶、油茶，酿制特色果酒，腌制腊肉、酸辣椒等农产品和土特产品，销售模式是一对一服务的会员制，由生态博物馆从北京、上海、广州、香港等城市寻找企业和个人客户取得订单；二是传统手工业，由生态博物馆组织，农户自由加盟，聘请专业人员培训传统造纸、制皂、纺织、编制、刺绣等人才，提升产品质量，接受城市客户的订单。

2016年开始，地扪生态博物馆的实践经验被复制和推广到茅贡镇，以茅贡镇为中心，开始了"文化创意小镇"模式的实践（图9）。目的是通过建设茅贡镇，来带动其周边十余个传统村落的发展，合理规划和发展村寨集体经济，严格控制不良资本进村，保护村寨的自然生态和社区文脉，以及乡土文化的承袭与延传。茅贡乡创小镇提出了"乡土文化、乡村物产、乡间手

图9　茅贡乡文创孵化中心鸟瞰（作者自摄，2017年）

艺、乡居生活"为依托的乡村文化创意产业的发展模式。主要内容包括以下几个方面：

一是活化利用老建筑，建设文创小镇功能区。规划建设"百村百工文化创意产业园"，包括：①"粮库艺术中心"——利用茅贡老粮站库房、办公楼等旧建筑、旧厂房，推进实施茅贡老粮站的改造利用工作，建设展览馆、艺术家驻地、书店、文创商店（图10）；②"创客公寓"——利用茅贡老粮站和廉租房建设茅贡创客中心，包括创客工作室和创客公寓（艺术家公寓）；③"百村百工中心"——利用茅贡老供销社进行改造利用，建设百工馆（百村百工展示）、百工学堂（百村百工传承培训）、百工坊（手作坊）、百村市集（传统手工产品集市）①。

二是因地制宜，规划建设百村百工文化创意产业园。包括：①木构建筑营造社——充分利用308省道沿线闲置空地建设贵州匠人乡土建筑营造社（木构建造工场），由全镇辖区内170多名工匠组成，目前已经运营，其生产方式是订单式生产，根据客户需求，通过贵州乡土建造研究所将产品设计好，再由贵州匠人木构建筑工场生产输出，目前已在西江苗寨、肇兴侗寨接到订单（图11）；②农特产品产业园——利用原308省道废弃公路和空旷地带规划建设茶叶交易市场，以及有机米加工厂、茶叶加工厂、茶油加工厂、果酒加工厂、药草皂加工厂、山野采摘加工厂、侗族特色餐饮店等，培育发展地方特色产业，目前已完成2栋办公楼和4栋厂房建设，建成后，计划吸纳200人进厂就业；③统一的营销体系——注重培育发展地方特色产业，对各村的农特产品、旅游产品进行统一管理，统一精加工，统一品牌，统一输出，将旅游产品、农特产品通过粮库艺术中心创意商店、地扪供销社、专卖店等形式销往全国各地②。

图 10　茅贡粮库艺术中心
（作者自摄，2017年）

图 11　茅贡木构建造工场鸟瞰（图片来源：
http://www.anyv.net/index.php/article-1791062）

---

① http://www.qdn.gov.cn/xwzx/xsdt/201703/t20170320_1676452.html.

② http://www.qdn.gov.cn/xwzx/xsdt/201703/t20170320_1676452.html.

　　三是打造升级版的乡居休闲度假颐养胜地，推进茅贡全域旅游试验区建设。跳出旅游发展旅游，避免"只见树木不见森林"的思维模式，将地扪旅游服务区前置到茅贡镇政府所在地，规划建设"茅贡文化旅游产业综合体"。建设"百里侗寨·茅贡旅游服务中心"，延伸建设地扪、登岑、腊洞、樟洞、高近、流芳、寨头等村寨访客中心，完善旅游要素配置，为来访游客提供良好服务①。

　　地扪村和茅贡镇的实践已经持续十余年，在乡村产业发展中，探寻出了一条独特的道路。地扪侗族人文生态博物馆早已通过产业发展实现了自我运营与管理，茅贡乡创小镇也不断吸引着城市里的设计师、大学师生、国外院校专家学者等前往入驻、研究、讲学等，这一创意农业手工业发展模式的探索仍将持续。

　　（4）文化艺术与旅游产业

　　贵州以文化艺术产业为发展模式的村落案例，典型的是隆里古城。隆里古城位于黔东南锦屏县西南边沿，是一座有着600多年历史的古军事屯堡，距县城64公里。隆里，原名井巫城、龙标寨、龙里，明洪武三年（1370）建"龙里卫"，公元1385年明太祖朱元璋第六子朱桢为镇压古州吴勉起义，调集江南九省官军，在隆里设千户所，同时兴建古城，1000余名官兵受命屯垦戍边镇守于此，永乐年间再次修筑古城堡②（图12）。

图12　隆里古城鸟瞰（作者自摄，2017年）

① http://www.qdn.gov.cn/xwzx/xsdt/201703/t20170320_1676452.html.

② https://baike.baidu.com/item/%E9%9A%86%E9%87%8C%E5%8F%A4%E5%9F%8E/2931896?fr=aladdin.

　　隆里古城是中国与挪威合作共建的"贵州生态博物馆群"之一，在建筑遗产保护、传统文化保存方面持续开展工作。自2016年开始，黔东南州政府与中国舞台美术学会合作，在隆里古城每年举办一届"隆里国际新媒体艺术节"，开启了文化艺术与旅游相结合的新模式的探索。

　　2016年10月开幕的首届中国（隆里）国际新媒体艺术节以"黔岭新媒·秘境奂影"为主题，围绕环保、共生、跨界、隆里与世界等元素，倡导把艺术植入生活，用生活激发艺术，全民参与创作，整个艺术节期间调动了全镇总计三四百户人，家家户户以及广大的田野中都有艺术家的作品植入进去，整个古镇变成了一座天然的美术馆。首届艺术节吸引了来自国内外的300多位专家学者，50多位新媒体艺术家，13个高等艺术院校，30多个知名企业参与[①]。五天之内吸引了20多万人到场参观[②]。2017年11月，第二届隆里国际新媒体艺术节开幕，以"艺术、乡村、不确定的空间"为主题，邀请了17位国内外艺术家陆续进驻隆里，进行在地性创作，打造出一场"散落在古城的展览"。古民居、古城墙、古宗祠、稻田、溪水，无处不是新媒体艺术的载体（图13、图14）。

　　隆里古城的旅游发展较早，但多年来知名度较低，游客人数不多。举办新媒体艺术节的目的在于通过逐年积累，形成以"新媒体艺术节"为核心的文化名片，利用品牌效应，"以节促游"，有力推动隆里古城旅游产业的增长。从目前的效果来看，新媒体艺术节，确实为隆里古城的旅游发展做出了较大贡献，但除此之外的其他时间，隆里古城的产业发展进程仍较缓慢。

图 13　第二届隆里国际新媒体艺术节院落内的展览（作者自摄，2017年）

①　http://expo.ce.cn/gd/201610/03/t20161003_16472095.shtml.

②　http://www.chinanews.com/cul/2017/10-23/8358855.shtml.

图 14   第二届隆里国际新媒体艺术节大地中的展览（作者自摄，2017年）

二、楼上村的产业发展现状与展望

1. 石阡县的产业发展现状

石阡县是铜仁市下辖县，位于贵州省东北部，铜仁市西南部，2015年总人口46万，其中包括仡佬、侗、苗、土家等12个少数民族，占总人口的68%。石阡县地处湘西丘陵向云贵高原过渡的梯级大斜坡地带，境内山峦起伏，沟谷纵横，东南高、西北低，岩溶地貌明显。石阡是以农业为主的县，主要产品为粮食、肉类、禽蛋，以及烟叶、茶叶等，近年来旅游收入增长明显。石阡县未来发展的重要产业为温泉旅游业、台茶种植与加工等。

2. 楼上村的产业发展现状

楼上村处于石阡县城西南，位于由廖贤河形成的河谷地带，属于山地型聚落。廖贤河南岸为典型的喀斯特地貌，村落东、北、西面山势比较平缓，土层较为深厚，适合栽植经济林木，南部的梯田基本上位于龙洞湾与天福古井两处泉眼的下方，引水灌溉比较便利，因此主要开垦为水田，春夏季节种植水稻，水稻收获后的秋冬季节则将梯田内部的水放干，种植油菜、花椰菜等蔬菜。由于原生地的农业已无法支撑楼上村村民的经济发展，农业收入不够家庭开支，与贵州大多数村落一样，楼上村中的年轻人大多外出打工挣钱，少部分人外出求学，村中的梯田有一部分已经荒废，且这一荒废趋势仍在逐年增加。

农业之外，在政府的扶持下，村民曾尝试发展旅游业和民宿业。2006年左右，村中约有10户人家开办了民宿；到2008年，民宿业瘫痪两年；2015年，县旅游办（局）免费补助每户农家乐2张床以及床上用品，2台空调，现金8000元。至今，村中尚有4家民宿勉力维持运营，但经营状况并不理想。根据村民访谈记录，农家乐以及民宿产业发展主要受以下因素制约：发展规模受限，宣传不足，现有游客较少；政府时有拖欠餐宿费用；供水问题尚未解决，有时供水不足。

3. 楼上村的产业发展展望

根据国家文物局《全国重点文物保护单位和省级文物保护单位集中成片传统村落整体保护利用工作实施方案》《关于国保省保集中成片传统村落楼上村古建筑群保护修缮和环境整治工程立项的批复》及贵州省文物局《关于贵州省10个全国国保省保单位集中成片传统村落整体保护利用工作安排的通知》等文件的要求，在县委县政府领导下，石阡县成立了楼上传统村落整体保护与发展项目建设指挥部，由县委常委任指挥长、乡党委书记。作为实施主体，国荣乡党委、政府，县文广局、文物局等部门在相关部门的支持配合以及专家顾问团队的参与推动下，以"文化遗产保护"带动周边村落整体发展为思路指导，结合正在实施的国荣乡极贫乡脱贫攻坚的产业发展布局，希望走出一条"跳出文化保护文化、跳出旅游引领旅游、跳出楼上发展楼上"的传统村落保护、利用、发展的路径。

（1）通过基础设施与中心集镇建设回应乡村人的"城愁"

未来的乡村既要成为城市人寻找"乡愁"的家园，同时也要满足乡村人对"城愁"的需求。楼上村及周边村寨属于国荣乡，其在城乡融合方面的措施包括以下两个方面：

一是修筑基础设施，尤其是道路工程。2015年，借助旅游发展大会的时机，修通了石阡到楼上的柏油路；2016年，结合易地扶贫搬迁，改修了楼上村入口的公路；2017年，在坪上原有道路的基础上，进一步提升和连通坪山的产业路；2017年，开始建设中坝温泉小镇到白沙的二级公路，在新寨修建游客服务中心，同时开始建设旅游电瓶车道，由新寨沿廖贤河谷直达葛宋。由此，国荣乡共形成了三条环路：山顶产业路、山腰进村路、河谷旅游路。

二是集中建设中心集镇国荣乡。国荣乡集镇建设将投入约2.5亿元，大多数用于政府、学校、商场等公共服务建筑，使其成为该地区设施完善、配套齐全的中心集镇，让城市的生活便利度能下延到村镇，便利国荣乡各村寨的居民，回应他们"城愁"的需求，真正做到城乡融合。

（2）整合扶贫资金，以"田园综合体"模式布局产业发展

楼上村所在的石阡县国荣乡是贵州省的20个极贫乡（镇）之一，脱贫攻坚任务重、压力大。为此，国荣乡制定了"1+3"产业发展规划，以茶叶为主导，大力发展乡村旅游业、苗木苗圃以及特色种养殖。整合扶贫基金低息贷款、苏州相城区的对口帮扶资金等，全部投入扶贫基础设施及产业发展中，并提出了"个、十、百、千、万"工程，即"打造一个田园综合体，引进十个企业，成立百个专业合作社，种植千亩花卉苗木，形成万亩茶园，养殖十万羽特禽、蛋鸡，培养百万棒食用菌"。

目前，脱贫攻坚在产业上的投入已初见成效。坪上已获得"省级生态茶叶种植示范园区"称号，南部田园综合体已建成茶叶加工厂一家、工业辣椒加工厂一家、食用菌加工厂一家、兔场和鸽场各一家。

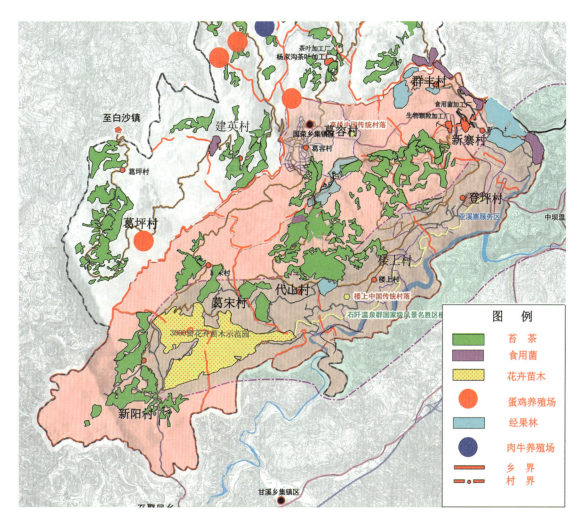

图15 国荣乡南部田园综合体特色种养业分布图
（曹晓楠根据国荣乡政府提供资料绘制）

（3）以楼上村为中心，与周边村落形成"1+8"的整体产业局部

楼上村及国荣乡南部的8个村子，均位于廖贤河及其支流形成的河谷地带内，各村落间相距2–3公里，通过血缘、亲缘、交通、生产、防御、教育、信仰等活动，形成了相互认同的社会交往圈和"十里八乡"的传统活动空间。而楼上村正是这一历史区域的中心地带，也是传统地理空间认知体系的中心和参照。

由于文化地理特性和历史关联性，国荣乡南部8村在产业发展时，整体统筹考虑，通过建设新的田园综合体，形成"1+8"的产业整体发展模式，将以楼上村"文化遗产保护"为核心，以文化引领下的整体旅游发展为引擎，以周边村寨的新型农业为依托，跳出楼上村自身发展的瓶颈，从而避免了在楼上村有限的范围内发展旅游业与文化遗产保护的冲突。

（4）以楼上村"文化遗产保护"为核心，带动周边村落整体发展

根据文物保护规划，楼上村的"文化遗产保护"范围不仅包括古建筑群，还包括梯田、山水等文化景观。由于传统农业已经无法支撑乡村未来的经济发展，为了保护楼上村的传统农业景观，继续保持水稻、油菜、小麦等传统农作物的耕种，需要通过周边村寨大力发展茶叶、花卉苗木、果树、食用菌、中药材等新型农业，用以反哺楼上村的传统农耕文化。

另一方面，楼上村是周边最具有知名度和文化价值的村寨，通过特色农产品和农耕文化的输出，将成为带动周边村寨产业发展的新引擎。这主要包括两条途径：

一是在楼上村建立百村市集，包括百村好食材展销中心（农特产）、百村好手艺展示中心（手工品）、百村好味道品鉴中心（美食汇）、百村好去处推广（乡村游）中心，将周边村寨的农产品、手工业品等均在百村市集进行集中展销。

二是依托楼上村发展整体旅游，使周边村寨获得均等的发展机会。如果仅仅围绕楼上村做旅游的话，将会剥夺周边村寨发展旅游的机会，而在"1+8"的整体发展模式下，沿廖贤河谷正在修建旅游电瓶车道，沿线村寨均将获得旅游发展的机会，以楼上村的传统农耕文化系统性展示为核心，带动楼上村及周边区域旅游的共同发展，同时也将大大缓解楼上村发展旅游所带来的交通、餐饮、住宿、环境等对文化遗产保护的压力。

（5）楼上村未来的生活模式——打造乡居慢村模式

1999年，意大利发起了国际"慢城"运动。"慢城"是指人口在5万人以下、放慢生活节奏的城镇、村庄或社区，反污染、反噪音，支持都市绿化，支持传统手工方法作业，没有快餐区和大型超市。至今，全球共有24个国家的135个城市被授予"慢城"称号，其中意大利的数量最多。亚洲的日本、韩国都有慢城，高淳桠溪镇是中国第一个慢城。

楼上村今后的发展可以参照欧洲的"慢城"模式，探索和打造出属于中国传统农耕文明背景下的"中国慢村"。通过降低人口密度，反对污染，支持传统手作技艺，真正放慢生活节

奏，形成中国传统文化中的"诗意田园"的意境，成为一种新生活方式的倡导者，从而吸引对此感兴趣的游客、专家、学者，让一部分外来人融入乡村，与乡村人互动和互补，一同为保护乡村遗产而努力奋斗。

（6）楼上村未来的文化保护——实践生态博物馆理念

楼上村计划建立生态博物馆，将楼上及周边的村寨均纳入其范畴，周边的山水与田园、建筑与遗址、非物质文化遗产，以及村寨里生活的人均作为生态博物馆的有机组成部分，通过长时间乡村文化记录、整理、研究，以及乡村创意产业的培育，对内传承文化，对外传播文化，从而持续探寻"活态乡村遗产"的保护与发展路径。

三、小　结

乡村遗产是贵州省最重要的文化资源之一，是旅游和经济发展的重要推手，而贵州的乡村遗产保护实践在全国范围内开展较早，介入团队最多，受外界关注。贵州省政府也高度重视传统村落的保护与发展，下发了《贵州省人民政府关于加强传统村落保护发展的指导意见》,颁布了《贵州省传统村落保护和发展条例》，始终将传统村落的保护与发展并重。

经过二十余年不间断的工作和探索，贵州的乡村遗产保护实践既有成功的经验，也有失败的教训。比如，贵州在乡村文化记录、整理、传播，非物质文化遗产保护，环境治理，基层社区组织建设等方面取得了一定成效；但在乡村产业发展、乡村建筑群风貌控制、乡村人才培养等方面就不尽如人意。其中，困扰最大的仍是乡村发展内在动力不足的问题，贵州省在乡村中进行了多方面的产业发展尝试，包括特色种植养殖业、休闲观光旅游业、创意农业手工业、文化艺术与旅游产业等，但目前尚没有特别成功有效的案例可供借鉴。

在此背景之下，楼上村的产业发展吸收了其他乡村的经验和教训，提出"跳出文化保护文化、跳出旅游引领旅游、跳出楼上发展楼上"的整体发展的新模式。在扶贫政策支持下，楼上村及其周边村寨以"1+8"的"田园综合体"形成共同发展的整体，通过在周边村寨进行产业升级布局，在保护楼上村文化景观的同时，也带动百姓的集体脱贫致富。未来的楼上村与周边村落的发展，将再次以楼上村为核心，以"田园慢村"为发展目标，通过建立百村市集，采用生态博物馆的工作方法，以楼上村为窗口，逐步形成文化引领下的乡村价值和乡村产品的输出渠道，从而解决乡村发展的内生动力问题。

第 十 三 章

村落型文物保护单位保护规划编制与遗产地可持续发展

文物保护规划的编制与文物保护单位所在地的发展密切相关。特别是具有活态遗产与文化景观属性的村落型文保单位，其保护规划与当地民生、景观环境、基础设施等问题均有紧密的联系，也与我国乡村振兴战略关系重大[①]。

一、村落遗产地的可持续发展

1. 自由发展观中发展的定义

今天，我们每每谈到的发展似乎更多指向经济发展，这也是传统发展理论的观点。发展主义（developmentalism）意识形态认为经济增长是社会进步的先决条件[②]，发展的对立面是量化的经济不发达。这种发展观显然有悖于文化多样性理念，忽视了文化资本、社会资本等发展要素。诺贝尔经济学奖获得者阿马蒂亚·森建立了自由发展观，他认为发展是"扩大人们享受的真实自由的一种过程"[③]，经济增长是实现这种发展的途径之一，但并不是唯一的途径。

我国一直以来试图通过现代化进程来推动发展。现代化始于18世纪西方世界，也是目前世界普遍推行的发展渠道，它包括工业化、城市化，以及识字率、教育水平、富裕程度、社会动员程度的提高和更复杂的、更多样化的职业结构等内容[④]。现代化虽然始于西方，但非西方国家的现代化

---

① 详见2017年10月18日习近平同志在十九大报告中关于实施乡村振兴战略的内容。

② 许宝强，汪晖. 发展的幻象［M］. 北京：中央编译出版社，2001.

③ 马蒂亚·森. 以自由看待发展［M］. 北京：中国人民大学出版社，2002：30.

④ 塞缪尔·亨廷顿. 文明的冲突与世界秩序的重建［M］. 北京：新华出版社，2002：58.

过程未必要全盘西化。塞缪尔·亨廷顿发现非西方社会现代化发展模式是一个由吸收西方文化因素到本土文化复兴的过程①。现代化发展并不是全球文化的一体化，而是文化多元化的过程。

文化在发展过程中扮演重要的角色。根据自由发展观，发展即可行能力的提高。可行能力（capability）是实现各种不同生活方式的自由，包括资源性能力、制度性能力与文化能力等方面②。通过这些能力建设，人们才能拥有充分的自由，以对世界的充分了解（知识的获得）为前提，自主选择未来的道路。这样的发展方式也是文化认同构建与延续的过程。文化遗产是对社会文化的表达，我们保护文化遗产的目的在于促进文化内部群体的认同以及文化之间的理解，推动世界多元发展，最终达到文化自由③。文化自由与可行性能力培育沟通了自由发展观与可持续发展观，也是科学发展观的基本要求④。

2. 文化遗产与可持续发展

1987年世界环境与发展委员会发布关于人类未来的报告——《我们共同的未来》，正式提出了可持续发展的诉求⑤。此后，不同学科专业的研究者从环境、社会、经济与科技等各个方面分析可持续发展的目标与途径，生态环境、经济增长、社会公平之间的平衡与发展成为可持续发展的三个重要支柱。21世纪以来，随着研究者对可持续发展理论内涵的扩展，文化成为可持续发展的第四个支柱。2013年杭州市政府与联合国教科文组织共同举办了"文化：可持续发展的关键"国际会议并通过了《杭州宣言》，"将文化置于未来可持续发展的核心地位"⑥。文化遗产由此也成为可持续发展中的关键要素，推动着遗产地的均衡发展。

在乡村研究中，不少学者采用生计策略探讨可持续性，将人力、自然、物理、经济与社会资源综合考虑到生计策略之中，强调当地组织的重要性⑦。在村落型文化遗产的保护与可持续发展中，目前已有研究和实践多从社区营造、协调发展与产业话的视角展开⑧。应当在这些研究与

---

① 塞缪尔·亨廷顿. 文明的冲突与世界秩序的重建［M］. 北京：新华出版社，2002：58.

② 张小军，裴晓梅. 能力与贫困：中国城市贫困人口的个案研究［M］. 香港：香港社会科学集团，2007：2.

③ 文化自由的概念可参见联合国开发计划署. 2004年人类发展报告：当今多样化世界中的文化自由［G］. 北京：中国财政经济出版社，2004.

④ 详见胡锦涛在党的十七大上题为《高举中国特色社会主义伟大旗帜　为夺取全面建设小康社会新胜利而奋斗》的讲话。

⑤ 参见世界环境与发展委员会. 我们共同的未来［M］. 长春：吉林人民出版社，1997.

⑥ 参见UNESCO. 杭州宣言：文化与可持续发展，2013.

⑦ 参见Michaud, J. *Moving Mountains: Ethnicity and Livelihoods in Highland China, Vietnam, and Laos*. Vancouver: UBC Press，2013. 及WeinsteinJ. L. *Empire and Identity in Guizhou: Local Resistance to Qing Expansion*.Seattle: University of Washington Press，2013.

⑧ 谢景连，王健，王金元. 传统村落保护发展的新理念、新思路、新对策——2016传统村落保护发展论坛会议综述［J］. 原生态民族文化学刊，2016（04）：103–108.

实践中延续生计观念，将文化传统、物质空间、村落环境、生产生活方式整合起来，强调文化元素及文化主体性，推动遗产地居民的文化自觉与文化自信[①]，建立起自由发展观与可持续发展观的联系，协调保护与发展的关系。

二、在村落型文保单位保护规划中贯彻可持续发展理念

1. 协调保护与发展的关系

我国文物保护要求贯彻"保护为主，抢救第一，合理利用，加强管理"的基本工作方针。在文化遗产发展的不同时期，我们对保护工作重点有所侧重。新世纪以来，我国已基本达成文化遗产的基本保护条件，转向更为侧重与社会生活相结合的利用与管理，工作重点体现在对中华优秀传统文化的传承上，通过合理利用"让文物活起来"[②]。由此，我们在文物保护规划中也尤其需要突出保护与发展的协调关系。

乡村振兴是村落型遗产地发展的目标，保护规格可以通过相应的手段推动现代农业产业化、生产经营信息化、乡村治理法制化、乡风建设文明化[③]，达成乡村振兴战略。在文物保护规划编制过程中，可以通过价值评估、保护对象认定、保护区划与专项规划等建立起保护与发展的统筹关系。从楼上村案例来看，本书前面几章分别就价值评估中提出遗产保护与当地发展的社会价值（第二章）、保护对象认定中考虑居民生活需求（第四章）以及保护区划与遗产地发展的关系（第三章）进行了论述，本节主要从专项规划的方面展开阐述。

各专项规划既包括针对文物本体的保护措施，也有环境规划、展示规划、管理规划等与遗产地发展密切相关的组成部分，通过这些专项规划可以初步实现协调保护与发展的关系。在保护措施方面，文物建筑的修缮关注本体，而在消防安防设施上则将整个村落的三防工作、基础设施建设考虑在内，希望以保护资金带动村落设施的提升，尤其是在供水、供电方面，既要尊重村民意愿与传统，又要进行必要的质量改善，与区域基础设施发展相匹配。环境规划对遗产地的影响深远，用地性质、建筑风貌与景观维护均与村民的生产生活密切相关。我们在确保文物安全的前提下，基于村民更多的自主权，为未来发展留有余地。展示与管理也充分考虑当地传统与未来发展的可能性，对利益相关者的需求与区域产业发展均做调研的基础上开展初步规

---

① 潘英海. 关于文化主体性与传统村落的可持续发展［J］. 旅游学刊，2017（2）：2-3.

② 参见人民网2016年04月13日文章《习近平谈文物保护工作的三句箴言》（http://politics.people.com.cn/n1/2016/0413/c1001-28273470.html）.

③ 周其森. 实现乡村振兴战略的四个着力点［N］. 经济日报，2017-12-22（015）.

划。这些专项规划之间的关系也是紧密的，通过改善基础设施（第九章）、调整产业结构（第十二章）、加强遗产管理（第十章）、系统展示价值（第十一章）等手段，全面地促进遗产地的发展。

2. 村民的参与感与获得感

参与式发展是我国建设民主社会必需的一种发展方式，遗产保护中的社区参与至关重要，社区通过参与遗产保护与管理，可以增强文化认同，培养能力建设，最终服务于遗产地的可持续发展。

从目前我国遗产保护体制来说，各级政府的文物职能部门在遗产认定、工程实施方面均为主导者。近年来，社会力量参与的遗产保护逐渐增多，政府也鼓励社会力量积极参与到文物的合理利用之中[1]。在这样的背景下，遗产保护中的社区参与不仅仅是传统意义的被动式参与，而且是在乡村遗产中，村民们通过建立合作社或其他形式的集体经济，自主自觉地参与到遗产地保护与开发之中。

在文物保护规划中，可以通过多种途径实现社区参与，例如文化绘图、问卷调查、日常维护、联合管理等。通过不同形式的参与，村民们逐渐在精神、物质与管理层面上增强了获得感，真正达到文化自由，推动遗产地的可持续发展。

3. 遗产专家的角色

文物保护一直被视为一种专业技术工作，从业者多是建筑学、考古学等专业培养的技术性人才。随着泛遗产化时代的到来，遗产保护涉及越来越多不同的利益相关者。特别是在活态文化遗产的保护工作中，文化延续的重要性似乎超越了物质性保护的技术问题，成为社会伦理与文化伦理的议题。遗产专家的单一角色也有所转变，逐渐由决策者转变为协调员（facilitator）[2]，协调着不同人群在保护与发展中的平衡。

在文物保护规划中，遗产专家的协调工作更是显而易见，不仅仅要确保文物安全，更要协调各专项规划之间的关系。这就要求遗产专家不再是某一学科、领域的专业技术人员，更要有多学科的团队协作，要有更为广阔的视角思考遗产保护与可持续发展的关系。同时，我们也将文化遗产视为一种文化过程[3]，遗产地保护或其他建设活动均处于这一过程之中，在规划修编中如何鼓励、引导社区参与是其中最核心的文化过程，其重要性远远大于规划本身。

---

① 参见中国文物网第308期专题"社会力量：文化遗产保护的生力军"（http://www.wenwuchina.com/News/zhuanti/2014SocialForces/index.html）。

② 参见Smith, L. &Waterton, E. *Heritage, Communities and Archaeology*，2012.

③ Smith, L. *Uses of Heritage. Archaeology*. London: Routledge，2006.

三、文化遗产保护在乡村振兴中的作用——楼上村的经验

1. 我国乡村振兴发展历程

2017年10月18日习近平同志在十九大报告中提出实施乡村振兴战略，开启了我国新一轮乡村振兴建设。从历史发展的角度来看，我国现代乡村建设与振兴大致可以分为1930、1950、1980年代与2000年后共四轮。

早在清末，我国知识分子就开始探索乡村衰落的原因与乡村发展之路。1920—30年代，一批留美、留日的知识分子展开了救济乡村的社会改良运动，形成了不同的乡村建设理论与模式[①]，包括梁漱溟与山东乡村建设研究院在山东邹平、菏泽和济宁乡村建设运动实验的"邹平模式"，晏阳初与中华平民教育促进会在河北定县、湖南衡山和四川新都实验的"定县模式"，卢作孚在重庆北碚开展的"北碚模式"，黄炎培、江恒源等人与中华职业教育社在昆山徐公桥、镇江黄墟、沪郊等地实验区开展的"徐公桥模式"，陶行知与中华教育改进会创办晓庄学校的"晓庄模式"。1950—60年代的土地改革运动是新一轮乡村"改造"运动，彻底改变了沿袭千年的传统乡村社会关系。1980年代改革开放后家庭联产承包责任制的确立恢复了家庭作为乡村社会基本生产经营单位，再一次改变了乡村结构。新世纪以来，多项国家政策涉及乡村问题，如2002年十六大提出城乡统筹，2003年农村税费改革，2005年"社会主义新农村"发展战略。近年来，在社会团体或个人主导的乡村建设实验，包括温铁军的晏阳初乡村建设学院、小井庄"社区发展基金会"实验、何慧丽的兰考实验、高战的苏北农会实验、黄柏峪可持续发展示范村工程、华润慈善基金会与王伟强在广西百色进行的"华润希望小镇"乡村建设实验等。

在贵州等西南省份，以文化遗产保护为导向的乡村振兴也在逐步开展，形成了花溪镇山村、剑河展留村、锦屏隆里村、雷山控拜村、黎平地扪村、荔波水利村、榕江大利村、台江反排村等特色案例。

2. 乡村振兴中的村落型文物保护单位

自2013年"美丽乡村建设"提出以来，如何保护传统村落之美成为学界关注重点。文化

---

① 参见梁漱溟. 乡村建设理论［M］. 上海：上海人民出版社，2006. 毕先进. 乡村治理："邹平模式"与"延安模式"的比较研究［D］. 山东大学，2013. 魏本权，柳敏. 青岛模式与邹平模式：民国山东乡村建设模式的比较研究［M］. 济南：山东人民出版社，2013. 王金霞，赵丹心. 定县模式–北碚模式：两种不同乡村建设模式的取舍［J］. 河北师范大学学报（哲学社会科学版），2005（03）10-14. 郝宏桂. 晏阳初"乡村建设"理论与实践的历史启示［J］. 民国档案，2006（04）：71-75. 苟翠屏. 卢作孚、晏阳初乡村建设思想之比较［J］. 西南师范大学学报（人文社会科学版），2005（05），129-135. 等。

遗产在地方发展中可以发挥多种推动作用，继承并延续优秀传统文化能够更好地保护村落人文与自然之美，提高社区文化认知与文化自觉，也可以通过开发遗产相关产业而推动地方经济发展，促进乡村振兴。

我国有多种不同类型的村落遗产（详见第三章），其中文物保护单位中的村落遗产价值最为多样。在其保护规划及其他相关保护工程的开展中，应当考虑文物保护与乡村振兴的关系，可以从遗产定义的解读、价值展示与利用、产业发展等角度在保护遗产的同时促进遗产地的可持续发展。我们应当以更加宏观的视角认识遗产，将乡村耕作传统、生活习俗、社会结构、资源利用方式等均视为遗产的组成部分，通过对这些遗产要素的研究与保护，延续传统文化，推动社会和谐，并对这些文化资源的价值开展多种方式的展示，开发相关产业，延续或重新建立可持续的社会发展模式。

3. 楼上村的经验

在楼上村古建筑群文物保护规划编制过程中，我们统筹考虑保护与发展的问题，从调研工作开展初期，即思考如何更好地通过参与式发展的方式提高村民的获得感①，推动乡村振兴。在规划策略制定、具体措施设计环节，更是通过不同专项规划协调保护与发展的问题。

我们在规划编制中尽可能地听取不同利益相关者的意见与建议，包括各级地方政府文物、建设、旅游等职能部门，也包括楼上村的村民及周边其他村庄居民。我们试图协调不同利益方的想法，在实践操作中可谓十分困难。费孝通先生曾在《江村经济：中国农民的生活》中提出"差序格局"理论②，在楼上村这个汉族移民村落中也显而易见。村民们对遗产保护、乡村发展并非同心同德，农家乐的几起几伏、旅游公司的运营管理、村委干部的各种传言，其中均能看到不同支系之间的矛盾。这种现象也不仅仅是遗产村落开发中的问题，正如费孝通先生指出的，这是我们国家传统社会的基本情况。

遗产保护是一个社会文化过程，遗产化的进程中充满了话语权的较量。在规划文本中我们应当客观表述还是主观评判？我们的规划设计是否能够做到最好的、为大多数人的设计？还是仅仅成为另一种权威话语（Authorized Heritage Discourse）③？我们看到不同时期、不同模式的乡村振兴大多也是来自外部干预，他们是否能够表达真正的自觉的发展？作为具有法律效用的文保规划编制者，我们试图对未来保留更大的可能性，以自由发展观看待乡村振兴，避免村民成为发展的受害者④。

---

① 李小云. 参与式发展概论：理论–方法–工具［M］. 北京：中国农业大学出版社，2001.

② 费孝通. 江村经济：中国农民的生活［M］. 上海：商务印书馆，2001.

③ Smith, L. *Uses of Heritage. Archaeology*. London: Routledge，2006.

④ ［美］约翰·博德利. 发展的受害者［M］. 北京：北京大学出版社，2011.

　　也许我们的规划未必能够成功实现所有的既定目标，未必能够真正达到文化自觉与乡村振兴，但至少我们在项目开展中收获了很多友谊，也向村民们表达了我们对于地方文化的尊重与对发展的认识。尤其在与村中志愿青少年的接触中，思想的交流与观点的交互可能会影响他们未来的决定，他们才是村落的未来。他们可以选择延续或创造新的生产生活方式与社会组织形式，守护或创新地方文化与村落景观。同时，也希望我们的经验可以引发读者的思考。

附　　录

全国重点文物保护单位楼上村古建筑群
保护规划说明

1. 总　则

1.1 规划概况

1.1.1 规划概况

楼上村古建筑群是中国第七批公布的全国重点文物保护单位。

楼上村古建筑群的公布所在地为贵州省，公布类型为古建筑，公布批号为7-1362-3-660，公布地址为贵州省铜仁市石阡县。

本规划为文物保护单位保护规划。《全国重点文物保护单位——楼上村古建筑群保护规划》依据国家有关文物保护的各项法律、法规文件编制而成，遵循相关的文物保护、风景名胜区保护、生态环境保护、文化旅游等各方面的基本原则，是针对楼上村古建筑群及其历史环境而编制的文物保护专项规划。

1.1.2 编制依据

（1）国家法律法规

《中华人民共和国文物保护法》（2017年）

《中华人民共和国文物保护法实施条例》（2016年）

《中华人民共和国城乡规划法》（2015年）

《中华人民共和国环境保护法》（2015年）

（2）规范性文件

《全国重点文物保护单位记录档案工作规范（试行）》（2003年）

《全国重点文物保护单位规划编制要求》（2017年）

《全国重点文物保护单位保护规划编制审批办法》（2004年）

《文物保护工程管理办法》（2003年）

《全国重点文物保护单位保护范围、标志说明、记录档案和保管机构工作规范（试行）》（1991年）

《文物建筑消防设施设置规范》DB11 / 791–2011

《古建筑防雷工程技术规范》GB51017–2014

《历史文化名城名镇名村保护条例》（2008年）

《贵州省文物保护条例》（2017年）

（3）国际宪章、公约与文件

《中国文物古迹保护准则》（2015年）

《国际古迹保护与修复宪章》（1964年）

《关于在国家一级保护文化和自然遗产的建议》（1972年）

《奈良真实性文件》（1994年）

《国际文化旅游宪章》（2002年）

《关于保护遗产地精神的魁北克宣言》（2008年）

《文化遗产阐释与展示宪章》（2008年）

（4）相关文件

《关于进一步做好文物保护"五纳入"的通知》（国家文物局等七部门，2004年）

《关于加强文化遗产保护工作的通知》（国务院2006年2月）

《关于加强古建筑日常保养维护工作的通知》（国家文物局2015年3月）

《关于全面加强文物工作的实施意见》（贵州省人民政府2017年10月）

《楼上周氏族谱》（2008年5月）

《石阡县国荣乡楼上历史文化名村保护规划（2006–2020）》（2010年10月）

《石阡县旅游发展规划（2011–2020）》（2011年12月）

《石阡县县城总体规划（2011–2030）》（2012年12月）

《楼上村古建筑群全国重点文物保护单位记录档案》（2014年10月）

《石阡温泉群国家级风景名胜区——楼上古村景区旅游服务村修建性详细规划（2015–2025）》（2015年4月）

《石阡温泉群国家级风景名胜区总体规划（2016–2030）》（2016年5月）

《石阡县国荣乡楼上村传统村落保护发展规划（2014–2030）》（2014年）

《石阡县志》（1992年）

1.1.3 规划范围

《楼上村古建筑群保护规划》是以楼上村古建筑群为核心的综合性保护规划，规划范围包括楼上村古建筑群文物本体及其所处环境。规划重点研究范围为楼上村古建筑群历史格局范围，总面积约8.42公顷。规划研究范围以楼上村为中心，扩展至周边农田、山林、河流与村落，范围约62.97公顷。另外根据景观要素保护需求，楼上村所在小流域的生态环境规划也在本规划考察范围之内。

1.1.4 规划期限

规划期限为18年，分三期实施：

（1）近期2018年—2020年（3年）

（2）中期2021年—2025年（5年）

（3）远期2026年—2035年（10年）

1.2 区域概况

1.2.1 地理区位条件

楼上村位于贵州省东部、铜仁市西部、距石阡县城15公里的国荣乡（图1），处于东经108°07′，北纬28°41′的范围内。楼上村地处佛教名山——佛顶山脚下，与省级佛顶山自然保护区紧密相连，被誉为"佛顶山下的明清古村落"，是贵州省重点文物保护单位。

1.2.2 行政区划

楼上村古建筑群位于贵州省东部，铜仁地区西部，石阡县西南部，国荣乡廖贤河畔，距石阡县城15公里。

村落面积4.2平方公里，现有331户，1556人，周姓占95%以上。现有耕地面积1087亩，其中：田832亩，土255亩。主要经济来源为农作物收入、外出务工收入以及各种特色产业收入等。

1.3 自然概况

1.3.1 地形地貌与区域气候

楼上村所处地以岩溶地貌和侵蚀地貌为主，间杂多种地貌类型，北高南低，有山地，也有沟谷盆地、丘陵等。所在地土壤有地带性黄壤、石灰土、紫色土、潮土、山地黄棕壤。楼上村属亚热带湿润性季风气候，年平均气温16℃，年平均降水量为1095毫米，全年无霜期280—295天左右，全年日照较多。总的气候特征是雨量充沛，光照充足，气候温和，四季分明，无霜期长。

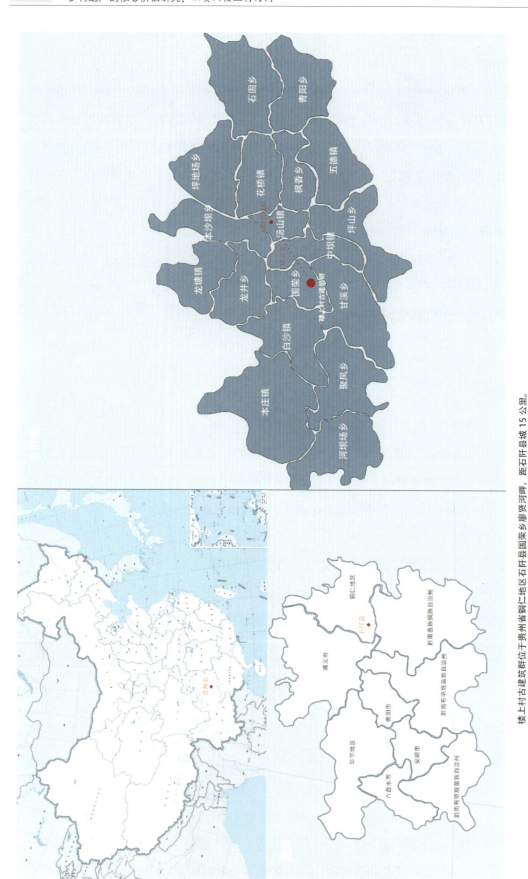

楼上村古建筑群位于贵州省铜仁地区石阡县国荣乡廖贤河畔，距石阡县城 15 公里。
2004 年 12 月，石阡县人民政府将楼上村古建筑群楼上村古建筑群公布为县级文物保护单位。2006 年 6 月，被贵州省人民政府公布
为第四批重点文物保护单位。2008 年 12 月，被中华人民共和国住房和城乡建设部、国家文物局公布为中国历史文化
名村。

图 1　楼上村古建筑群区位图

1.3.2 水文条件

楼上村属发源于佛顶群山的乌江水系，其水域特征是：山高谷深，冲沟密布，排水条件好，地表河流发育完整，坡降大，多急流、跌水瀑布，水资源丰富。域内主要河流有廖贤河。

1.3.3 自然资源

古寨前有大面积梯田，一直延伸到廖贤河边；古寨后有苍山点缀，周围苍松翠柏古树环抱。廖贤河峡谷以河谷为主体，以奇峡、险峰、碧水、瀑布、溶洞为主要特征，构成雄奇秀美的自然风光。

1.3.4 旅游资源

石阡楼上古寨历史悠久，人杰地灵，蕴含着丰富的旅游文化资源，集古楼、古屋、古巷、古桥、古井、古树、古墓、古书、古风、古韵于一体——拥有北斗七星古树、戏楼、梓潼宫、千年紫荆、九子十秀才墓、龟纹石、猴子岩、倒栽松、椿楦墓、楠桂桥、天福古井等多处人文景点。楼上村的民居建筑布局特别，以"歪门斜道"著称，有着神秘的村建风水学说，少数民族风情浓郁，是乡村旅游的胜境。

2. 文物概况

2.1 文物概况

2.1.1 楼上村古建筑群概况

楼上村古建筑群位于贵州省铜仁市石阡县国荣乡廖贤河畔，距石阡县城15公里。据《周氏家谱》载，楼上村始建于明弘治六年（1493），始祖周伯泉避难图存，贸易入黔，形成周姓村民聚族而居的村落（图2）。

楼上村为行政村，包含8个自然村与10个村民小组，分别是凉水井（1组）、正楼上（2组）、梓潼寺—上殿（3组）、梓潼寺—下殿（3组）、仁佳寨（3、4、5、6组）、下苗寨（7、8组）、上苗寨（9组）与小屯寺（10组）。其中仁佳寨即楼上古寨，也是本规划的重点规划范围。规划除特殊说明外，楼上村均指仁佳寨自然村。

梓潼宫、戏楼是位于楼上古寨东面村落入口处（寨尾）的公共建筑群，与古枫树、柏树、松树等组成的风水林构成村落入口景观。天福古井是村中重要的生活建筑，至今仍在使用。民居建筑坐北面南，200余栋民居中，有明代建筑2栋，清代建筑13栋，民国建筑20栋，多为四合院、三合院的形制。全村民居多为三合院，正房三间，两边各配有干栏式厢房两间，龙门呈八字形状，不正对堂屋。民居正房中堂多挂牌匾，并设有祭祀祖先及神佛的香火，窗棂间镶嵌精

图 2　楼上村古建筑群鸟瞰

雕细刻的人物、鸟兽、虫鱼、神鹿、花卉等图案。村寨中古墓多处，阴宅阳宅相依相靠。古墓葬多为石质镶边，前立四柱三间牌楼式碑，每座墓长4-4.5米不等，宽2.8-3.2米不等，碑高1.6-3米不等。古寨坐东北面西南，依山而建，各巷道均以青石板铺路，斑驳凹凸，巷宽2-3.5米，并有0.3-0.4米宽的排水沟与之平行。

2004年12月，石阡县人民政府将楼上村古建筑群公布为县级文物保护单位；2006年6月，被贵州省人民政府公布为第四批省级文物保护单位；2008年12月，被中华人民共和国住房和城乡建设部、国家文物局公布为中国历史文化名村；2012年成为第一批中国传统村落；2013年成为第七批全国重点文物保护单位。

楼上村古建筑群包括梓潼宫建筑群、周氏祠堂建筑群、天福古井与井亭、楠桂桥、周永萼宅、周正典宅、周正洪宅、周正齐宅、周正芹宅及周正益宅等古民居以及始祖周伯泉墓、二世祖周朝隆之墓、三世祖周嵩之墓及恩姑熊氏之墓、四世祖周国祯之墓（含四方碑）、周学颐之墓、九子十秀才周婆黄老孺人墓（第六世周易之妻，九子十秀才祖母之墓）等周氏家族重要墓葬以及屯堡遗址、古石巷等遗址、巷道。

除古建筑、古墓葬外，楼上村的非物质文化遗产十分丰富，现存清明会、汝南堂祭祖法会、楼上古乐、傩堂戏、木偶戏、人大戏、板凳龙、哭嫁、蚌壳灯、茶灯等非物质文化遗产和习俗。古建筑群与自然山水和谐统一，构成良好的自然人文空间。

2.1.2 历史地位分析

楼上村是贵州省多民族文化中的汉族移民文化的典型代表。

贵州作为一个多民族省份，历史上汉族移民贵州对其发展起到了重要作用。

元末明初，中国的人口开始了自东向西的大规模移民活动，其中"江西填湖广""湖广填四川"是明清时期南方地区最主要的移民活动。元至正十一年（1351），罗田人徐寿辉与麻城邹普胜、贵州宜春彭莹玉等人发动起义，并在蕲水（今浠水）建立"天完"政权。至正十三年，元朝廷调集几省军队，对徐寿辉的百万红巾军进行围剿，徐部损失惨重，并殃及湖北大部分地区。朱元璋统一全国后，也对湖南、湖北的陈友谅余部出动大批军队剿灭，这也使当时湖北人口进一步凋落，大部分地区几无人烟。与此同时，天灾肆虐，尸殍遍野。大明初立，为巩固政权，朝廷在政治上采取了一项重要措施，即移民。从洪武三年（1370）起，以垦荒为由，江西饶州（今上饶市）、江州（今九江市）等大户被赶往江北。朝廷进行的强制性大规模移民，史称"洪武赶散"，拉开了明清"江西填湖广""湖广填四川"的序幕，此后江西人入楚、楚人入蜀的人流源源不断。贵州周氏家族正是在这种背景下迁入四川和贵州等地的。

据史料统计分析，此时期的贵州移民主要分为三种：第一种是难民，主要是因受到战乱和自然灾害导致流离失所的人群。第二种是政治移民，包括仕宦入籍、随军入籍。第三种是经济移民，可分为四小类：一是受政府垦荒政策驱动的移民，如"洪武赶散"；二是适应区域开发的需要，为谋生而出现的移民；三是因不堪繁重赋役而离乡的移民；四是因商贸而迁移的移民。楼上村周氏远祖周国照属第二类，其因出任四川威远县知县，才举家迁徙居于四川。明弘治初年，四川兵乱频繁，加之赋税沉重，土地兼并严重，大量川民进入贵州，楼上始祖周伯泉便是在此背景下以经商的方式进入贵州，来到思南府，寻找适宜居住生存的地方。

明弘治六年（1493），始祖周伯泉避难图存，从四川移民到贵州石阡楼上村，村落在清代逐渐壮大。贵州是一个地域多样性和民族多元性的省份，少数民族特色村寨居多。从历史发展上看，楼上古寨是汉族移民贵州的典型代表：周氏族民在楼上择地聚居，宗族逐渐发展壮大，形成以居住和农业生产为主要职能、以耕读文化为特点的传统村落特色。其聚落选址理念、山水格局、村落形态、建筑风格、宗族文化等都极具汉族文化特色，是贵州省传统村落中不可或缺的类型，也是构成贵州省村落文化多样性的重要组成部分。

2.2 历史沿革

2.2.1 石阡县历史沿革（表1）

石阡古称山国，历史悠久，建置较早。秦嬴政二十八年（前219），置夜郎具于今具境西部，属象郡。元世祖至元年间（1264—1294），置石阡军民长官司于今治所。明永乐十一年（1413年），置石阡府，分辖龙泉县及石阡、苗民、葛彰葛商三个长官司。清顺治十六年（1659），仍领上述一县（龙泉县）三长官司。康熙二年（1663）废葛彰葛商长官司。乾隆七年三月（1742年5月），石阡府分设七里，即江外迎仙里、江内迎仙里、水东里、苗民里、在城里、苗半里、龙底里。直至清末，石阡府直隶于省，仍领龙泉县。1911年，辛亥革命爆发，中华民国建立，初沿袭清制。民国二年（1913），贵州设立都督府和行政公署，实行军民分治，石阡改府为县，设立县公署，县官称知事，龙泉县另设（今凤冈县）。民国十六年，国民政府下令改县公署为县政府，县知事称县长，石阡县为二等县。民国二十四年，国民党改组贵州省政府，实行行政督察区，石阡划归铜仁行政督察区。民国三十二年，石阡实行新县制，设置乡镇保甲，全县共置18乡镇，164保，1618甲。18乡镇即：汤山镇、花桥乡、枫香乡、中魁乡、永盘乡、龙川乡、甘溪乡、国荣乡、聚凤乡、乐回乡、庄乐乡、白沙乡、大新乡、和平乡、石固乡、青阳乡、五德乡、坪山乡。

1949年10月1日，中华人民共和国成立，11月15日，石阡解放。1950年2月8日，石阡县人民政府成立，随即将民国时期的18乡镇划为3个区分辖，设立区公所；7月，改置3区为6区1镇。1955年4月8日，县人民政府改称县人民委员会；同月，各区将所在地治所改为区公所名称。1967年3月29日，石阡开始"文化大革命"；4月2日，"石阡县革命委员会"成立，各区社相继成立"革命委员会"。1981年，根据中华人民共和国第五届人民代表大会通过的《中华人民共和国宪法》第59条规定，撤销县、区、公社"革命委员会"，县称县人民政府，区称区公所，公社称管理委员会。1984年，根据贵州省委、省人民政府《贯彻执行中共中央国务院〈关于实行党政分开，建立乡人民政府的通知〉的意见》，县政府所辖43个公社管理委员会改为乡人民政府，生产大队和生产队相应改为行政村和村民组。

表1　石阡县历史沿革简表

时　代	纪　元	重要事件
秦	公元前219年	置夜郎县于今县境西部，属象郡。
明	1413年	置石阡府，分辖龙泉县及石阡、苗民、葛彰葛商三个长官司。
清	1742年	石阡府分设七里，直隶于省，领龙泉县。
中华民国	1913年	贵州设立都督府和行政公署，实行军民分治。石阡改府为县，设立县公署，龙泉县另设。
	1927年	改县公署为县政府，石阡县为二等县。
	1935年	国民党改组贵州省政府，实行行政督察区，石阡划归铜仁行政督察区。
	1943年	石阡实行新县制，设置乡镇保甲。全县共置18乡镇，164保，1618甲。

续表

时　代	纪元	重要事件
中华人民共和国	1949年	石阡解放。
	1950年	石阡县人民政府成立，将民国时期18乡镇划为3个区分辖，设立区公所。7月，改置3区为6区1镇。
	1967年	石阡开始"文化大革命"，"石阡县革命委员会"成立。
	1981年	撤销县、区、公社"革命委员会"。
	1984年	县政府所辖43个公社管理委员会改为乡人民政府，生产大队和生产队相应改为行政村和村民组。

2.2.2 楼上村历史沿革

楼上，古称"寨纪"，后改称为"楼上"。关于更名，《楼上周氏族谱》中载有一种说法：六世祖周易因喜习文弄墨，爱好别致，在正楼上水沟旁修了一座小楼，名曰"听水楼"。书有门联"滚滚山泉惊午梦，幽幽庭树畅生机"，室内一联为"诗书消永日，风雨送流年"。一日一路人经过此地，因口渴想讨口茶喝，便在楼下大喊："有人吗？"因水声大，周易没有听见，路人再喊，终有人应："怎么无人，我在楼上。"路人转嗔为喜，上楼喝茶聊天。自此"我在楼上"被传为佳话，而寨纪一名渐渐被人淡忘了。另外民间还有一种说法：因正楼上一水沟处有一楼房，下面长长的巷道为过道，便称"楼巷"，因"上"与"巷"谐音，久而久之便喊"楼上"。

据《楼上周氏族谱》记载：楼上周氏原籍江西南昌府丰城县东珠市巷，祠名大本堂，明进士周国照出仕四川威远县，修建了江西会馆，家属居住在该县洛阳乡大坡里晒金坡，后移西蜀潼川州乐治县天井坝仁义乡。越数世，始祖周伯泉于明弘治六年（1493），避难图存，贸易入黔，至思南府蛮夷属地寨纪（今名楼上），花一百七十两白银购买高攀田土一庄，包括亚秧寨、代家山、黄泥田等地，开始了兢兢业业的创业之路，成楼上周氏始祖。周伯泉中年逝世，朝隆、朝贵二子随母改嫁铺溪冯姓，将寨纪田业租与高姓管理。二世祖朝隆长大后，想回寨纪复业，不幸土地文契遗失，高姓居心不良，欲借机占为己有，朝隆无奈，回居铺溪，韬光养晦，此时寨纪被高姓占有。三世祖周嵩及其兄弟长大后，遵循父愿，请凭亲邻李、辜、里长罗商议复业，但只有周嵩及长兄周喜愿出头与高姓诉讼，可惜官司打到第三年时周喜亡故，其他兄弟仍不愿多事，因此只有周嵩一人与高姓在思南府争讼二十多年才将田业夺回。周氏家族回归寨纪，周嵩执掌周氏田业。后周嵩念及兄弟之情，将周家产业均摊，寨纪田业归于自己；代家山田业归二兄周富及四弟周珩所有；自鱼泉跟沟直上龙碉湾，跟左沟直上土巢，跟沟直上火石丫为界。此时今楼上范围基本上属周嵩这一支系所有。

楼上周氏至四世祖周国祯（周嵩之子）时家道殷实，有寨纪（楼上）产业一庄，田园阡陌，佃户百余，为殷实大户。后周国祯步入仕途，曾官至上省藩署参房。及例满后被派发湖广经政厅任职，回家收拾行李上任。到家不久，妻子及七子相继而亡，周国祯认为这是为官导致的恶果，于是发誓永不为官。他将文凭札照呈缴，朝夕修斋念佛，广行布施。六十余岁时，娶李氏，得三子。从此，敬天地，礼神明，修桥铺路，救难救急，无善不为。此间，周国祯又花九十四两一钱白银，买阡属董廷璋田土一庄，尽量使家家富足，以免走上仕途，"唯愿子子孙孙个个贤能"。从此以后，周氏国祯支系在这片土地上繁衍生息，抵御外侵，守护家园，至今已经繁衍到了第十九代人，达4000余人，产生进士、贡生、秀才40多人，其中六世祖周易家就有"九子十秀才"之说。

楼上村自明弘治年间始建，经历了明、清两代的发展，至今已有520多年的历史（表2、图3、图4）。

表2　楼上村历史沿革

弘治六年（1493）	始祖周伯泉入楼上避难，购置亚秧寨、代家山、黄泥田等处的田地。	弟兄二人于弘治六年避难图存，行至思南府蛮夷属地山革泽，卉祖于山革泽得业。我始祖伯泉行至思南府蛮夷司属地寨纪，今名楼上。备银一百七十两与高攀得买田业一庄，凡亚秧寨、代家山、黄泥田等处皆是。	《楼上周氏族谱》
不详	至二世祖、三世祖，被迫移至铺溪居住	及朝隆祖章程，娶祖母张氏欲回复业，殊知高姓已起霸业之意，拒业不给，不得复业。即在铺溪地上住座。所生三世祖……	《楼上周氏族谱》
不详	三世祖周嵩、周富夺回祖业，以龙洞湾、火石丫为界均分，楼上属周嵩，奠定村落基本边界。	嵩祖得受左边楼上一股，富祖得受右边代家山一股，其界自鱼泉跟沟直上龙洞湾，跟左沟直上土巢，跟沟直上火石丫为界……二房嵩公子孙，居楼上、仁佳寨、上下苗寨、官塘、登山、岩脚、新房子、凉水井。	《楼上周氏族谱》
崇祯二年（1629）	四世祖修建楠桂桥	周国祯高兴至极……先后修建了溏池寨前的"多子桥"、登山的"干沟桥"、仁佳寨的"楠桂桥"……楠桂桥碑文记载崇祯二年修建楠桂桥。	《楼上周氏族谱》
永历八年（1654）	建梓潼宫	后聚祖妣氏李，于永历八年捐资建阁一座，圣像四尊。	《楼上周氏族谱》
康熙三年（1664）	建梓潼宫正殿五间	甲辰广培基址，募化重修。然止是正殿五间耳。	楼上古建筑国保单位记录档案；《楼上周氏族谱》
嘉庆六年（1801）	建梓潼宫南北两厢	越嘉庆六年始建左右两廊，添塑圣像五尊。	《楼上周氏族谱》
道光十五年（1835）	建观音堂（已毁）	道光乙未主持僧普济，募造观音堂三间，佛像满堂，尔时庙宇颇为之一新。	《楼上周氏族谱》

续表

时间	事件	原文	文献出处
咸丰十一年（1861）	梓潼宫部分毁于兵燹	乃至咸丰十一年被苗教烧毁，幸文阁尚无恙焉。	《楼上周氏族谱》
同治一年（1862）	梓潼宫毁于兵燹	不幸同治一年仲春初亦被苗匪灰烬，其殿宇无复有存者。	《楼上周氏族谱》
同治八、九年（1869、1870）	重修梓潼宫正殿及两厢	同治八、九年，濂与合族协力募化修理各庙，复立阁拗口文阁，前之庙基未善者，择地更迁，移土立庙于楼上之左。	《楼上周氏族谱》
光绪八年（1882）	重建梓潼宫后殿	光绪八年重建后殿。	《楼上周氏族谱》
光绪十九年（1893）	建周氏宗祠		
民国五年（1916）	建戏楼	民国五年建戏楼，戏楼地址称阁拗口，左侧下有山王庙一座。	《楼上周氏族谱》
民国二十七年（1938）	村民集资重建天福古井		《楼上周氏族谱》

2.2.3 景观视角下的楼上村圈层分析

从层累的角度上看，楼上古寨村落文化景观主要分为三个层次（图5）。首先从地质层上看，在远古时期形成的喀斯特地形地貌、山形水系是楼上村赖以生存和发展的载体；其次，以动植物为主的生物圈层在较近的历史时期达到了成熟与生态平衡；再次，楼上村从明代建村以来，人文社会圈层的发展在原有的自然与生物圈基底上留下了深刻的烙印，通过发挥人类的主观能动性改造自然，最终达到与自然和谐相处的互适状态，通过人与人之间的协作与聚居，最终取得了人与人之间社会关系的平衡。而这种状态则是传统村落文化景观得以定型的基础。

作为活态的文化景观遗产来说，楼上古寨依然处于演变之中。面对外围大环境中城市化、工业化、现代化的发展，限制楼上村在传统时代所形成的一切要素的变化不应该成为保护的初衷，而是要清楚界定在未来的演变过程中，哪些核心要素是不能改变的，否则就破坏了文化遗产的真实性与完整性。通过对楼上古寨的调研，至少可以确认其山形水系、稻作梯田系统、古树名木、历史建筑与遗址、墓地等核心要素不能改变。而其他非核心的外围要素，如动植物种类等，在不影响整体景观性格的前提下可以允许发生变化。

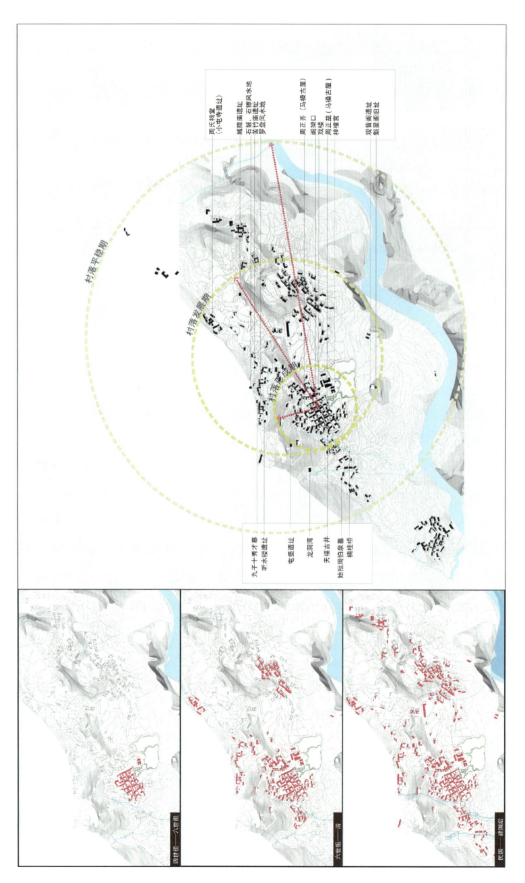

图 3　楼上村历史发展示意图

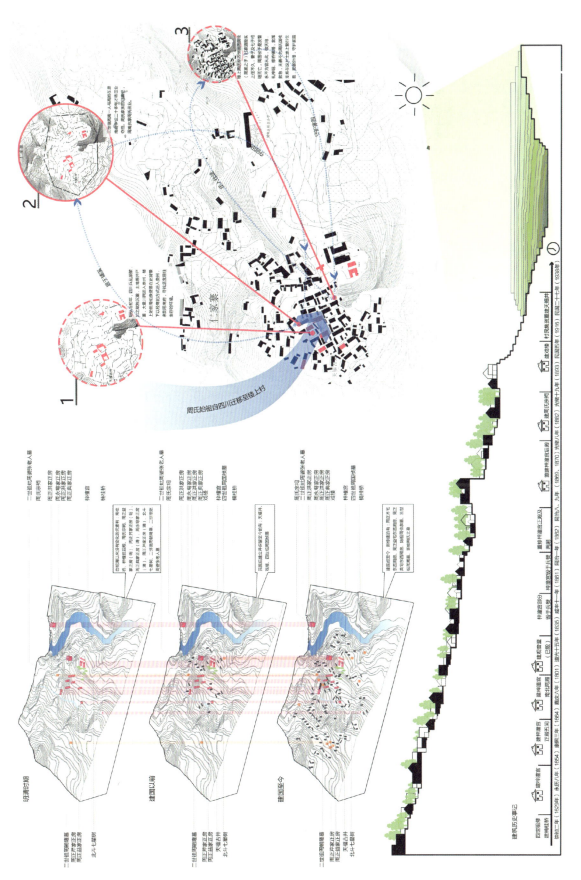

图 4 楼上村历史文化传承示意图

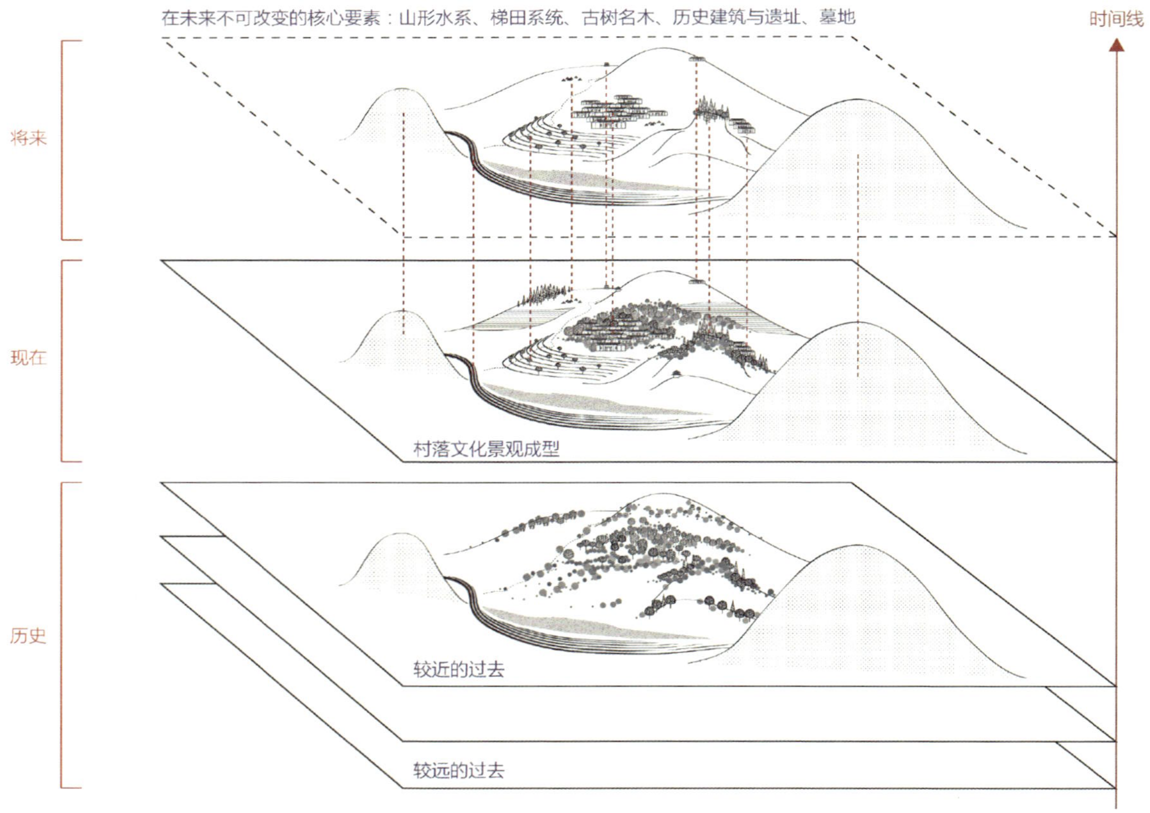

层累性是文化景观的重要特性，村落文化景观至少可以分为三个层次——地质层、生物圈层、人文社会圈层。三者叠加成为完整的文化景观单元。

层累作用不仅表现在空间范围上，三个基本层次也会随着时间产生变迁。因此，文化景观是时间的作品。每一个时代闪过生产力，生产技术的变化与文化的改变都会在景观上打下生不同的印记。文化景观的特性是历史上各个时代不同的物质与非物质要素相互作用、积累、叠加后的总和。因此，文化景观是活态的，而且依然处于持续演变的过程当中。

而从文化遗产的角度看，某种文化景观的成熟与定型是最长历史时期中人与自然因素达到平衡所产生的结果，而在面向未来的演变过程中，需要观定景观要素变化的底线，即厘清哪些非核心的外围要素可以发生变化，哪些核心要素坚决不能变化，否则就会失去文化遗产的真实性与完整性。

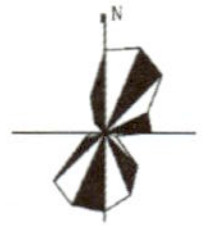

村落景观演进图

E05

时间线

在未来不可改变的核心要素：山形水系、梯田系统、古树名木、历史建筑与遗址、墓地

村落文化景观成型

较近的过去

较远的过去

将来　现在　历史

图 5 楼上古寨村落文化景观演进示意图

3. 价值评估

3.1 现状价值评估

3.1.1 国保档案内价值评估：

（1）楼上村古建筑群与自然融为一体，是建筑形态因地制宜和多种对比手法运用的典型代表。

楼上古建筑群地处中国十大非著名山峰、贵州省级自然保护区、佛教名山——佛顶山脚下，以岩溶地貌和侵蚀地貌为主，间杂多种地貌类型，盛产木、竹、石等材料，因道路崎岖，交通运输不便，就地取材，就地利用。山地自然材料特别是石材的使用，增加了楼上古寨的自然特色，古寨广泛利用条石、块石、片石砌筑道路、房屋的勒脚、基础、堡坎和外墙，加上山上裸露出的岩壁和苍天古木，产生了自然、建筑一体化的效果。石采于山，宅建于山，与山质地相似、色泽相近，石材的运用使山地住宅与山地环境十分协调，与自然环境融为一体。古建筑均为木结构穿斗式，大多为悬山顶小青瓦屋面，亦有歇山顶小青瓦屋面的建筑。古建筑吸取传统山地建筑的"因境而成、随曲合方"的建筑处理手法来适应山地地形的变化，以取得节约土石方、节约用地等经济效果。同时因地制宜的造型手法使古寨建筑形成了一种镶嵌式的外貌，建筑与建筑之间分散开来以台院式嵌在山麓上，加上台地绿化植被丰富，使建筑与地形结合十分自然，如建筑与地面的交线是一条沿等高线上下变化的折线或曲线，而不是在一条水平线上。同时众多裸露的岩壁成为建筑良好的基础。这些手法使古寨建筑与山水融为一体，有"虽为人作，宛自天开"的感觉。古寨的建筑多采用结构构架外露的做法，十分重视建筑材料的结构特点。深色的木构架和白灰粉的浅色夹壁墙都是非常朴实的处理方式，但两者之间形成了强烈的对比，使穿斗结构柱梁本身在白色夹壁墙的衬托下，组成一幅幅朴实而又极具装饰效果的图案。梓潼宫建筑群在处理建筑美观问题时，利用结构结合秀美的气质，层层跌落的封火墙和翘角的檐角，也给古寨民居加上了点睛的一笔。建筑群同时还采用了色彩对比、虚实对比、质感对比等手法，使建筑与所处环境处处显示出原始的粗犷的质感，加上材料在厚薄、粗细方面的对比，综合形成了古寨鲜明的艺术效果。

（2）楼上村古建筑群选址、布局和建造，是武陵山区村寨建筑选址的范本。

楼上村依山就势，背山面水，是个风水极好的地方，整个村寨以"北斗七星"树为中心，以"北斗七星"的天枢至瑶光交天权与天玑形成四个象限，划分为不同的四个分区，其东南象限为生产区，西南象限为居住区，西北象限为娱乐区，东北象限为墓葬区，功能分区明确，让人惊叹。而居住区的布局更让人惊奇，整个居民区的道路结构为一"斗"字，"斗"字的起点为一三合院（马桑木房）的中心，结束点为村寨的水源地（天福古井），且起点位于北斗七星中天权—天玑星的连线上，体现了古人朴素的生态意识，尊重自然、利于自然，并保持持续性发展（楼上古寨经过了500多年的时间逐渐发展起来）。现存建筑的平面布局自由灵活，面向廖贤河，背靠石佛山山麓，呈横向扩展的布局，轴线明确、主次分明，沿山体等高线以纵向伸展的梯坎为次轴，房连房，屋连屋，向山上发展。空间格局层次分明，古寨建于山麓，在河与山相夹的带状地上发展，山、建筑、水体之间呈逐步抬升或逐步下降的阶梯状分布；建筑空间沿山地随坡度展开，形成高低错落、丰富多彩的空间形态，顺应地形和等高线的走向而延伸发展，蜿蜒变化、自由灵活。整体空间形象与山、水融为一体，与自然合二为一。房屋上下空灵，借势取向，凿岩为基，垒石为础，高低错落，秩序井然，沿山麓顺坡而起，纵向伸展向山上发展，建筑群体与山体前后掩映又互相协调，形成丰富的天际轮廓线。

（3）楼上古建筑群"斗"字型古巷布局和给排水系统是我国古村落安全消防的成功范例。

楼上古寨民居巷道为"斗"字型，各巷道均以青石板铺路，斑驳凹凸。巷宽2-3.5米，并有0.3-0.4米宽的给排水沟与之平行，整个村寨的天然山泉、井水和雨水，通过这条条水沟穿家过户，集水成塘，户均建一水池，既利生活之便，又达消防之需，溪水最终汇入廖贤河，注入乌江。这种几百年前的道路和给排水系统及其设计的科学性，至今令人赞叹不已。巷道同时也是楼上古寨最好的防火带。一旦发生火灾，人们只需撑着巷道两边的石墙直上屋顶，把瓦掀开，使火苗上蹿，用上沙包、搭钩、火镰等利器，截断火路，阻止火势蔓延，再加上用石条砌成的水塘之水，定可消灾保太平。楼上村牢固的防火设施和独特构造，使得楼上古寨500多年来都未现大火，古建筑群至今得以完整地保存与其独特的安防理念密切相关。

（4）楼上古寨宗族血缘关系浓厚、礼仪丰富，民族民间文化异彩纷呈，具有浓厚的民族宗教色彩。

楼上古寨是以家族血缘关系为纽带兴建起来的，有族长和家族委员会，分别由族中的长者或德高望重之人担任和组成。其职能是在家族中组织和协调家族成员，对家族成员的收入进行二次分配，因而其家族委员会职能多，容易做到事权统一。这一宗族体系，有利于传统礼仪的延续和民族民间传统文化的保留。

楼上村非物质文化遗产十分丰富，现存有伯泉后裔汝南堂清明会、汝南堂祭祖法会、楼上古乐、傩堂戏、木偶戏、人大戏、板凳龙、哭嫁、闹丧、茶灯、毛龙等非物质文化遗产和文化空间。时至今日，更显弥足珍贵。哭嫁歌是楼上村婚姻中的独特形式和内容。哭嫁，贯穿于整个婚礼过程中，一般数日，越是临近婚期越是哭得悲烈，先是隔夜哭，后是夜夜哭，临近嫁期往往哭通宵达旦。哭嫁的内容丰富多彩，有哭爹娘、哭哥嫂、哭姐妹、哭众亲友、哭开脸、哭穿衣、哭上轿、哭木匠、哭读书人、哭生意人、哭媒人等。

3.2 价值评估依据

《中国文物古迹保护准则》（2015）第3条：

文物古迹的价值包括历史价值、艺术价值、科学价值以及社会价值和文化价值。

社会价值包含了记忆、情感、教育等内容，文化价值包含了文化多样性、文化传统的延续及非物质文化遗产要素等相关内容。文化景观、文化线路、遗产运河等文物古迹还可能涉及相关自然要素的价值。

阐释：

历史价值是指文物古迹作为历史见证的价值；

艺术价值是指文物古迹作为人类艺术创作、审美趣味、特定时代的典型风格的实物见证的价值；

科学价值是指文物古迹作为人类的创造性和科学技术成果本身或创造过程的实物见证的价值；

社会价值是指文物古迹在知识的记录和传播、文化精神的传承、社会凝聚力的产生等方面所具有的社会效益和价值；

文化价值则主要指以下三个方面的价值：

1. 文物古迹因其体现民族文化、地区文化、宗教文化的多样性特征所具有的价值；

2. 文物古迹的自然、景观、环境等要素因被赋予了文化内涵所具有的价值；

3. 与文物古迹相关的非物质文化遗产所具有的价值。

3.3 核心价值评估

楼上村是我国南方喀斯特地貌之上、亚热带季风气候之下，在汉族传统耕读文化与西南少数民族文化的长期互动、交融之中形成的景观生态聚落。村落选址、建筑格局与人地关系不仅是以汉文化为代表的中国传统哲学体系的充分表达，更将中原居住文化与当地气候环境完美结合，体现了少数民族地区汉族移民的生存智慧，同时也印证了明清以来西南建设与移民的社会史。楼上村自周氏定居以来，聚族而居，基本延续了传统农耕生产生活方式，其建筑形式与布局既反映了西南山地建筑的典型特征，也展示出汉族传统宗族文化。由民居与梯田构成的聚落景观是自然与人类在长期互动中形成的杰作，周围的山水环境与中国古典绘画、文学中所描绘的山形水态高度神似，体现了东方的山水审美标准，对未来人居环境的可持续发展模式具有重要启示（图6）。

在对楼上古寨村落文化景观遗产所承载的物质、非物质要素及其相互关系的调研中发现；

良性互适的人地关系模型——楼上古寨

村落文化景观是人类与自然在漫长历史时期相互作用、相互适应中形成的共同作品。在这个过程当中，湘有某一文化形态的人群是主体，自然山水环境是客体。人类在受到自然环境制约与影响的同时发挥强大的主观能动性，通过特定的族群文化与智慧改造自然要素为己所用，最终与自然环境形成良性互适、和谐有序、持久延续的状态。

这种和谐稳定的人与自然共同体，包含与之相关的所有可视的物质要素，以及虽不可视，但在景观塑造中发挥内在源动力的生产生活方式，是稻作良种，是互适的人地关系系统的基础，也是作为活态文化景观遗产最核心的价值所在。

作为文化遗产，村落文化景观不仅是活在历史中的遗产，更为人类未来的可持续发展提供珍贵的样本，为将来修复失衡的社会关系与人地关系系统提供宝贵的启示。

E04 核心价值要素认定图

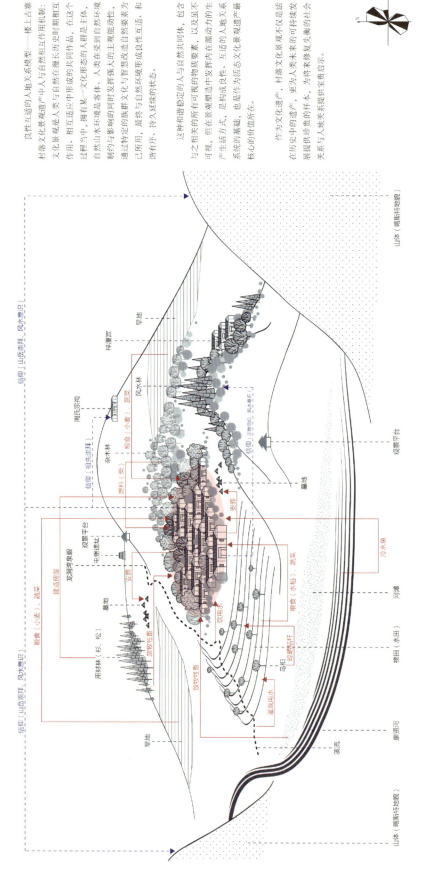

图6 楼上村古建筑群价值系统分析图

第一，楼上村的选址与水的利用是密切相关的。逐水而居是人类文明发展过程中的显著特征，但相比通常在河边谷地选址的村寨来说，楼上村的选址与发源与喀斯特地形的天然涌泉的关系更为紧密。山泉水不仅能提供清澈优质、富含矿物质的饮用水与生活用水，而且富余的水量足以灌溉农田。与该地区其他村落相比，涌泉属于不可多得的水利资源，是聚落得以生存发展的根本因素，也是村落选址可以与廖贤河保持距离、避免洪涝灾害的根本原因。

第二，从生产方式上看，在传统农耕时代，稻作文化是支撑楼上村生存和发展的根基。稻作生产离不开丰沛的灌溉水系，楼上古寨先民们利用天福古井和龙洞湾两处水源作为稻作灌溉的来源，并将廖贤河以北、土层较深厚的坡地改造成适合稻作的梯田，引山泉用以灌溉，水量稳定，稻米的收成得以保证。而稻米收获后，对于秸秆的处理也体现了物尽其用的特点。与秸秆焚烧还田的做法不同，楼上村民在梯田田埂上种植了乌桕树，然后将水稻秸秆绑在树干上自然晾干，到了冬天可以作为牛的饲料；而乌桕树本身也是生产蜡油的重要来源。作为重要生产资料的水牛和黄牛，是梯田中的主要耕地工具，且耕牛的粪便可以肥田。稻作之外，距离水源地较远的耕地被开垦为旱地，主要用来种植小麦、玉米、蔬菜。而村落北面的树林，是建房所用木材的主要产地，也是各类食用和药用植物的产地，而林间空地则用来放牧耕牛。由此可见，村落中主要的生产空间都进行了复合利用。此外，作为动物蛋白的来源，猪和羊被圈养在三合院建筑的厢房底层，而廖贤河是捕冷水鱼的重要场所。

第三，从生活方式上看，村民饮用和生活用水主要依靠天福古井，而树林中的杂木是燃料的主要来源，房前屋后的阳山竹林是制作农具和生活用具的重要来源。村民利用本地生产的杉木、松木、柏木、马桑木来建造木结构的三合院建筑。院落中间是用来晾晒稻谷、生活用品的晒场，也是邻里交往的重要公共空间。为节省耕地，村民去世之后被安葬在房前屋后的自留地中，形成阴宅与阳宅混合共处的状态。为躲避战乱和匪患，村落北部高地建有屯堡。此外，风水思想、宗教思想、宗族观念、山岳崇拜观念对村民的生活方式有重要影响——村口有大面积风水林；梓潼宫与周氏宗祠香火不断；墓地的建造讲究风水，墓碑朝向与廖贤河对岸的山体形态有密切关系；慎终追远，墓地都有后人祭扫，没有荒废。此外，由于耕读文化传统的保留，楼上村民文化素养较高，"说春"等与农耕文化相依存的风俗习惯得到保留。

第四，从时间维度上看，楼上村整体景观的季相特征比较明显。春季，万物复苏，满眼新绿；夏季，梯田中的水稻层层叠叠、苍翠欲滴；秋季，乌桕、银杏、栾树等色叶树种变色，层林尽染；冬季，竹林、松柏常青，落叶树枝干遒劲。

表3　楼上村价值要素及其表现形式

类别	包含内容			表现形式
主要物质要素	地理载体	山体	楼上村所在的缓坡	由廖贤河切割作用形成河谷地带
			环绕村落的喀斯特岩溶地貌	
		水体	廖贤河（过境地表径流）	在村落内部与外部形成沟渠
			天福古井（村落内部涌泉）	
			龙洞湾泉水（村落外部涌泉）	
	生物圈层	植物	乔木、灌木、草本植物	梯田内各类农作物、周围群山上的松柏林、以大乔木为主的村口风水林、梯田景观、水渠沿线的竹林与楠木林
		动物	家禽、家畜、野生鸟类等	建筑物中饲养牲畜的空间
主要物质要素	建筑与构筑	民居	木构覆瓦建筑	平面为三合院式建筑、青石板院坝
		公共建筑	宗教类建筑	周氏宗祠、古戏台、梓潼宫、屯堡遗址、观音阁遗址、观景亭等标志性建筑
		道路	路面铺地	石板路、土路
主要非物质要素	生产方式	农耕	旱作、稻作	耕读文化
		其他	手工业、务工、仕途等	
	生活方式	宗族结构	周氏宗族谱系	
		文化教养	儒学	
		信仰体系	祖先崇拜、风水思想	

3.4 分类价值评估

3.4.1 历史价值

楼上村是中国明清时期西南地区汉族移民发展史的活态例证，是汉族宗族文化和儒家耕读文化与西南山地文化融合共生、高度发展的典型代表，见证了明清建设发展西南少数民族地区、中原汉族移民的重要历史过程。

楼上古寨的发展始于弘治六年（1493）始祖周伯泉（买地）。自始祖周伯泉从四川避乱至楼上，古寨的宗族文化就一直延续至今，历史上四次修族谱及历代祖宗对村庄建设作出的贡献更是加强了这种宗族文化。村中基本为周姓氏族，在清明节、过年等重要节日会进行祭祖活动，每家每户的堂屋大多都设有用于祭祀祖先神佛的香火。楼上古寨集中体现了明清时期汉族移民贵州，在贵州省内择地作家业，宗族逐渐发展壮大，形成以居住和农业生产为主要职能，以耕读文化为特点的传统村落特色。

楼上村选址与布局既考虑周边山水环境，又吸纳当地建筑传统，体现了汉族宗族文化、山岳崇拜思想与聚落防御理念，见证了汉族移民在西南少数民族地区艰辛生存发展的社会历史。

楼上古寨在四世祖周国祯时期形成"背山面水"的空间格局，在风水学上属于优良的选址。村落内部的建筑朝向、坟墓的朝向均与山岳崇拜思想有密切关系。村落边界西南面以楠桂桥为界，东面以梓潼宫、阁捌口、观音阁为界，北面以古屯为界；于六世祖周易时期扩展北面至听水楼、楼巷（今正楼上）以及石钟、石笋风水地。村落现有的主要观景台北部是楼上村屯堡遗址，为防频发的匪患而建，是该地区聚落屯堡体系的重要组成部分。从现存遗址可以看出该屯堡依山就势，扼险据守，充分体现了明清时期村落防御体系高度成熟的发展水平。

3.4.2 艺术价值

楼上村的山、水、聚落、梯田在空间上的组合具有和谐的韵律感与艺术感，聚落内部木构建筑的穿斗式大木作技术与小木作装修艺术高度成熟，是中国西南山地建造传统与汉族居住理念相结合的典范，体现出我国传统聚落的美学价值与审美标准。

楼上村周围的景观环境，包括山形水系、森林农田等景观要素在视觉上具有高度和谐的韵律感与曲线美，对于外来者具有高度的审美价值。聚落内部木构建筑技术与艺术在传统农耕时代达到了成熟，形成了利用当地柏木、杉木、松木、马桑木、楠木等树种建造穿斗式木结构建筑的营造方式，在平面布局上呈现出典型的西南地区汉族民居的三合院形式。在建筑门窗等小木作装修上，则显示出成熟而精美的汉族木雕艺术。

3.4.3 科学价值

楼上村在聚落选址布局以及民居建造方面均显示出较高的营造技术，将汉族建造技艺与西南山地环境相结合，发展出独特而典型的移民聚落规划手段与建筑建造技术。

楼上村周氏居民聚族而居，聚落规划遵循汉族传统，建筑设计融合当地技术。宗族共同建造的梓潼宫、宗祠等公共建筑是聚落重要的公共空间；民居建筑以三合院为主，均朝向河流方向，不同于普通山地民居，构成周氏汉族聚落的建筑特色。这种聚落规划手法与建筑营造方式是在符合汉族传统、满足当地条件的基础上的创新。

楼上村在传统农耕时代充分利用本地生物多样性，形成了独特的生活与生产方式，并利用喀斯特地形生成的丰沛山泉，发展了成熟而完备的梯田水利灌溉技术，体现出当时较高的水资源管理与利用水准。

楼上村位于云贵高原，属于亚热带季风气候，动植物资源极为丰富。在漫长的农耕时代中，居民对于生物多样性的利用达到了相当成熟的水平，形成了独特的生产生活方式。同时，为了在极为有限的土地上获取最大收益，居民采用了作物轮作，栽培经济林木、用材林木等方式。这充分显示了农耕时代土地利用的智慧以及人地关系的和谐，对当代人居环境可持续发展议题具有极高的参照价值。另外，楼上村聚落与梯田依山就势布局，居民取山泉水源头的第一道水为饮用水，第二道水为洗涤用水，第三道为灌溉用水，构成一个完备的用水序列。同时在漫长的农耕时代发展出完备的分水原则与梯田灌溉技术，从而形成了和谐完美的梯田稻作文化景观。

3.4.4 社会价值
楼上村是中国传统文化所推崇的田园模式的杰出代表，在国学的记录与传播、"不劳动者不得食"的耕读文化精神的传承方面取得了较高的成就，并在当代延续着乡村共同体，具有较高的凝聚力与向心力。

基于传统宗族文化，楼上村的居民至今拥有很强的文化凝聚力与互助协作的生产生活方式，形成了具有共同价值观的乡村社会共同体，并在当代持续发挥对村民的文化向心作用。

讲究"不劳动者不得食"的传统耕读文化，不仅培养了村民勤勉踏实的性格，而且滋养了村民高度的国学修养。祠堂、观音阁、城隍阁等村落内外的历史文化要素、遗迹等至今是村民信仰的对象，也是培育和形成共同价值观的重要载体。

楼上村是中国传统文化所推崇的理想田园景观模式的代表，也是硕果仅存的、反映前现代时期汉族移民发展史、儒家文明背景下汉族社会组织构架方式与小农经济模式下人类生存智慧的活态标本。其基于宗族文化与耕读文化所形成的和谐有序的村落格局与景观中所蕴含的文化，对于外来者具有强大的精神感召力。

3.4.5 文化价值

楼上村在发展进程中不仅在周边少数民族环立的条件下传承了汉族的儒家传统与精英文化，且通过与少数民族的长期交流、互动，形成了独特的西南汉族移民文化，体现着中华文明内部的文化多样性。

在500多年的历史进程中，从江西移民楼上村的汉族居民在艰苦的生活条件与农耕条件下坚持与传承了儒家文化的精神信仰，以及各种非物质文化载体。在与周边少数民族的互动中，实现了农耕技术、建筑文化、以国学为代表的精英文化的交流与传播，使周边少数民族地区的生产力大为提升，促进了当地民族文化多样性的保存与发展，对该地区国族认同感的形成产生了重要影响。

楼上村聚落与农田景观相互穿插，生产生活空间密切联系，是我国耕读文化、田园生活的鲜活反映。楼上村的相地选址、山水格局、聚落形态、建筑风格、宗族文化等都极具特色，是贵州省传统村落的重要类型，真实、完整地体现了中国传统农耕文化所达到的高度成就。

3.4.6 各类价值与价值载体

表4　楼上村古建筑群文物价值与价值载体对应表

价值分类	综述	遗产价值载体	变化的控制
历史价值（一）	楼上村是中国明清时期西南地区汉族移民发展史的活态例证，是儒家宗族文化与传统耕读文化融合共生、高度发展的重要历史见证	1. 木构建筑中的堂屋空间是宗族文化、祭祀文化的重要载体 2. 聚落内部的历史建筑，以及建筑空间格局是移民发展史和村落成长史的物化见证 3. 以梯田为代表的耕地是"耕读文化"的重要载体	不可变要素： 　1. 建筑内部堂屋空间的设置 　2. 祠堂、寺观、民居等聚落内部历史建筑及其空间格局 　3. 古井、戏楼等聚落内部传统公共空间 　4. 以梯田为代表的农业用地空间 可变要素： 　1. 新建木构建筑材质 　2. 道路铺装材质与形式 　3. 作物的品种
历史价值（二）	中国古代风水思想、山岳崇拜思想、防匪御敌思想在楼上村相地选址，以及村落规划的各个细节中得到了完美体现	1. 现有山水格局、地形地貌是风水文化与山岳崇拜思想的基本载体 2. 梓潼宫周围的古树名木形成了楼上村的风水林 3. 屯堡遗址是古代村落防御思想的具体表现	不可变要素： 　1. 山水格局，地形地貌 　2. 村落内部古树名木 　3. 古代屯堡遗址的墙垣 　4. 建筑与坟墓的朝向 可变要素： 　1. 亭、台等基于风水思想新建的点景、构景建筑

续表

价值分类	综述	遗产价值载体	变化的控制
科学价值	楼上村在传统农耕时代充分利用本地生物多样性特质，形成了独特的生活与生产方式，并利用喀斯特地形生成的丰沛山泉，发展了成熟而完备的梯田水利灌溉技术	1. 聚落内部、林地、耕地内相对稳定的植物种群是自古以来与居民生产生活息息相关的文化景观组成要素 2. 聚落内部与周围的水源地是楼上村自古以来赖以生存与发展的源泉 3. 汲取山泉水的天福古井是农耕时代生活与生产用水复合利用的典范	不可变要素： 　1. 聚落内部、林地、耕地内相对稳定的植物种群与林相 　2. 聚落内部与周围的水源地的优良水质 　3. 与汲水相关的水利设施 　4. 梯田水利灌溉系统与灌溉方式 可变要素： 　1. 聚落内部、房前屋后的植物多样性 　2. 水稻、小麦、玉米、大烟、番薯等主要作物品种
艺术价值	楼上村的山、水、聚落、梯田在空间上的组合具有和谐的韵律感与艺术感，聚落内部木构建筑的穿斗式大木作技术与小木作装修艺术高度成熟，是中国西南地区民居建筑的典范	1. 富有韵律感与曲线美的山形天际线与廖贤河河道 2. 富有曲线美与团块美的梯田肌理 3. 典型的三合院建筑平面 4. 大木作：穿斗式木构建筑 5. 小木作：木构建筑门栏装修 6. 朴素的建筑色彩（木料的原木色与覆瓦的青灰色）	不可变要素： 　1. 楼上村景观视觉范围内的山体天际线与天然河道曲线 　2. 在历史上自发形成的、优美的梯田肌理 　3. 梯田中的树木与树种 　4. 聚落内历史建筑的特征 　5. 三合院建筑平面 　6. 三间式正方 　7. 穿斗式大木作结构 　8. 与自然景观相和谐的建筑色彩 可变要素： 　1. 建筑、院坝、道路铺装的材质 　2. 梯田中的作物种类
社会价值	楼上村是中国传统文化所推崇的田园模式的杰出代表，在国学的记录与传播、"不劳动者不得食"的耕读文化精神的传承方面取得了明显高于贵州其他村落的成就，并在当代延续了作为乡村共同体所具有的高度凝聚力与向心力，对外来者更具有强大感召力	1. 反映村落发展史的、以村落内国保单位为核心展开的建筑格局 2. 古井、院坝、道路等村落内部公共交往空间与祭祀空间 3. 以梯田为代表的农林用地空间 4. 培养村民后代研习国学的公共空间与半公共空间 5. 祠堂、宗庙、寺观、民间信仰对象等培育和承载居民共同价值观的物质载体	不可变要素： 　1. 聚落核心区内建筑组织结构方式 　2. 反映传统农耕技术的田园景观与林地空间 　3. 聚落内部历史建筑、古井、古桥等见证村落发展史的景观要素 　4. 聚落内部的公共交往空间与祭祀空间 　5. 祠堂、宗庙、寺观、风水信仰对象 可变要素： 　1. 围合各类空间及其周边的具体材料与材质 　2. 农林地内具体可利用植物种类及种群

续表

价值分类	综述	遗产价值载体	变化的控制
文化价值	楼上村在发展进程中不仅在周边少数民族环立的条件下传承了汉族的儒家传统与精英文化，且通过与少数民族的全方位交流实现了文化多样性的珍贵保存；其和谐完美的村落文化景观是中国西南地区传统农耕文化的结晶，具有高度的真实性与完整性	1. 承载宗族文化的社会组织构架 2. 以梯田、林地为载体的传统农耕技术 3. 高度成熟的传统建筑技术与文化 4. 作为培养精神修养与入仕手段的国学文化载体	不可变要素： 　1. 聚落核心区内建筑组织结构方式 　2. 反映传统农耕技术的田园景观与林地空间 　3. 传统梯田农耕灌溉体系 　4. 穿斗式大木作建筑结构与建筑形制 　5. 承载建筑文化的用材林树种 　6. 祠堂、宗庙、寺观、风水信仰对象 可变要素： 　1. 框架式建筑的材质 　2. 梯田内作物种类 　3. 林地内树种

4. 保护对象

4.1 现状文物构成评估

4.1.1 全国重点文物保护单位档案文物构成

根据国保档案，现状文物构成包括梓潼宫正殿、南北两厢及院落、梓潼宫后殿、戏楼、周氏宗祠、小屯寺、天福古井、楠桂桥、马桑古宅、三座民居、寨门、古石巷等古构筑物，九子十秀才墓、四方碑、周国祯墓、周学颐墓等摩崖石刻与古墓葬，以及屯堡遗址与北斗七星古树。

4.1.2 全国重点文物保护单位综合管理系统文物构成

根据全国重点文物保护单位综合管理系统（www.1271.com.cn），现状文物构成包括周正其民居、周正典民居、周氏墓群、梓潼宫、周正明民居、周氏宗祠、周正益民居、天福古井与周正洪民居。

4.1.3 文物构成现状评估

楼上村古建筑群是贵州重要的汉族移民村落，村落与周边自然环境联系密切，现有文物构成仅对本体给予认定，但未划定文物环境（图7）。文物构成基本完备，但分类混乱，名称不准确、不清晰，且对民居建筑认定过于笼统，未考证民居院落与文物建筑单体之间的关系，个别民居认定存在错误（全国重点文物保护单位综合管理系统中周正明民居应为周正芹民居）。

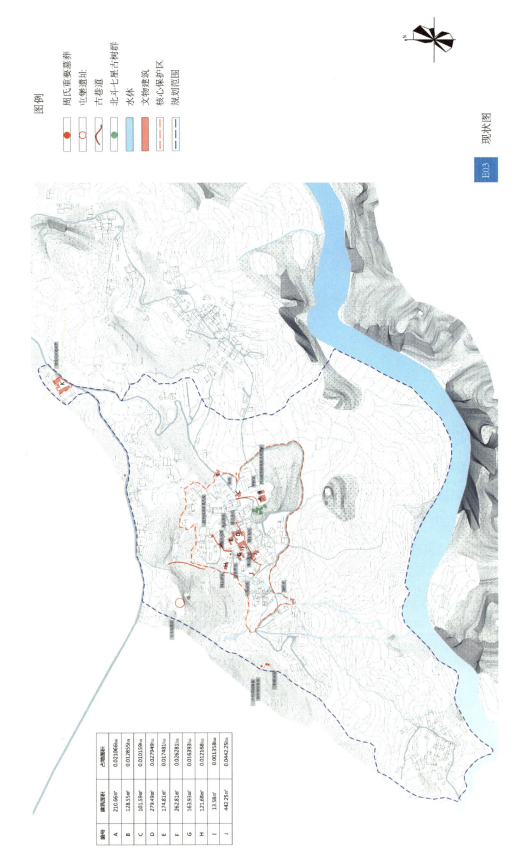

图例

- 周氏重要墓葬
- 屯堡遗址
- 古巷道
- 北斗七星古树群
- 水体
- 文物建筑
- 核心保护区
- 规划范围

现状图

E03

编号	建筑面积	占地面积
A	210.66㎡	0.021066ha
B	128.55㎡	0.012855ha
C	101.59㎡	0.010159ha
D	279.49㎡	0.027949ha
E	174.81㎡	0.017481ha
F	262.81㎡	0.026281ha
G	163.93㎡	0.016393ha
H	121.68㎡	0.012168ha
I	13.58㎡	0.001358ha
J	442.25㎡	0.044225ha

图7　楼上村古建筑群文物构成现状图

4.2 保护对象认定标准

保护对象包括文物本体与文物环境。

4.2.1 文物本体认定标准

文物建筑认定标准：公共建筑选取与村落历史文化密切相关、历史悠久的建筑与建筑群；民居建筑选取保存完整、代表性强的建筑。

墓葬：选取周氏家族有影响力的人物墓葬。

遗址：选取与村落历史文化密切相关的历史遗迹。

4.2.2 文物环境认定标准

历史人文认定标准：选取与村落历史、文化密切相关的历史人文环境要素。

自然环境认定标准：选取与村落风水格局密切相关的自然要素。

4.3 文物本体认定

文物本体包括公共建筑、民居建筑、墓葬、遗址与巷道（图8）。

公共建筑：梓潼宫建筑群（包括正殿、南北两厢及院落、后殿与戏楼）、周氏祠堂建筑群（包括正殿与东、西厢房）、天福古井与井亭、楠桂桥。

民居建筑：周正齐宅、周正益宅、周正典宅、周正洪宅、周永葶宅、周正芹宅。

周氏重要墓葬：始祖周伯泉墓、二世祖周朝隆之墓及二世祖姚周婆张老人墓、三世祖周嵩之墓及恩姑熊氏之墓、四世祖周国祯之墓（含四方碑）等周氏家族重要墓葬。

聚落遗址：屯堡遗址。

4.3.1 公共建筑

梓潼宫建筑群：位于楼上村头龟山的顶部，占地面积3000余平方米，建筑面积483.7平方米。现存戏楼、正殿、两厢、后殿、石阶、庭院等。正殿及两厢、后殿在一中轴线上，正殿居最高处，其平面高于后殿2.5米。戏楼位于正殿北侧，相距约百米，地势低于正殿20余米。

梓潼宫修建历史：明永历八年（1654）建梓潼宫；清康熙三年（1664）建梓潼宫正殿五间；嘉庆六年（1801）建梓潼宫南北两厢；道光十五年（1835）建观音堂（梓橦宫后殿，已毁）；咸丰十一年（1861）部分毁于兵燹；同治二年（1863）毁于兵燹；同治六年重修正殿及两厢；光绪八年（1882）重建后殿；民国五年（1916）建戏楼。

梓潼宫正殿：为抬梁穿斗混合式悬山小青瓦顶建筑，坐东向西，面阔五间，通面阔17.2米，进深15檩，通进深8.3米，建筑面积142.76平方米。正殿较之后殿地坪高出2.5米。梁架明间为抬梁式，采用26柱，其中14柱落地。前檐带廊。明间老檐柱间装隔扇门，两次间老檐柱间正中为

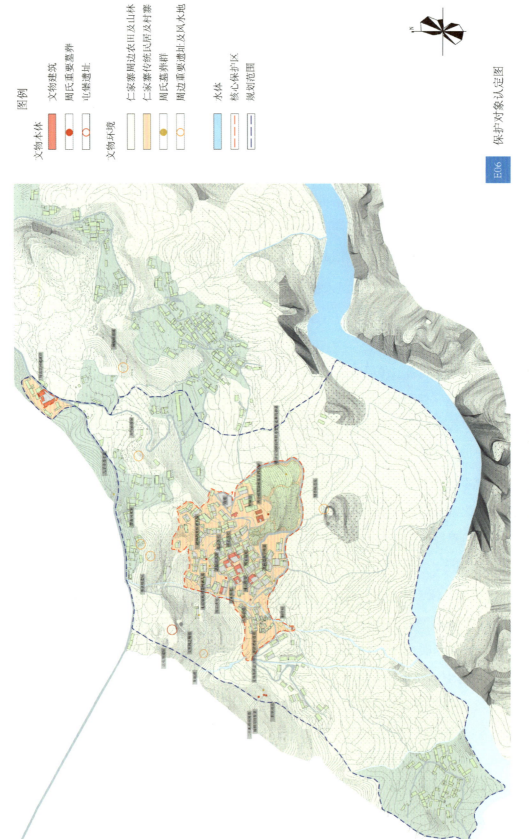

图8　楼上村古建筑群保护对象认定图

图例

文物本体

文物建筑
周氏重要墓葬
屯堡遗址

文物环境

仁家寨周边农田及山林
仁家寨传统民居及村寨
仁家寨墓葬群
周氏墓葬群
周边重要遗址及风水地

水体
核心保护区
规划范围

保护对象认定图

E06

对开板门，两侧为槛窗。两稍间廊柱间装板，正中开直棂窗。明间后檐正中对开板门，两侧为槛窗。两次间及两稍间后檐均装板。明间后檐金柱间装板至穿枋，上装走马板，置神龛。两次间梁架装板，两稍间梁架装板并分别开两直棂窗，两山面带披檐。前檐廊间铺墁青石，室内为三合土地坪。两稍间后檐处分别有石梯下至后殿。

梓潼宫南北两厢及院落：南北两厢均面阔二间，通面阔6.15米，进深7檩，通进深3.15米，梁架采用15柱，其中9柱落地，为穿斗式悬山青瓦顶。东间为过道，三合土地坪，在中柱间置对开板门。西间为地楼板，前檐装槛窗及板门，后檐装板，正中开一直棂窗。梁架间均有木隔断。院落呈长方形，南北长11米，东西宽6.3米，地面青石板铺墁，横向对齐，竖宽不等，间或卵石铺就。院落西侧为一长11米、高2米的照壁，照壁正中有一吞口，内置神像。

梓潼宫后殿：为悬山明间起冲楼四角攒尖小青瓦顶建筑，面阔三间，通面阔16米，进深11檩，通进深6.5米，建筑面积104平方米。明间二层。明间共用15柱，其中4柱落地，二层置雷公柱。两次间为穿斗式梁架，共用18柱，其中10柱落地。后殿前檐带廊，两山有披檐。明间一层前檐老檐柱间装格扇门，二层四周装风窗。两次间前檐老檐柱间装槛窗，上装走马板。后檐均装板。两山装板至穿枋。两次间有楼梯上二层。前檐廊间铺青石板，室内铺三合土。明间屋面卷草纹饰屋脊，葫芦宝顶，小青瓦屋面。大梁题记为"皇清光绪八年正月初七汝南族等共修"。

梓潼宫戏楼：戏楼为穿斗抬梁式歇山、硬山混合青瓦顶建筑，坐东向西，结构为左右厢楼带廊，居中突出戏台，面阔三间，通面阔12米，明间进深6.35米，耳房进深2.9米，建筑面积98.70平方米。明间共用16柱，其中8柱落地。两耳房共用8柱，其中6柱落地。二层明间前部为戏台，正面置屏风，两侧各置门洞一个，正面及两侧梁枋下饰卷草纹挂落，檐下装鹤颈椽板。两耳房一层置楼梯上二层。二层前檐、两山及后檐均装板。两山后檐置围墙。一层地面为三合土，有石制柱础。二层置楼板。大梁题记为"民国五年"等字样。

正殿北次间廊间立有《重修梓潼宫序》（同治六年，1867）石碑一通。屋盖部分在板椽上直接干摆小青瓦、铜钱如意卷草纹饰脊刹、灰塑鸱吻。

周氏宗祠：清光绪十九年（1893）修建周氏宗祠。坐北向南，面阔三间，通面阔15米，进深10米，通进深6.5米，建筑面积97.5平方米。大梁题记为"贵州思石二府新二甲所楼上住居""大清光绪拾玖年岁在癸巳仲冬月上旬建立"。

西廊间有《轮水石碑记》石碑一通。

西厢房：建造年代不详，原为小屯寺正殿，小屯寺规模宏伟，殿宇辉煌，整个寺庙建筑精细、布局适体、陈设典雅、殿宇壮观。由于战火匪盗，现仅存正殿。山合瓦顶穿斗式木结构建筑，面阔三间，进深六间。南侧有一偏厦，偏厦一侧紧邻一个临时搭建的砖房。现作为仓库，堆满木材。20世纪80年代末搬迁至此。

东厢房：建造年代不详，原为阁梁寺正殿，悬山合瓦顶穿斗式木结构建筑，面阔五间，进深五间带一前廊。内部堆有杂物，室内被改造过。建筑直接落在地面，室内为木地板。20世纪80年代末搬迁至此。

天福古井：民国二十七年（1938），村民集资重建天福井。井口坐东北面西南，水池分两级，第一级井池为洗菜用，第二级为洗衣用。

井亭：原井处建有六角亭，早毁。现井上建叠涩悬山穿斗小青瓦顶井亭，据传原建筑为观音阁搬迁至此，但已无实物可考，占地面积30平方米。柱础为鼓状，枋上有两条长木，为下葬时挑棺材时使用。

井口南侧立有民国二十七年重修古井石碑一道。

楠桂桥：始建于明末崇祯二年（1629年），清道光二十一年（1841）重建。2003年7月维修。桥身由一整块青石板组成，长约3米，厚约0.3米，重约20吨。因前面有一棵楠树和桂花树，取名"楠桂桥"。两棵树高大挺拔，四季常青，相距十多米，就像一个别具一格的寨门，楠桂桥为周国祯修建，这是在他六旬得子后、为敬天地、礼神明、扶难济急、无善不为的情况下而建的。

4.3.2 民居建筑

周正齐宅（马桑古宅）：院落三合式，主要由正房、东西厢房和龙门组成，正房为明代马桑古木屋，东西厢房修建年代较晚。在西厢房南侧有一储物间，旁边有一储水池，现已废弃。龙门朝向东南，不在中轴线上。院落内为泥土地面，无铺装。院落南面开垦为菜地。厢房前后均有排水沟。

正房：面阔三间，西面有偏厦两间，东侧有偏厦一间，建筑进深六间用七柱，施七柱六瓜式木构架，大木结构为穿斗式，梁架构件主要包括梁、檩、柱、瓜、枋、楼枕。四周铺设青石板，墙体为木板以企口榫方式结合。屋顶形式为悬山合瓦，明间正中为对开隔扇门，前搭腰门，两侧为对称的方眼隔扇窗。

周正益宅（马桑古宅）：院落为三合院式，由正房和东西厢房组成，正房为明代马桑木古屋，东西厢房修建年代较晚，院落为水泥地面。

正房：单檐悬山合瓦顶穿斗式木建筑，面阔三间，进深六间，木构架为七柱四瓜式，台明为条石堆砌，水泥抹面。西次间前檐柱有明显歪斜和移位。

周正典宅：院落三合院式，由正房、东西厢房和龙门组成，正房为清代民居，西厢房修建有几十年，东厢房为近些年修建。龙门位于西厢房南侧。院落青砖铺地，两侧有水沟。

正房：单檐悬山合瓦顶穿斗式木结构建筑，面阔三间，进深四间。其东侧接建有偏厦一间，为近年翻建。四周铺设青石板，保存较好。西次间卧室地面为木楼板，东次间卧室为三合板地面，其他均为水泥地面。

周正洪宅：只有正房，修建年代不详。院落内铺砖，无围墙和厢房。正房为面阔三间、进深四间的单檐悬山合瓦顶穿斗式木结构建筑，西侧有偏厦，木构架为六柱三瓜式。正对明间有五级台阶，台明保存较好，台阶表面抹砌水泥。东次间卧室为木地板，其余为水泥地面，水泥地面是人为后期改造所致。明间有腰门，西次间窗户为一码三箭式，窗户纸为手工皮纸，东次间后檐为玻璃窗。

周永萼宅：院落为三合院样式，由正房、东厢房和西厢房组成，无龙门，院坝现为水泥地面。院落南侧有一围墙为毛石干摆砌筑。南侧为入口，南面有台阶可进入院内，土改时，院子的西侧部分分给贫下中农，东侧留作自用，在"文革"时东侧很多构件（如窗花、对联等）被毁，至今仍未完全复原。

正房：清代建筑，单檐悬山合瓦顶穿斗式木结构，面朝西南，面阔三间，进深六间，七柱四瓜式。西侧有一偏厦作厨房用。正房有两块牌匾，正房外檐下的牌匾内容为"会绍启英"，根据落款内容可知，牌匾为民国二十年（1931）周永萼祖父的寿礼。另一牌匾位于明间后墙正上方，内容为"松操鹤算"。台明为条石堆砌，明间台明前设条石踏跺5步。台明之上各柱下安砌有一尺见方的方形柱顶石，略高于地面。正房明间、道巷、东次间内间均为三合土地面，正房西次间为水泥地面。正房明间前檐装修为三关六扇门形制，左右为两对六抹隔扇。

周正芹宅：院落为四合院式，由正房、东西厢房、龙门和南侧倒座（当地称为对天）组成，龙门位于东厢房南侧。

正房：建于清代，为单檐悬山合瓦顶穿斗式木结构，面阔三间，进深四间。东侧有一偏厦作厨房用。明间六柱四瓜式，次间为五柱三瓜式。台明为条石堆砌，保存较好。西次间地面为瓷砖贴面；明间、东次间、偏厦为水泥地面。

4.3.3 周氏重要墓葬

始祖周伯泉墓：位于龙洞湾附近，2009年新立墓碑。

碑文如下：泉祖十四世纪末生于四川潼川州乐治县仁义乡，与叔祖伯卉于一四九三年明弘治六年癸丑避难入黔，定居楼上。先娶祖姚氏龚文王梁雷张，后娶祖姚氏张，生二世祖朝隆、朝贵。距今五百余年，代传十九，住地近百，人家千户，衍裔五千，可谓兴矣。特竖碑昭后，俾世代荣昌，谨述。始祖伯泉偕弟入黔，出谷迁乔，创业维艰，经营伊始，天不假年，幸生隆祖，一线克延。足履入地，头顶入天，基业巩固，裕后昭前。

二世祖周朝隆墓：嘉庆九年立碑，位于龙洞湾，与始祖墓相邻。

二世祖姚周婆张老人墓：位于村内，字迹不清，仅能识别"嘉庆"字样，推测为立碑年代。

三世祖周嵩墓：位于龙洞湾，与始祖墓相邻，2009年新立墓碑。

碑文如下：祖号连山，生于一五六六年明嘉靖四十五年寅□月十二日戊时，卒于一六四四年顺治元年□□月初二日申时，享年七十九岁。祖生性刚直，不畏豪强，□立与他姓构讼，收回被霸产业，为兴族计深且远也。十九延周代，嵩功未可志。铺溪居廿载，楼上□□□。诚信求根本，谱书垂教方。宏恩昭万古，勒石永流芳。

恩姑熊氏之墓：位于村内，在二世祖妣周婆张老人墓旁，2008年新立墓碑。

碑文如下：姑生十五世纪，年齿未详，受佣泉祖。泉祖早逝，隆祖外移所有家业，赖姑照料。三世祖回，田业被霸，文契被匿，遂连年上讼。姑秉直将被藏契约示祖，祖胜诉，收回被霸田业，为报深恩，特竖碑，盼祭扫永续耳。

四世祖周国祯墓：周氏第四代祖先，生于明万历三十年（1602），卒于清康熙二十四年（1685）。周国祯系省藩署参房，他的思想和主张深刻影响了他的子孙后代。周国祯真正被埋葬在这座岩穴里，当地人称之为岩穴葬，这座古墓以一绝壁为天然屏障，周围由参天大树覆盖，色深如黛，浑然一体。

四方碑位于周国祯墓前，坐北面南，竖碑两座，立于民国二十一年（1932），碑四面等宽，面宽0.38米，高约1.6米，碑冠为四角攒尖石质顶，上饰葫芦状石质宝顶。碑体四周刻重四世祖周国祯以后至民国，周氏一门之家族谱系，实为一石刻的家谱和叙事石刻。

4.3.4 聚落遗址

屯堡遗址：位于楼上村古建筑群南面附坡之巅，南距楼上村寨约500米，屯堡坐南面北，面积约2000平方米，屯堡西侧两巨石为天然卡门，屯堡内为多级台地，分置人和牲口等。

4.4 文物环境认定

历史人文环境：

仁佳寨（楼上古寨）传统民居、巷道及村寨空间；

周氏墓葬群：周学颐之墓、九子十秀才周婆黄老孺人墓（第六世周易之妻、九子十秀才祖母之墓）、七世祖妣周婆杨老人之墓、临济正宗圆寂师祖本慧悟老和尚禅墓、八世祖文生周之翰墓、九世祖清应赠文林郎周公（印）梦龄老府君墓等；

周边重要遗址、遗存，包括阁拗口遗址、观音阁遗址、听水楼遗址、苦竹庙遗址、城隍庙遗址、小屯寺遗址等；

村寨周边重要风水地，包括寨头（楠桂桥）风水林、寨尾（梓潼宫）风水林（含北斗七星树）及石钟、石笋风水地等；

周边周氏村寨及仁佳寨周边农田与山林。

自然环境：楼上村周边山形水系。廖贤河对岸山峰有多种象形与传说，如青蛙、鼻子、轿子、公公背媳妇与笔架等。

5. 现状评估

5.1 文物保存状况评估

5.1.1 总体格局现状评估

楼上村自建村伊始即周氏家族聚族而居，聚落沿山布局、自然生长，整体格局保存较好。

5.1.2 文物建筑保存现状评估

（1）评估依据

《古建筑木结构维护与加固技术规范》4.1.4条，对古建筑涉及结构安全的残损等级分为四类。

I类建筑：承重结构中原有的残损点均已得到正确处理，尚未发现新的残损点或残损征兆。

II类建筑：承重结构中原先已修补加固的残损点，有个别需要重新处理；新近发现的若干残损迹象需要进一步观察和处理，但不影响建筑物的安全和使用。

III类建筑：承重结构中关键部位的残损点或其组合已影响结构安全和正常使用，有必要采取加固或修理措施，但尚不致立即发生危险。

IV类建筑：承重结构的局部或整体已处于危险状态，随时可能发生意外事故，必须立即采取抢修措施。

（2）楼上村古建筑群保存状况评估

楼上村古建筑群文物本体评估如下（表5、图9、图10、图11、图12、图13）：

表5　楼上村古建筑群文物建筑保存状况评估

建筑名称	建筑部分	结构稳定性	台基		地面		大木结构	板壁墙	屋顶		油饰彩绘	木装修
			铺装	保存状况	铺装	保存状况			屋顶形式	保存状况		
梓潼宫	正殿	I类建筑	四周铺设毛石	好	地面铺有条石	好	好	好	悬山合瓦	好	好	好
	东厢房	I类建筑	四周铺设毛石	好	地面铺有条石	好	好	好	悬山合瓦	好	好	好
	西厢房	I类建筑	四周铺设毛石	好	地面铺有条石	好	好	好	悬山合瓦	好	好	好
	后殿	I类建筑	四周铺设毛石	好	地面铺有条石	好	好	好	悬山合瓦	好	好	好
	戏楼	I类建筑	四周铺设毛石	完好	地面铺有条石	好	好	好	悬山合瓦	好	好	好

续表

建筑名称	建筑部分	结构稳定性	台基		地面		大木结构	板壁墙	屋顶		油饰彩绘	木装修
			铺装	保存状况	铺装	保存状况			屋顶形式	保存状况		
周氏宗祠	正殿	III类建筑	四周铺设毛石	差	水泥	差	差	差	悬山合瓦	差	差	差
	阁梁寺	III类建筑			两次间为木楼板地面	差	差	差	悬山合瓦	差	差	差
	小屯寺	III类建筑			木楼板和水泥地面	差	差	差	悬山合瓦	差	差	差
天福古井、井亭		II类建筑		中		中	中	中	悬山合瓦	中	中	中
周正齐宅	正房	II类建筑	青石板	中	水泥	中	中	中	悬山合瓦	中	中	中
周正益宅	正房	III类建筑	条石堆砌水泥抹面	差	水泥和三合土地面	差	差	差	悬山合瓦	差	差	差
周正典宅	正房	II类建筑	青石板	中	三合板和水泥地面	中	中	中	悬山合瓦	中	中	中
周正洪宅	正房	II类建筑	青石板	中	木地板和水泥地面	中	中	中	悬山合瓦	中	中	中
周永尊宅	正房	II类建筑	条石堆砌	中	三合土和水泥地面	中	中	中	悬山合瓦	中	中	中
周正芹宅	正房	II类建筑	台明为条石堆砌	中	瓷砖和水泥地面	中	中	中	悬山合瓦	中	中	中

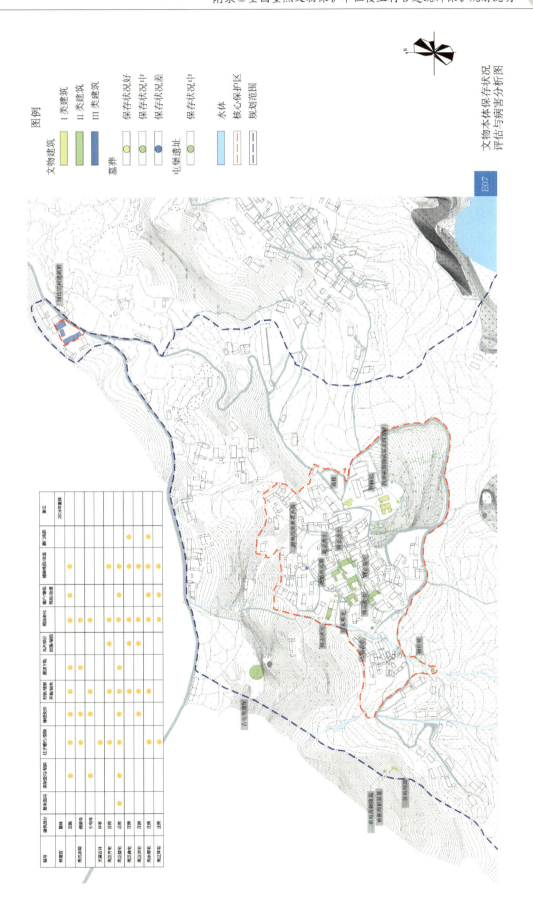

图9　楼上村古建筑群文物本体保存状况评估与病害分析图

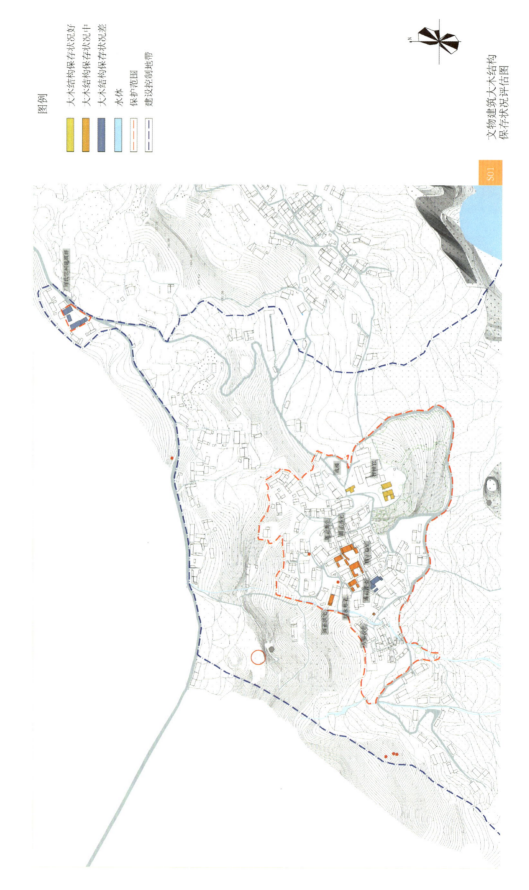

图10　楼上村古建筑群文物建筑大木结构保存现状评估图

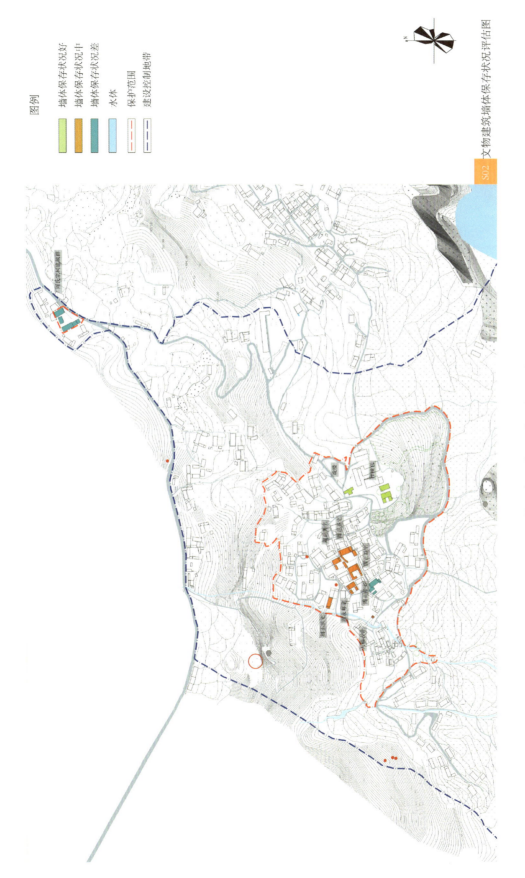

图11 楼上村古建筑群文物建筑墙体保存现状评估图

文物建筑墙体保存状况评估图

图例

墙体保存状况好
墙体保存状况中
墙体保存状况差
水体
保护范围
建设控制地带

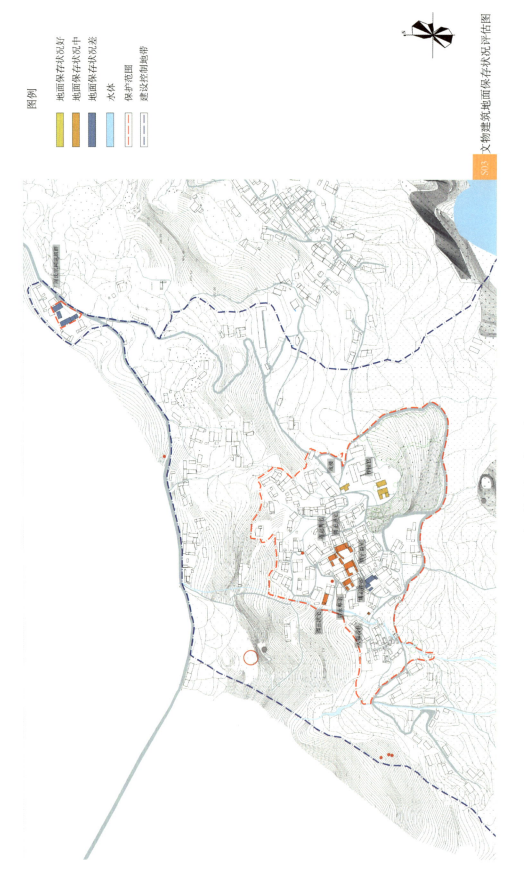

图例

地面保存状况好
地面保存状况中
地面保存状况差
水体
保护范围
建设控制地带

S03　文物建筑地面保存状况评估图

图12　楼上村古建筑群文物建筑地面保存状况评估图

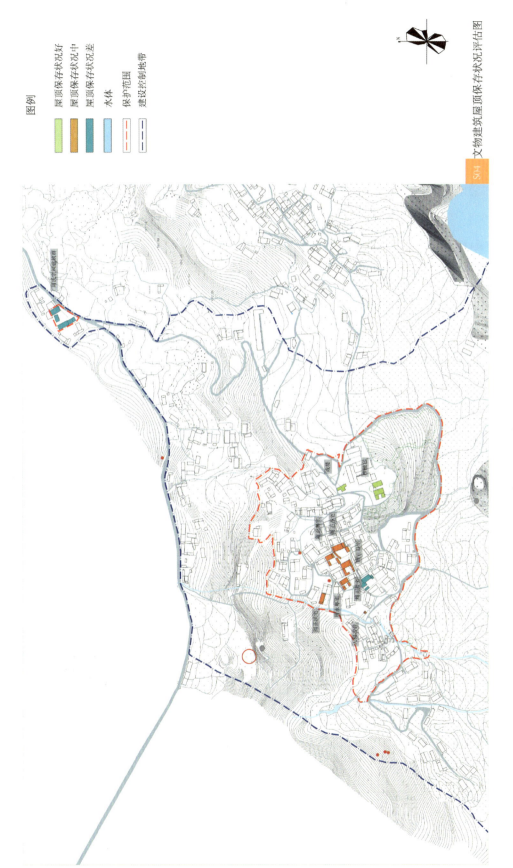

图例

屋顶保存状况好
屋顶保存状况中
屋顶保存状况差
水体
保护范围
建设控制地带

文物建筑屋顶保存状况评估图

S04

图13 楼上村古建筑群文物建筑屋顶保存状况评估图

①梓潼宫建筑群

梓潼宫建筑群于2016年重新修缮，保存状况好。正殿、两厢、后殿与戏楼均为Ⅰ类建筑（图14）。

②周氏宗祠

正殿：Ⅲ类建筑。四周铺设毛石，保存较差，地面铺设水泥，梁架倾斜，檐柱柱脚糟朽，金柱多虫蛀，大梁上有少量彩绘。檐口歪闪，室内柱有开裂，山面梁架间封板缺失，屋顶下陷，桐油老化褪色。整体保存状况较差（图15）。

西厢房：Ⅲ类建筑。内部被改造过，木板为新换，大木结构不可见。北侧山墙梁架倾斜。梁架间无封板。部分椽皮有糟朽。地脚枋长有青苔。

东厢房：Ⅲ类建筑。内部堆有杂物，室内被改造过。建筑直接落在地面，室内为木地板。椽皮有糟朽，檩条变形。大梁上有彩绘，抱头梁上纹饰完好。屋面凹陷。

③天福古井及井亭

天福古井：Ⅱ类建筑。保存状况较好，仍在使用（图16）。

图14-1　修缮中的梓潼宫正殿

图14-2　修缮后的梓潼宫后殿

图14-3　修缮中的戏楼

图14-4　戏楼的后墙

图14　梓潼宫现状照片

图15-1　祠堂（屋顶凹陷）

图15-2　祠堂（西山墙梁架倾斜）

图15-3　阁梁寺（檩条变形）　　　　　图15-4　小屯寺

图15　周氏宗祠现状照片

图16-1　天福古井

图16-2　天福古井台阶

图16　古井及井亭现状照片

井亭：Ⅱ类建筑。柱子底部糟朽，两根中柱糟朽最为严重。亭子南侧有四层条石台阶，保存较好。屋面有瓦脱落，桐油已老化褪色。

④楠桂桥

楠桂桥为一整块石板，石板中央现有一条横向裂隙。保存状况较差（图17）。

⑤周正齐宅

正房：Ⅱ类建筑。檐柱有裂隙，底部长有青苔，柱脚榫口处有糟朽。四周铺设部分青石板松动，房屋内为水泥地面，地面较平整。西侧木构件间部分封板无存，部分木板被虫蛀，木板上的桐油已老化褪色。屋面瓦有青瓦和红瓦两种，部分瓦片向下偏移（图18）。

⑥周正益宅

正房：Ⅲ类建筑。正房为水泥地面，偏厦为三合土地面，保存较好。西次间前檐柱有明显歪斜和移位。东山面柱有糟朽。檩条有变形，除偏厦为砖墙外，其余为木板壁墙。东山面梁架间封板缺失。屋脊中部有塌陷，少量瓦片破损。桐油已老化褪色。东次间改为玻璃窗。其余为原形制（图19）。

图17-1　楠桂桥

图17-2　楠桂桥面（出现裂隙）

图17　楠桂桥现状照片

图17　楠桂桥现状照片

图18-1　正房

图18-2　龙门

图18-3　东厢房（有糟朽、裂隙和虫蛀病害）

图18-4　西厢房（前檐柱有歪闪、向内倾斜）

图18　周正齐宅现状照片

图19-1   正房

图19-2   正房檐柱歪斜

图19-3　东山墙

图19-4　院落

图19　周正益宅现状照片

⑦周正典宅

正房：II类建筑。四周铺设青石板，保存较好。西次间卧室地面为木楼板，东次间卧室为三合板地面，其他均为水泥地面，水泥地面是人为后期改造所致。梁架间无封板，正房东西次间上层楼枕板糟朽，东次间在楼枕板下加有杉木板。正房下层板壁墙保存较好，屋顶部分瓦片脱落，桐油已老化褪色。正房外檐装修保存较好，部分为现代玻璃窗，门槛铁制泡头钉部分缺失（图20）。

⑧周正洪宅

正房：II类建筑。台明保存较好，台阶表面抹砌水泥。东次间卧室为木地板，其余为水泥地面。水泥地面是人为后期改造所致，正房明间和次间部分檩条糟朽，正房下层板壁墙保存较好，梁架间和偏厦柱间无木封板；正房明间木楼板无存，左右次间二层木楼板部分糟朽。屋面瓦有青瓦和红瓦两种，后檐檐口有瓦脱落，是人为后期修复所致。桐油已老化褪色。东次间后檐为玻璃窗（图21）。

⑨周永蓁宅

正房：II类建筑。正房明间、道巷、东次间内间均为三合土地面；明间地面青苔严重。正房西次间为水泥地面。大木构架整体保存较好，结构稳定，但有个别挑檐枋变形以及西山面柱倾斜，东侧山面梁架间部分封板缺失。正房北墙为砖砌墙。正房窗花小部分残损。腰门小部分残损。屋面部分瓦用塑料瓶代替，木板墙桐油已老化褪色（图22）。

图20-1　正房

图20-2　正房檐柱歪斜

图20-3　东厢房（近年建造）

图20-4　西厢房（二楼）

图20　周正典宅现状照片

图21-1　正房

图21-2　正房梁架

图21-3　正房台明台面

图21-4　正房屋顶（椽子部分更换）

图21　周正洪宅现状照片

图22-1　正房屋顶

图22-2　正房明间（新欢木板）

图22-3　东厢房

图22-4　西厢房

图22　周永荨宅现状照片

⑩周正芹宅

正房：II类建筑。正房台明为条石堆砌，较好。西次间为瓷砖贴面。明间、东次间、偏厦为水泥地面。瓷砖、水泥地面为后期改造所致，大木构架整体保存较好，结构稳定，西面山柱柱脚长有青苔。西次间内为装修贴面，木板壁保存较好。板壁墙上桐油已老化褪色。明间窗花完好。门槛有磨损。西次间经过改造，山面有三处玻璃窗户（图23）。

图23-1　正房明间

图23-2　龙门

图23-3　东厢房

图23-4　西厢房底层窗户（玻璃窗）

图23　周正芹宅现状照片

表6　楼上村古建筑文物群残损表

建筑名称	建筑部分	整体歪闪	梁架歪闪/倾斜	柱子糟朽/裂隙	椽檩变形	封板/楼板开裂/缺失	屋顶下陷	瓦片部分脱落/破损	桐油老化	窗户/窗花残损/改造	铺装残损/改造	腰门残损	备注
梓潼宫	正殿												2016年重修
	东厢房												2016年重修
	西厢房												2016年重修
	后殿												2016年重修
	戏楼												2016年重修
周氏宗祠	正殿	√	√	√	√	√	√		√	√	√		
	阁梁寺			√	√		√		√				
	小屯寺		√		√	√			√				
天福古井井亭				√									亭式建筑
周正齐宅	正房			√		√		√	√		√		
周正益宅	正房	√	√	√		√		√	√	√	√		
周正典宅	正房					√		√			√	√	
周正洪宅	正房				√	√		√			√		
周永萼宅	正房			√		√			√	√		√	
周正芹宅	正房			√					√	√	√		

5.1.3 其他文物本体现状评估

墓葬：

始祖周伯泉墓：周围杂草丛生，石碑为新立，保存较好。

二世祖周朝隆墓：墓碑周围杂草丛生且碑文漫灭严重，保存状况一般。

二世祖姚周婆张老人墓：位于村内，字迹不清，杂草丛生且墓碑上有青苔，保存状况较差。

三世祖周嵩墓：周围杂草丛生，石碑为新立，保存较好。

恩姑熊氏之墓：周围杂草丛生，石碑为新立，保存较好。

四世祖周国祯墓（四方碑）：周围生长有杂草，石碑上长有少量青苔，碑文较清晰，碑石整体保存状况较好。

遗址：屯堡遗址现仅存部分垒石墙体，周围长有杂草，保存状况一般。

5.2 防护设施现状评估

5.2.1 消防设施现状评估

根据《文物建筑消防设施设置规范》，楼上村部分被认定为全国重点文物保护单位的古建筑属文物建筑消防安全保护一级，应配备有室外消防给水管道和室外消火栓，并有足够的消防水源支持，还应当设置火灾自动报警系统、消防电源及电气火灾监控系统、消防应急照明和疏散指示系统。

设施现状：楼上村缺乏完善的消防系统，现有消防系统布局覆盖范围有限；楼上村配备有室外消防给水管道和室外消防栓，但是没有足够的消防水源支持，村口原有池塘，现已被填平，廖贤河、龙洞湾等水源地距离村庄较远，无法作为消防用水；火源管理比较松散，生活用火和电气用火较多，电线老化现象普遍，大多未经穿管保护而敷设在梁柱窗门等可燃木构件上；线路开关随意乱设，有些直接设在木柱上，对文物建筑构成安全隐患和视觉影响；楼上村内部道路狭窄，无法通过消防车辆，且距离石阡县城区较远，难以共享城市消防设施（图24）。

消防隐患：垃圾焚烧、日常生活用火、冬季取暖用火，以及历史建筑供电线路老化容易成为火灾隐患。楼上村古建筑群均是木构建筑，木材体量大，通风较好，极易引发火灾。另外单体建筑之间距离较小，且没有防火分隔，容易出现连片火灾。

5.2.2 安防设施现状评估

设施现状：楼上村的民居建筑均由房主个人管理，祠堂、梓潼宫建筑群、天福古井和楠桂桥等公共建筑由村委负责，但尚无专人管理和日常维护，没有监控系统和安全警报系统等安全防护设备，同时也缺乏安全应急预案。

安防隐患：楼上村古建筑群是国家重点文物保护单位，保留有大量精美木构件，很可能成为盗贼盗窃的目标。

5.2.3 防雷设施现状评估

据《文物建筑防雷技术规范》分类标准，楼上村古建筑群属第一类防雷文物建筑。

设施现状：楼上村文物建筑没有接闪器、引下线、避雷针、避雷带和接地装置等避雷设备，无法满足木构古建筑的防雷要求。

防雷隐患：楼上村位于贵州省铜仁市，地处山区，该地区雷雨天气较多，且周边高大树木较多，特别是梓潼宫周边的七星古树，有较高的历史价值，也容易受到雷击损伤。位于坡地上的古民居也有雷击隐患。

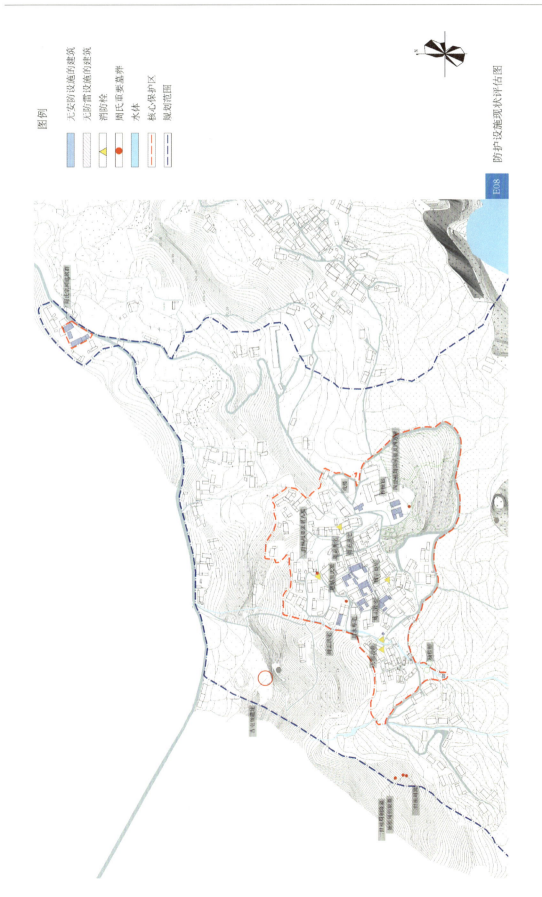

图24　楼上村古建筑群防护设施现状评估图

E08　防护设施现状评估图

5.3 环境评估

5.3.1 主要物质要素评估

（1）地理载体

楼上村位于由廖贤河形成的河谷地带，属于山地型聚落。其四面青山环抱，南面有廖贤河环绕，从传统风水学上看属于背山面水的良好格局。总体来说，楼上村周围的自然山水格局完整，没有明显的人为改造痕迹，景观品质甚高（图25、图26）。

①山体

聚落东、北、西面属于同一山麓坡面，山势较为平缓，村落西北与东南向均有裸露地表的巨大石灰岩体矗立，岩体顶部景观视线良好，现为二处观景亭所在；聚落南面的廖贤河发源于喀斯特山地，沿岸有多处深度较浅的石灰岩溶洞，发育有钟乳石柱。

廖贤河以南均为巨大的石灰岩山体，形态丰富，曲线柔美，与中国传统山水画中的山体造型神似；立于楼上村南望，层峦叠嶂，绵延无尽，山体上绝少人工构筑，浑然天成。

古建筑群所在的村落核心区位于硬度较高的沉积砂岩之上，由于坡度较缓，土层较为深厚，因此村落所在地理载体比较稳固，暂无山体滑坡等危险（图27）。

②水体

廖贤河属于上游河道，富含矿物质，水质清澈，水体终年呈蓝绿色。

天福古井、龙洞湾等涌泉是楼上村饮用水与灌溉用水的主要来源。

楼上村及其周边区域暂无污染地表径流或地下水的工矿企业。

（2）生物圈层

①植物

楼上村周围山水环境气候温润，生境多样，村落中植物品种丰富，乔灌草搭配合理，林相多样而优美，绿化覆盖率较高。

古树名木主要分布在梓潼宫周围的村口风水林内，以北斗七星古树为代表，主要树种有枫香、松、柏等；另外在天福古井周围也有若干古树的分布，主要树种为金丝楠木。

除北斗七星树中的古枫香因鸟粪中酸性物质的侵蚀而产生死亡现象外，其他古树的生长状态良好，是历史格局范围内景观林中的主要视觉观赏对象，在固土、为动植物提供栖居场所、形成良好景观生态方面发挥了不可替代的作用。

村落中房前屋后的植物生长良好，管理有序，和居民生产生活方式密切关联，是村落风光的有机组成部分。

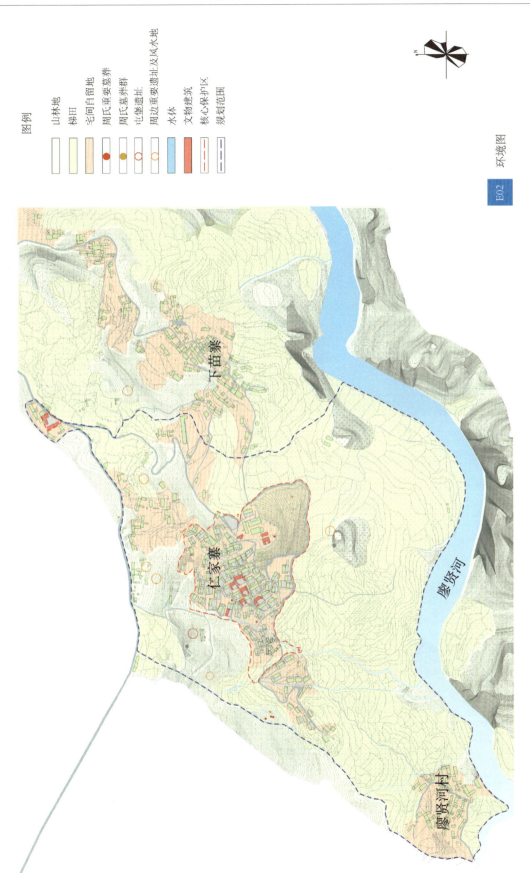

图25　楼上村古建筑群环境总图

图例

	山林地
	梯田
	宅间自留地
●	周氏重要墓葬群
●	周氏墓葬群
○	屯堡遗址
○	周边重要遗址及风水林地
	水体
	文物建筑
	核心保护区
	规划范围

E02　环境图

图26　楼上村自然山水格局

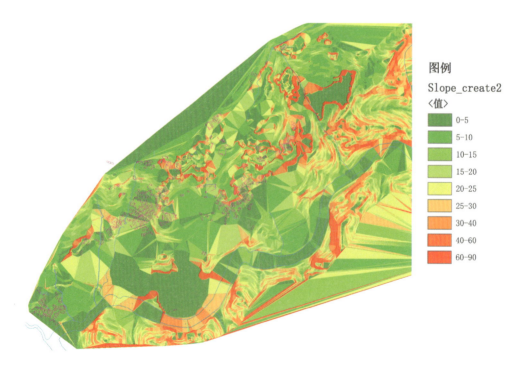

图例

Slope_create2

〈值〉

- 0-5
- 5-10
- 10-15
- 15-20
- 20-25
- 25-30
- 30-40
- 40-60
- 60-90

图27-1

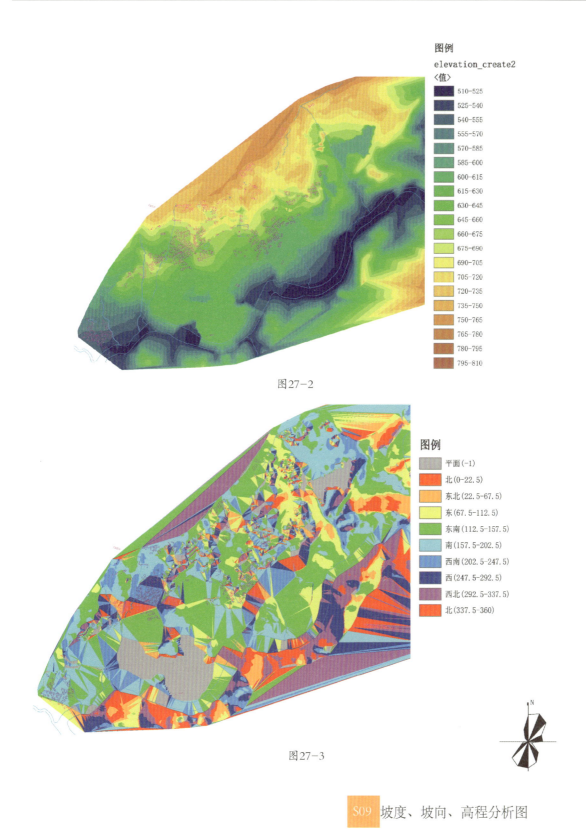

图27-2

图27-3

S09　坡度、坡向、高程分析图

图27　楼上村古建筑群周边坡度、坡向、高程分析图

村落北面主要为林木生产空间，树种丰富，林相优美，季相明显；主要用材林木有松、柏等，拥有成片的用材林景观。

植物种类丰富，在传统时代与村民生产生活方式关系密切。除去经济林、用材林等主要林木外，具体有以下种类——a食用：洋藿；魔芋；山楂树，可做神仙豆腐；乌泡刺，果、苔可食用等；b药用：南天竹；红豆杉，树皮泡水抗癌；铁扫帚（长冬草），治疗胃疼感冒；c其他功能性作用：木子树（乌桕），可做灯油；桐子树（毛桐），可做桐油；棕榈，用作搓绳子、蓑衣；阳山竹，可以编织；香棍子（短梗大参），烧柴；土青冈，烧炭；小黄金，肥田；岩豆藤，捞鱼；白泡叶，做鱼饵；稻草，用来喂牛；麻，织布（表7）。

总体来说，村民的生活方式正逐步现代化，已越来越习惯从外界取得生产生活资料，因此村民与原有乡土植物的密切关系正面临传承的挑战。

表7　与楼上村民生产生活方式相关的主要植物种类

编号	中文名称	类型	备注	拉丁名
1	枫香	乔木	落叶、色叶树种	Liquidambar formosana Hance
2	杨树	乔木	落叶、外来树种	Populus L.
3	无患子	乔木	落叶、烧柴	Sapindus mukorossi Gaertn.
4	檬子	乔木	落叶	Xylosma racemosum
5	皂荚树	乔木	落叶、制作洗剂	Gleditsia sinensis Lam.
6	构树	乔木	落叶、烧柴	Broussonetia papyrifera（Linn.）L'H é r. ex Vent.
7	泡桐	乔木	落叶	Paulownia tomentosa（Thunb.）Steud.
8	红檬子	乔木	落叶	Photinia glabra（Thunb.）Maxim
9	乌桕	乔木	落叶、可做灯油	Sapium sebiferum（L.）Roxb.
10	核桃树	乔木	落叶、食用	Juglans regia L.
11	桃树	乔木	落叶、食用	Amygdalus persica L.
12	梨树	乔木	落叶、食用	Pyrus L.
13	桐子树	乔木	落叶、制作桐油	Mallotus barbatus（Wall.ex Baill.）Muell. Arg.
14	板栗	乔木	落叶、食用	Castanea mollissima
15	榉树	乔木	落叶	Zelkova serrata（Thunb.）Makinoz
16	香椿	乔木	落叶、食用	Toona sinensis（A. Juss.）Roem.
17	山楂树	乔木	落叶、制作神仙豆腐	Crataegus pinnatifida
18	漆树	乔木	落叶	Toxicodendron vernicifluum
19	土青冈	乔木	常绿、烧炭	

续表

编号	中文名称	类型	备注	拉丁名
20	棕榈	乔木	常绿、制作绳子与梭衣	Trachycarpus fortunei （Hook.） H. Wendl.
21	杉木	乔木	常绿、建材	Cunninghamia lanceolata （Lamb.） Hook.
22	红豆杉	乔木	常绿、树皮抗癌	Taxus chinensis （Pilger） Rehd.
23	楠木	乔木	常绿、建材	Phoebe zhennan S.Lee et F.N.Wei
24	竹叶楠	乔木	常绿、建材	Phoebe faberi （Hemsl.） Chun
25	青冈树	乔木	常绿	Cyclobalanopsis glauca（Thunb.） Oerst.
26	柚子树	乔木	常绿、食用	Citrus maxima （Burm.） Merr
27	乌泡刺	灌木	落叶、可食用	Rubus tephrodes Hance
28	绣球花	灌木	落叶、观赏	Hydrangea macrophylla
29	石榴	灌木	落叶、观赏、食用	Punica granatum Linn.
30	木芙蓉	灌木	落叶、观赏	Hibiscus mutabilis Linn.
31	香棍子	灌木	常绿、燃料、药用	Macropanax rosthornii （Harms） C. Y . Wu ex Hoo
32	老鼠刺	灌木	常绿	Ilex pernyi Franch.
33	茶树	灌木	常绿、制作茶油	Camellia oleifera Abel
34	蔷薇	灌木	常绿、观赏	Rosa multiflora Thunb.
35	南天竹	灌木	常绿、药用	Nandina domestica
36	火棘	灌木	常绿、药用	Pyracantha fortuneana （Maxim.） Li
37	竹类	草本	常绿、制作农具	Bambusoideae Nees
38	金银花	草本	藤本攀援、药用	Lonicera Japonica
39	铁扫帚	草本	药用	Clematis hexapetala Pall. var.
40	白泡叶	草本	制作鱼饵	
41	兰花	草本	房前屋后观赏	Orchidaceae
42	仙人掌	草本	房前屋后观赏	Opuntia Mill.
43	美人蕉	草本	房前屋后观赏	Cannaceae indica L.
44	岩豆藤	草本	藤本攀援、用于捞鱼	
45	洋藿	草本	食用	Epimedium brevicornum Maxim.
46	魔芋	草本	制作魔芋豆腐	Amorphophallus rivieri Durieu
47	水稻	草本	粮食作物、秸秆喂牛	Caulis Et Folium Oryzae
48	玉米	草本	粮食作物	Zea mays Linn. Sp.

续表

编号	中文名称	类型	备注	拉丁名
49	黄豆	草本	粮食作物	Glycine max（Linn.）Merr
50	高粱	草本	粮食作物	Sorghum bicolor（Linn.）Moench
51	芋头	草本	粮食作物	Colocasia esculenta（L.）Schoot
52	红薯	草本	粮食作物	Ipomoea batatas
53	南瓜	草本	蔬菜	Cucurbita moschata（Duch. ex Lam.）Duch.ex Poiret
54	扁豆	草本	蔬菜	Purple Haricot
55	烟草	草本	经济作物	Nicotiana tabacum L.
56	生姜	草本	经济作物	Zingiber officinale Rosc.
57	棉花	草本	经济作物	Anemone vitifolia Buch.– Ham.
58	麻	草本	经济作物	

②动物

楼上村及周围区域栖居的小型动物以鸟类为主，种类较多且与村民和谐共处。

与楼上村居民生产生活关系密切的动物资源主要为廖贤河水系中的冷水鱼，现已形成养殖基地。

村落中主要养殖猪、牛、羊、鸡、鸭、鹅等家畜与家禽，其中牛是用来耕作梯田的重要生产资料。

（3）人文圈层

①民居建筑

楼上村的建筑以木构为主，新修的部分房屋采用砖木混合的模式，以木材构建支撑体系，用砖分隔房间。另有一些新建的民居采用砖混结构。早期修建的房屋以一层为主，建国后特别是改革开放以来逐渐出现二层、三层的建筑。

村内核心地带较为完整地保留了传统建筑风貌，部分破损建筑修缮结果与周边风貌相协调（图28-图32）。村内中心地带的传统建筑质量一般，部分建筑需要修缮加固，主要体现在梁架歪斜等方面。修缮时应采用传统木作方式，提升建筑质量。

在村庄西南部，新建部分水泥房，建筑表皮与整体风貌不相符。明清建筑沿"歪门斜道"两侧分布，民国建筑则分布在其外围，留存较少；1949-1979年建筑分布在核心区周边，而80年代以后民居建设则较无规律，其分布范围散落在核心区各处。

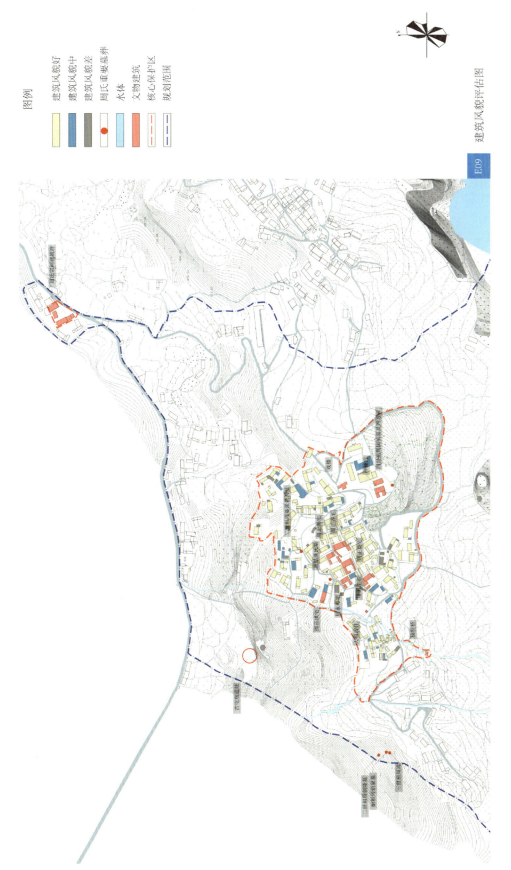

图28　楼上村古建筑群非文物建筑风貌评估图

图例

- 建筑风貌好
- 建筑风貌中
- 建筑风貌差
- 周氏重要墓葬群
- 水体
- 文物建筑
- 核心保护区
- 规划范围

建筑风貌评估图

E09

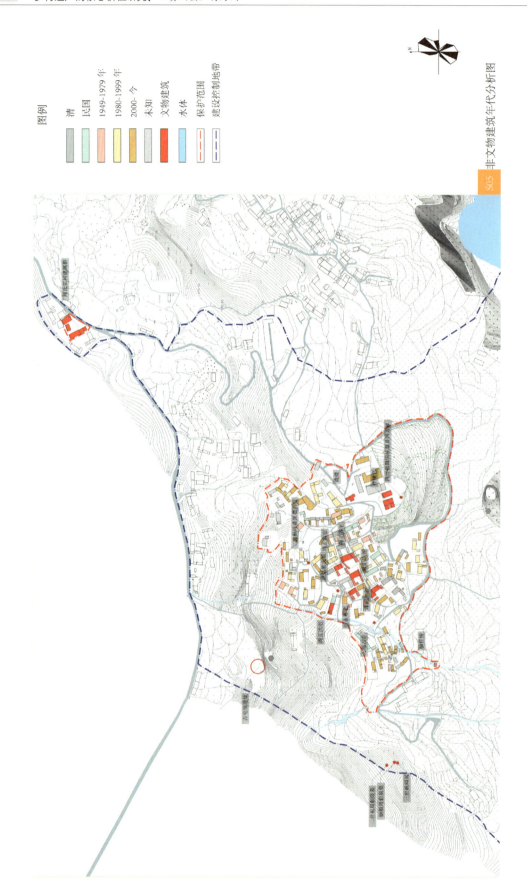

图29 楼上村古建筑群非文物建筑年代分析图

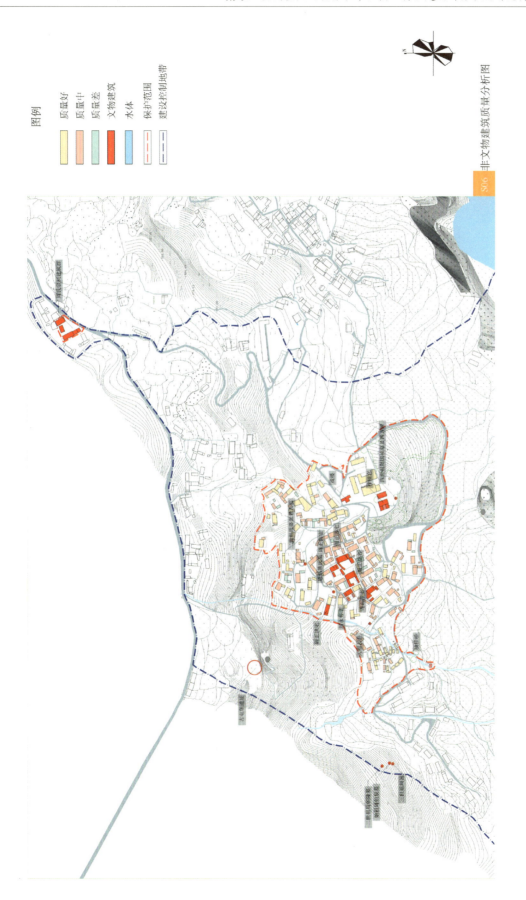

图30 楼上村古建筑群非文物建筑质量评估图

图例

质量好
质量中
质量差
文物建筑
水体
保护范围
建设控制地带

非文物建筑质量分析图

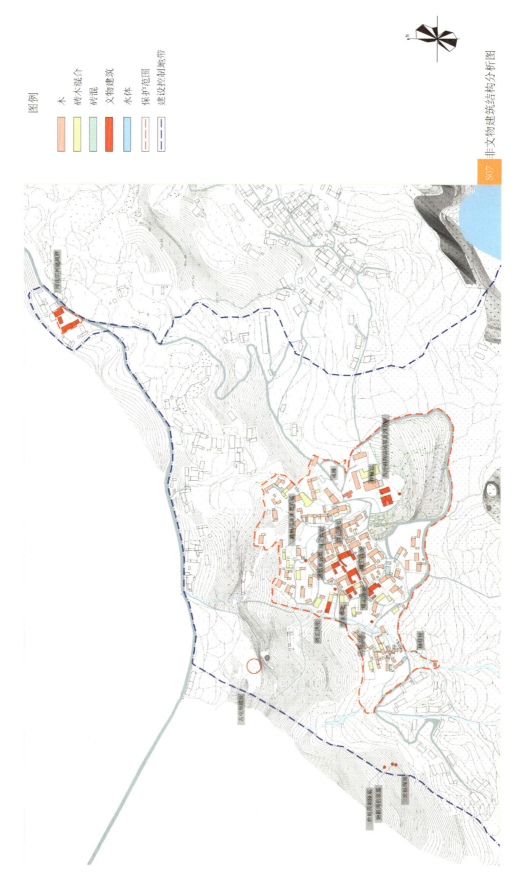

图31 楼上村古建筑群非文物建筑结构评估图

图例

木

砖木混合

砖混

文物建筑

水体

保护范围

建设控制地带

S07 非文物建筑结构分析图

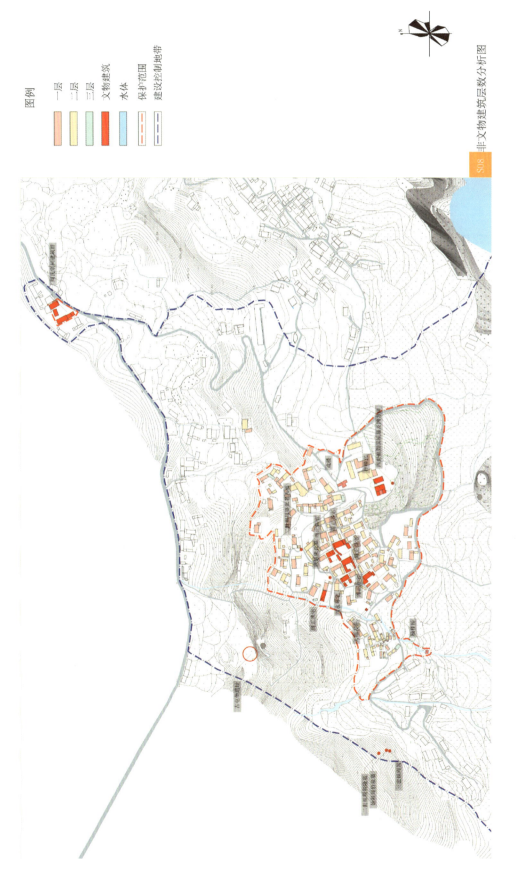

图32　楼上村古建筑群非文物建筑层数图

②公共建筑

村口的学校等设施的形制采用了马头墙等外来样式，与本地传统建筑的风格不符。

③基础设施

村落内部照明系统不够完善，且主要采用城市化统一生产的高杆式照明灯具。

村落内部电线、网线、上下水等管道从视觉上看比较突兀，与古朴的村落风貌有不协调之处。

村落中的化粪池与下水设施不够完善，对村民的生活品质与游客体验影响较大。

④梯田

楼上村东、北、西面山势比较平缓，土层较为深厚，易于进行旱地耕作、栽植经济林木。

楼上村东面与西面有大面积梯田景观，由于地势较高或离泉眼较远，引泉水灌溉比较不便，因此以旱地耕作为主，主要作物有小麦、玉米、烟草及各类蔬菜。

楼上村南部的梯田基本上位于龙洞湾与天福古井两处泉眼的下方，引水灌溉比较便利，因此主要开垦为水田，春夏季节种植水稻，形成大片稻作梯田景观，田埂上种植有乌桕树用来作为禾晾架，这些乌桕树形成了独特的景观；水稻收获后的秋冬季节则将梯田内部的水放干，种植油菜、花椰菜等蔬菜，形成菜地梯田景观。

村落南部梯田的稻作与旱地耕作交替进行，大大提高了耕地的生产效率，增加了居民的收入；这种复合型土地利用方式是该地区传统生产智慧的表征且沿用至今。

总体来说，楼上村周围的梯田空间沿用了传统的水利技术，延续了传统的农耕形态，梯田构造与水土的维护状态比较好；但靠近廖贤河的梯田已经开始出现抛荒的现象，村民开始在梯田中种植桃树、柑橘、柚子等果树，这些小乔木成林后会改变原有的田园风光。

⑤墓地

由于楼上村形成与发展的历史悠久，村落中的墓地与宅基地的混合程度比较高，村民并不忌讳。

墓地数量多、体量大、墓碑制作考究，承载了楼上村的重要历史信息。

5.3.2 主要非物质要素评估

（1）生产方式

①农耕

村民主要进行稻作与旱作两种农耕方式。

部分梯田中已经出现抛荒田地，或在梯田里种植果树等现象，这对传统田园风光形成了挑战。

②其他

村民主要采用农业与外出务工结合的兼业模式。

村落内部旅游接待设施不足，旅游业并未成为村落经济发展的重要产业。

（2）生活方式

①宗族结构

周姓村民的宗族结构保留完整，且编制了详细的周氏家谱。

邻居之间带有亲属关系，相处和睦。

②文化教养

村民的受教育程度相对较高，对村落文化、耕读文化具有自豪感。

受传统耕读文化影响，对国学比较推崇。

③信仰体系

村民的风水意识、朴素的自然崇拜意识比较明显。

本地传统民俗与节庆活动比较丰富。近年来，"说春"等民俗也得到了恢复。

④衣食住行

村落内部垃圾处理问题严峻，因现代生活方式所产生的固体垃圾无法通过传统方式回收利用，再次进入生态循环，因此村民的主要处理方式为焚烧与弃置沟渠。垃圾的焚烧点主要在村口风水林以南的水泥道路一侧，垃圾的弃置点主要在风水林七星古树附近，以及国保单位楠桂桥附近、从龙洞湾发源的水系中。

垃圾的焚烧与弃置不仅严重污染空气与水体，且会在视觉上降低整个村落的景观品质，对旅游业的发展十分不利。

5.4 基础设施现状评估

5.4.1 电力、通讯设施现状评估

（1）电力设施

设施现状：楼上村电力网线主要采取地上架空方式，影响文物视觉环境，同时造成电力网线围绕文物建筑。民居类文物建筑中均引入电力管线，需要防止线路老化、鼠害等，以免造成线路短路、失火。

设施评估：设施老化，有安全隐患，且影响景观风貌（图33）。

（2）通讯设施

设施现状：楼上村核心范围内手机信号良好，入户接通网络及有线电视，通讯便利。

设施评估：在楼上村核心保护范围内观察不到通信收发信号基站，不影响整体风貌。

5.4.2 给排水设施现状评估

（1）给水设施

设施现状：楼上村供水设施不良，部分地势较高的民居无法获得有效供水。居民用水主要

图例

电线杆
电线
雨污混合排水管沟
水体
文物建筑
核心保护区
规划范围

E11   基础设施现状评估图

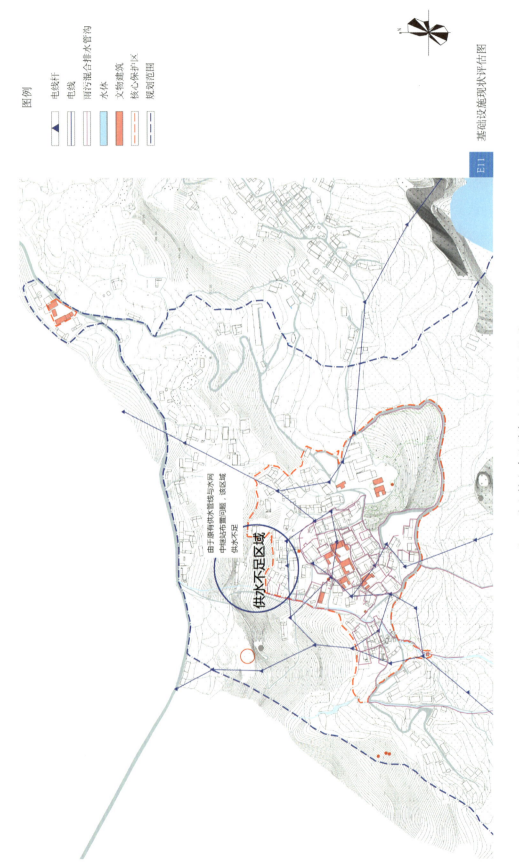

由于原有供水管线与水网
中继站布置问题，该区域
供水不足

供水不足区域

图33　楼上村古建筑群基础设施现状评估图

从龙洞湾等水源地接管引入。部分居民需到天福古井挑水使用。

设施评估：供水管线管理较为混乱，无法满足日常用水需求，亟须整改。

（2）排水设施

设施现状：楼上村排水主要以明渠为准，结合暗沟，沿路分布，排向天然冲沟，最终排入廖贤河。排水雨污未分离。部分厨余及清洗用水直接排到路面。

设施评估：排水管线仍在发挥使用功能，但难以满足日益提高的生活需求。

5.4.3　环卫设施现状评估

设施现状：村落内部设有7个垃圾桶，但无人负责清理转运。村民处理垃圾的办法主要为：可燃垃圾自家焚烧，其他垃圾倒入冲沟中，待雨季全部排入廖贤河。村民自家建设沼气池，但大部分因年久失修而失去生产沼气功能。村民自家排泄物依旧排入池中。部分村民家中依然使用旱厕。

设施评估：环卫设施不足且管理混乱，影响到村落环境卫生与景观，亟须改造。

5.4.4　道路交通设施现状评估

设施现状：

道路宽度评估：村落内部道路宽度多小于1.5米，部分村内干道宽度在1.5米到3米之间，环绕村庄的水泥路，宽度大于3米，方便客运、货运。

道路铺装评估：大块青石路面多为国保单位周边上百年历史的老路，红石板、水泥、碎石子等铺装的路面多为近年来新修的道路。

道路质量评估：根据路面破损、铺装材料等因素将道路质量分为4类，新建道路质量较好，部分泥泞、崎岖的土路质量差。红石板路雨天较滑。

道路通行情况评估：村落外围新铺设的红石板路雨天特别湿滑，容易使过往群众摔倒。部分村中的小路通行不便，但可以更便捷地通向村外。环绕村落新修的水泥路便于人车通行。

道路踏步评估：村庄内部，特别是历史较为悠久的核心区块，多为有踏步的道路，在村庄外围新建的水泥路与红石板路多没有踏步，方便车辆通行。

评估结论：

道路质量、宽度、铺装与通行状况差异较大，不能满足村民生活需求，也影响到环境景观，亟须整改（图34-图37）。

5.4.5　用地性质现状评估

用地现状：楼上村内部主要为文物古迹用地与居民住宅用地。村落周边以耕地、林地为主。

用地评估：用地性质未能考虑村落未来发展，需做适当调整。

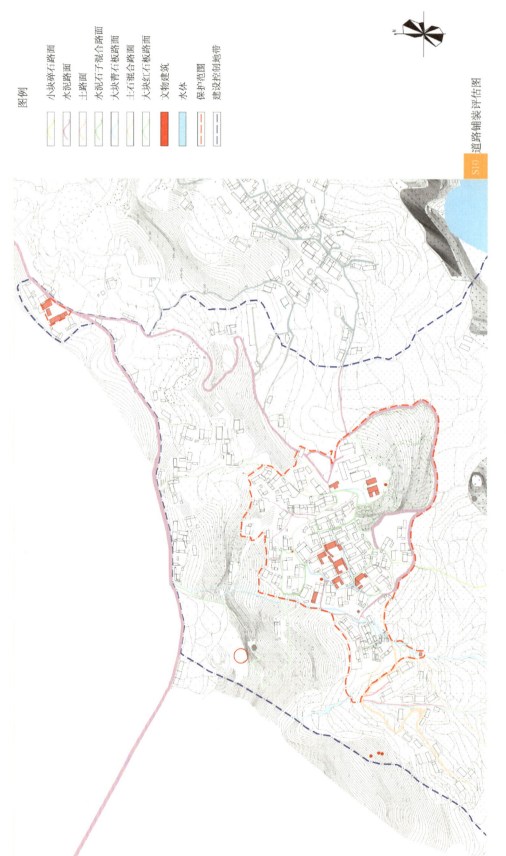

图例

小块碎石路面
水泥路面
土路面
水泥石子混合路面
大块石板石路面
土石混合路面
大块红石板路面
文物建筑
水体
保护范围
建设控制地带

S10　道路铺装评估图

图34　楼上村古建筑群道路铺装评估图

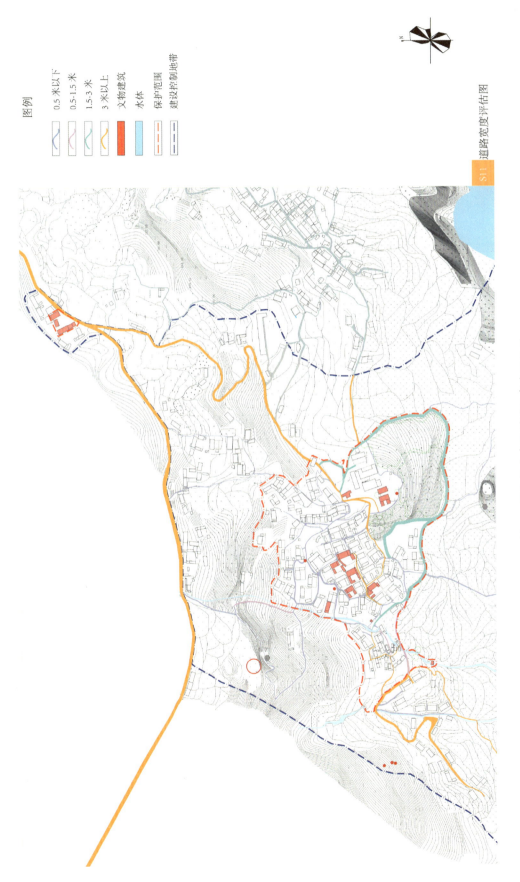

图35　楼上村古建筑群道路宽度评估图

图例

- 0.5米以下
- 0.5-1.5米
- 1.5-3米
- 3米以上
- 文物建筑
- 水体
- 保护范围
- 建设控制地带

道路宽度评估图

S11

图例

质量好
质量较好
质量较差
质量差
水体
文物建筑
核心保护区
规划范围

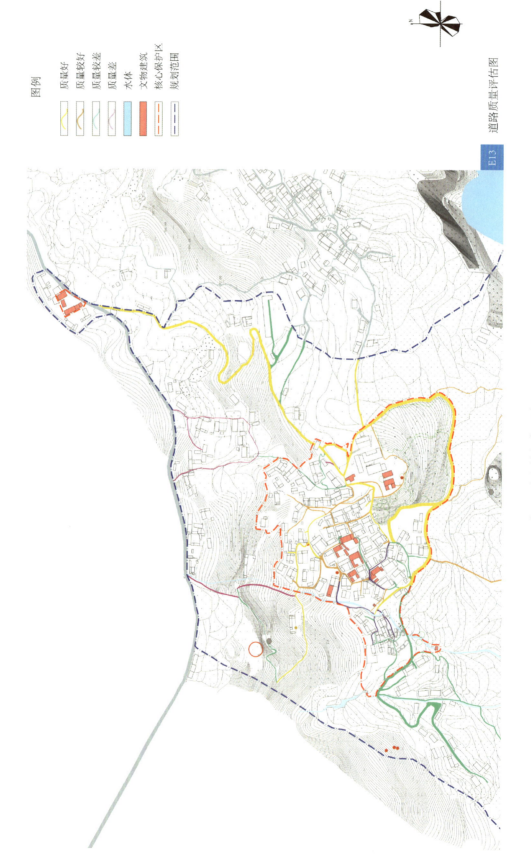

道路质量评估图   E13

图36 楼上村古建筑群道路质量评估图

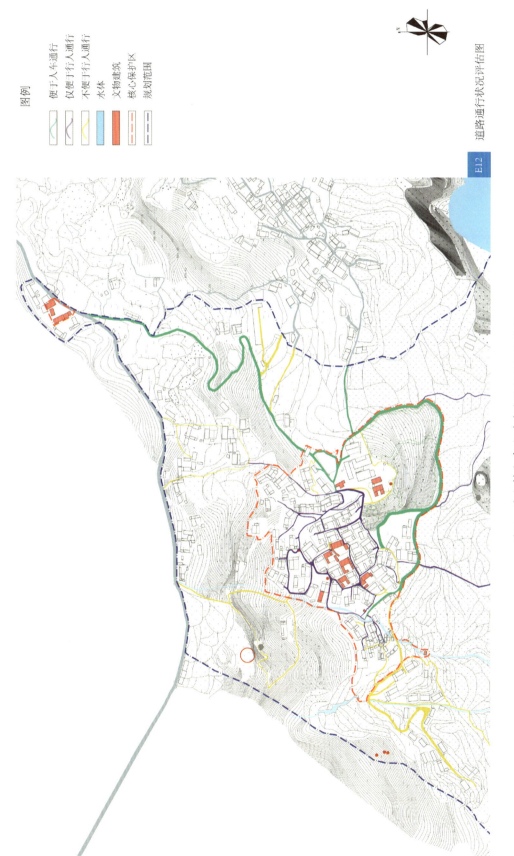

图例

	便于人车通行
	仅便于行人通行
	不便于行人通行
	水体
	文物建筑
	核心保护区
	规划范围

E12 道路通行状况评估图

图37 楼上村古建筑群道路通行状况评估图

5.5 展示利用现状评估

5.5.1 开放现状评估

文物建筑：梓潼宫、戏台、周氏宗祠、天福古井及井亭、楠桂桥等文物建筑对外开放；各民居依然有村民居住，参观需同户主协商。

其他文物本体：墓葬、遗址与巷道等文物本体均对外开放。

村落整体：村落对外开放，但民居均为村民居住。

观景点：现有观景亭两座，可从不同角度观赏周围自然风光及村子全貌，对外开放。

民俗传统：部分节日会在楼上村举办说春等传统民俗活动。

旅游服务：其中有四处民居提供住宿服务，另有小卖部一个，可提供基本旅游服务。

其他设施：有刺绣馆一座，销售苗族刺绣作品；梓潼宫正殿附近有一建筑辟为养正书院，作为村内国学教育之用，也是楼上村与外界进行文化交流的窗口（图38）。

评估结论：

文物本体开放无统一管理，与价值阐释无密切联系；

文物环境要素展示与开放不系统，也没有与价值阐释相联系。

旅游服务设施及文化传统展示有一定基础，但未能与文物价值建立联系。

5.5.2 展示设施评估

现阶段村内仅有4块指路牌，部分已经损坏；历史建筑铭牌较为破旧，建议维护或更换。

梓潼宫建筑群等公共建筑、文物民居及其他各处民居、观景亭，以及村内各处文物保护建筑，除建筑本体外，基本没有任何展示配套设施和活动。

除观景亭外，楼上古建筑群无其他专门展示设施，无系统展示规划。

评估：展示设施严重不足，缺乏设计与管理体系，未能全面展示文物价值。

5.6 管理现状评估

5.6.1 保护区划

国保档案中的保护区划现状：

保护范围：东南以梓潼宫后殿外延20米为界，东北以周云正家房屋外延20米为界，西北以周其兵家房屋外延20米为界，南北以楠桂桥和周正富家房屋外延20米为界。

建设控制地带：东、南、西、北以保护范围外延50米为界。保护范围面积483.7平方米；建设控制地带面积3000平方米（图39）。

评估：保护范围基本涵盖楼上村核心历史范围，但周氏宗祠未能纳入，边界划定不具有可

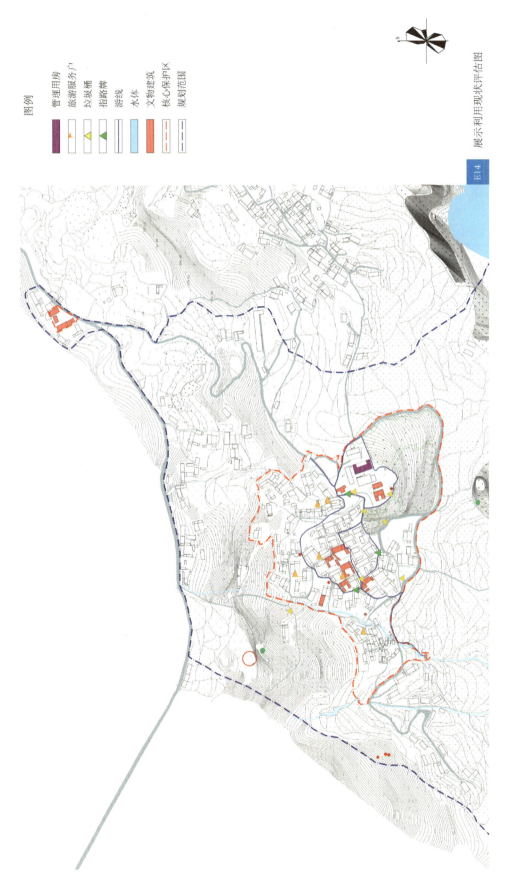

图例

▮	管理用房
△	旅游服务厂
△	垃圾桶
△	指路牌
▮	游线
▮	水体
▮	文物建筑
┅	核心保护区
┅	规划范围

E14

展示利用现状评估图

图38　楼上村古建筑群展示利用现状评估图

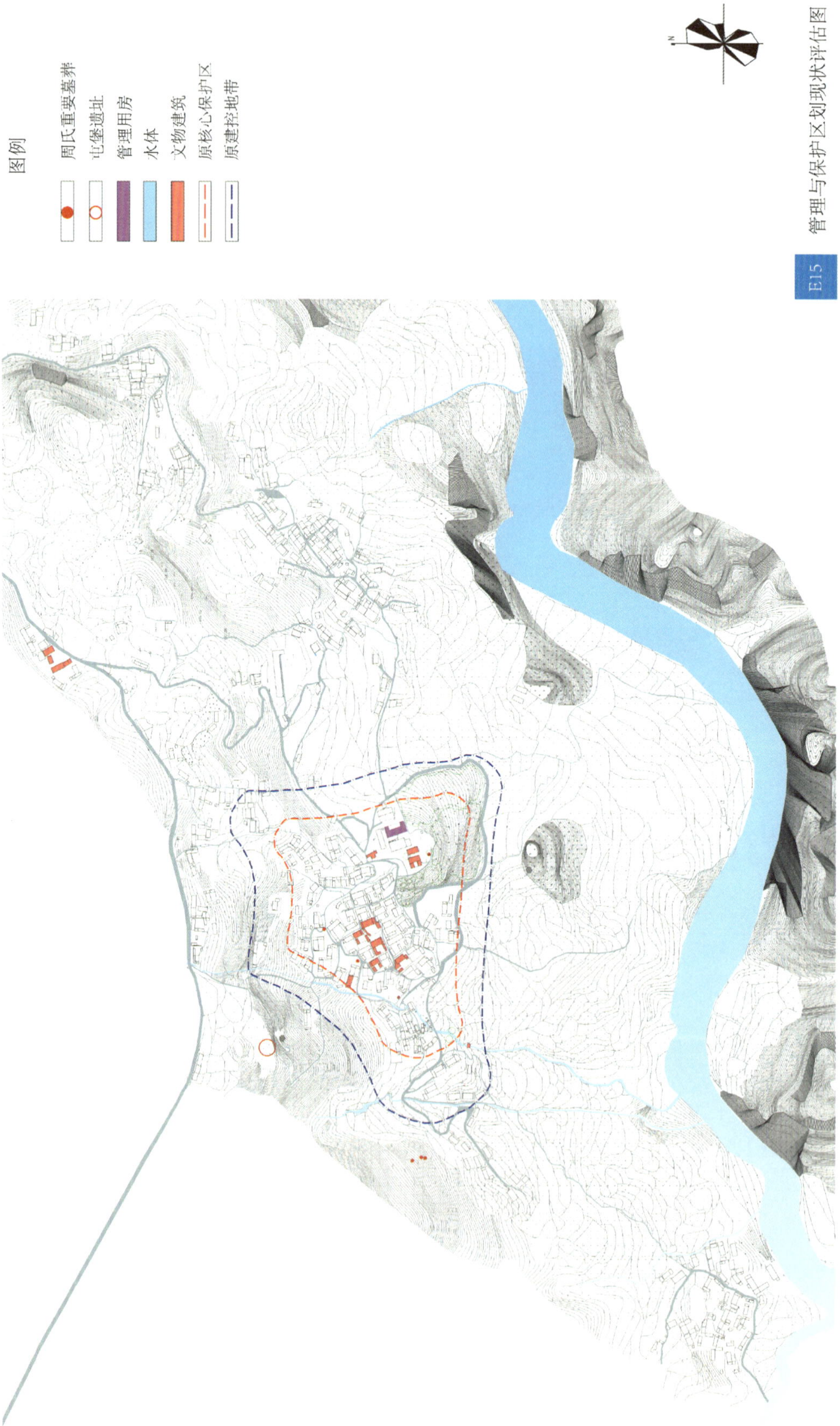

图例

- 周氏重要墓葬
- 屯堡遗址
- 管理用房
- 水体
- 文物建筑
- 原核心保护区
- 原建控地带

管理与保护区划现状评估图

E15

图39　楼上村古建筑群管理与保护区划现状评估图

楼上村古建筑群保护范围平面图

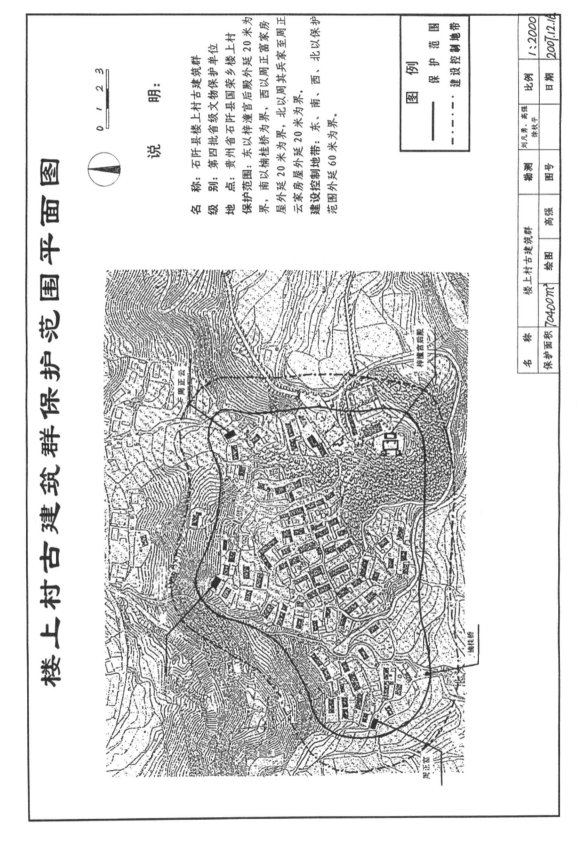

说　明：

名　称：石阡县楼上村古建筑群
级　别：第四批省级文物保护单位
地　点：贵州省石阡县国荣乡楼上村
保护范围：东以梓潼宫后殿外延 20 米为界，南以楠桂桥为界，西以周正富家房屋外延 20 米为界，北以周正兵家至周正云家房屋外延 20 米为界。
建设控制地带：东、南、西、北以保护范围外延 60 米为界。

图 例	
——	保 护 范 围
—·—·—	建 设 控 制 地 带

名　称	楼上村古建筑群		勘测	刘凡勇、高强 徐牧宇	比例	1:2000
		绘图	高强	图号	日期	2007.12.16
保护面积	7040.00㎡					

图 40　国保档案中楼上村古建筑群保护范围示意图

实施性；建设控制地带划定与保护对象（特别是文物环境）、价值评估无联系，难以控制文物周边的建设。

5.6.2 保护标志

国保标志牌一块。标志牌材质：铁质；立标机关：贵州省人民政府；规格：80×60cm；立标日期：2006年7月。

5.6.3 保护档案

2006年7月起，在石阡县文物管理所建立《楼上古寨》档案，包含纸质文本、电子文本、图片资料、影像资料。四有档案基本齐全，其中收录有《石阡县楼上古寨调查报告》《楼上古寨文化生态区调查报告》等材料。

5.6.4 管理工作

（1）管理机构

现状：楼上村现由多部门分头管理，主要有石阡县文物管理局、石阡县温泉名胜管理局、石阡县环保局、石阡县水利局及石阡县国荣乡楼上村村民自治委员会等（表8）。

表8　楼上村管理机构

机构名称	机构管理信息			
石阡县文物局	性质：	政府性保护管理机构（事业）		
	主管项目：	梓潼宫、戏台等国保单位维护、修缮		
石阡县楼上传统村落整体保护与发展项目建设指挥部	隶属部门：	石阡县宣传部		
	工作人员：	覃金明	石阡县温泉群风景名胜管理局副局长	负责单位项目
		龙天伏	石阡县温管局楼上管理所科长	景区负责人
		任廷武	石阡县温管局规划科科长	
		杨刚	石阡县温管局规划科科员	
	主管项目：	楼上村排污主管道、道路建设、给水及消防管道铺设、公厕修建及垃圾桶投放等县温管局项目		
石阡县环保局	主管项目：	楼上村排污分管道		
石阡县水利局	主管项目：	楼上村水库修建		
国荣乡政府	主管项目：	楼上村新村建设		

评估：楼上村管理机构较多，各方职责不明确，缺少统一的工作计划与发展规划；对文物保护及涉及的民事纠纷处理力度不够。

（2）管理用房

现状：村级管理机构占用村委会作为管理用房，位于梓潼宫北侧，面积约284平方米。

评估：暂时满足管理需求，但未来随着管理工作的繁杂与提升，需要扩大用房且分散于村内。

（3）保护工作

2004年12月17日，楼上梓潼宫古建筑群被石阡县人民政府公布为县级文物保护单位（石府发〔2004〕103号）。

2004年5月，铜仁地区文管办组织专家对楼上梓潼宫古建筑群进行勘测设计。

2004年8月，县财政局拨款20万元对楼上梓潼宫古建筑群进行保护维修。

2006年6月6日，楼上村古建筑群被贵州省人民政府公布为省级文物保护单位（黔府发〔2006〕16号）。

2012年3月，省文物局请森鑫文物古建工程设计有限公司对楼上村古建筑群周正其宅进行勘测设计。

2012年5月，省文物局拨款17万元对楼上村古建筑群周正其宅进行保护维修。

2013年3月5日，国务院国发〔2013〕13号文件《国务院关于核定并公布第七批全国重点文物保护单位的通知》公布楼上村古建筑群为第七批全国重点文物保护单位。

2014年5月29日，国家文物局发布文物督函〔2014〕1010号文件《关于楼上村古建筑群消防工程立项的批复》。

2014年6月5日，国家文物局发布文物督函〔2014〕1390号文件《关于楼上村古建筑群防雷工程立项的批复》。

2014年9月23日，国家文物局发布文物保函〔2014〕2664号文件《关于石阡楼上村古建筑群保护工程立项的批复》。

（4）管理制度

楼上村未能建立文物保护管理制度。

5.6.5 利益相关者评估

（1）利益相关者构成

楼上村的利益相关者较简单，但利益关系较为复杂，包括村民（分为一般村民及旅游服务业个体户）、管理机构（石阡县文物局、石阡县楼上传统村落整体保护与发展项目建设指挥部及国荣乡政府）、游客等。楼上村村民是村落的传承者、维护者，拥有房屋、土地产权，而村内多处指定文物保护单位，则由当地文物部门进行管理。此外，村中现大兴基建，涉及环保、水利等多部门。虽然，楼上村旅游开发尚未成气候，到此参观、游览的游客为数不多，但也需将现有旅游业相关机构、游客纳入利益分析范畴中。总体而言，村民是与村落联系最为紧密的核心利益群体。

①楼上村村民

　　当地居民：楼上村居民多为农业户口，村中多老年人，中青年外流量较大，多在外务工。根据多次入户调查结果，该村村民主要收入来源为外出务工收入（图41），村民多在广州或江浙的工厂、工地、服务行业；而传统的支柱产业——农业占比较少，林业、养殖业更少，种植品种不具特色，都是家常蔬果，多为老人打发时间自家使用。总体来说，村中亟待开发新产业，创造新活力，吸引青壮年返乡。

　　目前，楼上村基础设施尚未完善，道路建设、污水排放、用水用电等对村民而言还存在诸多不便之处。村民盖房用地处处受限，心怀怨念，几处被划定为文保单位的房屋中的居民被要求迁出，政府未能及时安抚，其正常生活受到了影响。

　　旅游服务业个体户：村中有农家乐、民宿、小卖部等旅游相关服务产业，由于游客较少且入村时间缺乏规律，农家乐、民宿等或长期空窗或措手不及，更多时候是服务于上级领导来村检查，而签单行为较为泛滥，业主颇为不满。由于外来游客较少，小卖部等也多服务于当地居民。

　　总体而言，楼上村青壮年村民流失量较大，老龄化较严重，村中传统农耕产业发展薄弱，居民渴望发展，但认为村委未能做好引导工作。村民与村委关系较紧张，认为村委班子不作为，以权谋私，对政府的福利发放、赔偿落实等方面存有较大质疑。村中基础设施不足，教育、医疗等方面尚未完善。

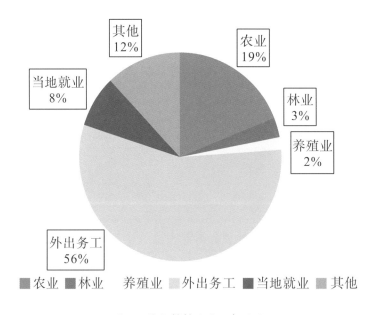

图41　楼上村村民收入来源图

　　②管理机构

　　石阡县文物局：楼上村文物保护单位现采取封锁隔离保护措施，由石阡县文物局直接管理，如梓潼宫、戏台等的维护、修缮。

石阡县楼上传统村落整体保护与发展项目建设指挥部：部门职责主要是组织楼上村排污主管道、道路建设、给水及消防管道铺设、公厕修建及垃圾桶投放等县温管局项目的落实、跟进。

国荣乡政府：乡政府负责楼上村新村建设及其他相关事务的上传下达。

综上而言，楼上村管理机构较多，各方职责不明确，缺少统一的工作计划与发展规划，现有的管理方式、效果也不尽如人意。同时，对文物保护及其所及的民事纠纷处理力度不够。

③游客

楼上村的旅游开发、宣传工作尚未开启，外方游客对其了解、认知有限。游客多为走亲戚的同乡或拖家带口返乡的务工青壮年。经过年期间走访调查了解，许多外地游客到访纯属误打误撞，对村内的饮食住宿条件、基建情况、特色景点较为不满，并表示不再到访。

（2）利益相关者的认知与需求评估

基于上述分析，楼上村核心利益相关者应属当地居民，他们是遗产的继承者、使用者、维护者，同时，他们也是遗产价值阐释中不可或缺的重要部分。对于楼上村的保护规划应基于满足村民生产生活延续的诉求。目前青壮年流失、村民个人收入低下、基础建设尚未完善、生活条件不如人意、住房用地矛盾尖锐、政府与居民关系较为紧张等问题都亟待解决。

（3）各类利益相关者的主要需求

楼上村村民：改善基础设施、开发旅游业带动生活条件的提升、引进多样化新产业提高收入、政府处理事务更加高效透明；

当地文物部门：保护、维护文保单位；

旅游开发机构：政府推动引导、完善基础设施、加大宣传吸引游客；

游客：了解并认知楼上村、强化住宿膳食环境、开发完善旅游景点。

5.6.6 研究现状评估

研究现状：

2004年6月，贵州省国土资源厅派人员完成了对楼上古寨的地基勘测。

2004年7月，贵州省文物局委托省文物保护研究中心和石阡县文物管理所，通过查阅资料、走访、实地勘测等方式，取得了楼上古建筑群的数据和相关信息，并建立了集文字、照片、图纸为一体的反映楼上古建筑群的史实及价值的记录档案，并编制了《石阡楼上梓潼宫古建筑群保护维修暨勘测设计》。在此基础上，县文物管理所于2005年对建筑群的历史沿革、建筑形制、风格、工艺做了进一步挖掘、研究，对古建筑群进行了初步的价值评估并将该建筑群申报为省级文物保护单位。

评估：楼上村历史悠久、文化丰富，但现有研究工作仅限于地理、建筑勘测，对村落历史、家族历史以及景观文化的挖掘十分不足。

5.6.7 相关规划

贵州省铜仁市石阡县国荣乡楼上村传统村落保护发展规划（2014–2030）：本规划确定的规划范围即楼上村规划区域，总面积 26.84 公顷。楼上村现有建设用地为本次主要规划内容。保护区划分为保护范围和建设控制地带。其中保护范围面积 10.22 公顷，包括民居建筑群及周边历史环境要素所在的完整区域。建设控制地带面积 26.84 公顷（包括核心保护区），包含了正楼上，还有部分能体现当地农耕文化的梯田。为了保持楼上村遗存的生态环境，以及体现侗族和汉族文化结合的村落选址特点和村落风水选址的文化，建议在村落周围环境风貌上也进行严格的保护控制。保护范围北起28号院北侧外墙17米处，南至73号院南侧外墙20米处，西起131号院西面外墙55米处，东至村委会东侧外墙117米处，包括梓潼宫、马桑古屋、周其双民居等在内，总占地10.22公顷。建设控制地带北起98号院北侧外墙19米截洪沟处，南至楠桂桥南侧50米处，西起132号院西面外墙131米处，东至127号院东侧外墙198米处，划定保护范围周边民居分布较为集中的区域以及包括村庄主干道在内的边坡山地区域为建设控制地带，总占地26.84公顷。保护范围的保护应遵循"空间结构完整、传统风貌完好、视觉景观连续"的原则，保护现有巷道格局和传统建筑风貌。对保护区内的建筑应采取以下措施：文物保护单位应按照《中华人民共和国文物保护法》的要求实施保护；历史建筑应按照《历史文化名城名镇名村》的要求实施保护并改善设施；传统风貌建筑在不改变风貌的前提下，维护、修缮、整治、改善设施；与传统风貌不协调的建筑予以整治或拆除。保护范围内可建设必要的基础设施和社会服务设施，新建设施应当与保护范围内的历史风貌相协调。建设控制地带内除保持历史建筑原有传统风貌外，要严格控制新建建筑物、构筑物的使用性质、高度、体量、色彩，具体要求如下：

高度：建设控制地带内的新建建筑物、构筑物，原则上高度不超过两层，屋顶檐口高度不超过4.6米，偏房不超过4.9米。体量：建设控制地带内的新建建筑物、构筑物，在体量上（长度、宽度、高度等）应与原有历史民居体量相协调，不应建设过大体量建筑，避免破坏原有空间尺度。色彩：建设控制地带内的新建建筑物、构筑物，在色彩上要沿用历史建筑的传统色。

石阡县国荣乡楼上历史文化名村保护规划：保护范围为东侧西侧以山脊线为界，北侧以河对岸为界，南侧根据实际情况划定界限，规划控制区20.4公顷。

评估结论：传统村落与历史文化名村规划均对保护范围与建设控制地带有所划定，其中保护范围划定基本一致，但建设控制地带划定有较大差异，然而二者共同的问题是建设控制地带划定未能考虑到村落的核心价值，未能将村落到廖贤河的梯田及周边景观纳入。

5.7 现状评估结论

5.7.1 影响因素与评估结论

为有效控制各种危害、合理妥善管理和利用文物、尽可能向公众展示文物价值，根据各项评估结论，楼上村古建筑群在文物保护、环境控制、管理利用、研究宣传等方面，存在如下亟待解决的问题：

（1）文物本体

文物建筑：除梓潼宫建筑群外，其他建筑普遍保存状况不佳。

主要影响因素：自然衰败以及缺乏日常照管。

墓葬：保存状况一般。

主要影响因素：缺乏日常照管。

遗址：保存状况差。

主要影响因素：人为破坏、自然环境影响。

巷道：保存状况差。

主要影响因素：自然破损、人为破坏以及缺乏日常修护。

（2）周边环境

建筑环境：楼上村建筑风貌普遍较好；

基础设施：基础设施陈旧、老化；

环境卫生：环境卫生条件较差。

（3）展示利用

展示利用设施不足且使用不当；

展示与利用方式单一，未能展现楼上村古建筑群的核心价值。

（4）管理工作

保护标识与档案基本齐全；

管理工作不到位，对应上级管理机构较多，但缺乏实质的专门管理机构与人员。

（5）研究工作

研究工作十分缺乏。

6. 规划目标、原则与对策

6.1 规划原则

基本原则：“保护为主、抢救第一、合理利用、加强管理”文物工作十六字方针；

不改变文物原状，保障文物安全，保存文物及其环境的真实性、完整性、延续性；

以文化景观的系统价值论为指导，保护楼上村核心价值系统要素；

在强调保护文物本体，不影响文物安全的前提下，保持、延续楼上村内各种传统功能以及各住宅建筑正常的日常居住和使用功能，增进周氏后人的文化交流；

强调历史环境保护的重要性，使文物保护、旅游开发、生态环境保护和村镇建设协调发展。

6.2 规划目标

在规划期限内，真实、全面地保存并延续楼上村的历史信息及核心价值，推动楼上村历史文化的研究、传播和发展，使楼上村的保护和管理能力达到国内先进水平，强化楼上村在石阡县社会经济发展中的重要地位，引导楼上村成为具有广泛知名度的西南汉族移民村寨，并加强以村民为代表的利益相关者的积极参与，充分发挥文化遗产的当代社会文化价值。

6.3 规划性质

本规划是全国重点文物保护单位保护规划，保护对象、保护范围、建设控制地带等保护区划的划分与管理规定、文物本体的主要保护措施、利用功能的规定和游客容量控制指标等内容，是保护规划的强制性内容；

本规划中与城乡建设用地发展方向相关的规划要求纳入石阡县的城乡规划；

本规划的本体与环境的主要保护措施与利用方式应与石阡县的生态、土地、旅游等资源的综合保护与利用相结合；

本规划与石阡县的社会经济发展规划相衔接；

本规划的保护区划贯彻于楼上村历史文化名村、传统村落、石阡温泉风景名胜区的区划之中。

6.4 规划策略

6.4.1 对于文物本体

尽可能减少对遗存本体的干预，确保文物建筑的真实性、安全性、完整性；

提高保护措施的科学性；

加强日常保养和监测，预防灾害侵袭；

坚持科学、适度、持续、合理的利用，充分展示文物本体的价值和历史信息；

提倡公众参与，注重普及教育，鼓励文物保护的科学研究。

6.4.2 对于文物环境

注重保持楼上村与其他历史遗存及其历史环境的协调关系，确保历史遗存的格局稳定性和相对完整性；

协调与建设之间的关系，防止开发利用过度，注重风貌协调、层级控制，避免建设性破坏等现象；

保持楼上村在石阡社会文化生活中的地位，强调当代社会文化价值；

强调文化遗产历史环境的整体保护，注重保护楼上村原有的村落环境格局与景观风貌。

6.4.3 对于价值系统

楼上村古建筑群的核心价值以村落人文生态系统组成的各要素为载体；

通过保护区划划定以及各项专项规划，对楼上村古建筑群核心价值系统的各要素采取不同手段加以保护；

通过对各要素的保护，延续楼上村古建筑群的人文生态系统，并结合展示利用规划阐释、展现其核心价值。

6.5 规划重点任务

基于文化景观系统价值论识别并保护全部景观要素及其价值；

建立切实可行的保护措施，保护文物本体，通过展示利用规划来展现其价值；

通过专项规划保护文物环境，并与地方发展相结合。

7. 保护区划与管理规定

7.1 保护区划

7.1.1 区划依据

（1）法律依据

《中华人民共和国文物保护法》第十五条、第十七条、第十八条、第十九条；《中华人民共和国文物保护法实施条例》第九条、第十三条、第十四条；《全国重点文物保护单位保护范围、标志说明、记录档案和保管机构工作规范（试行）》第二章；《关于进一步做好文物保护"五纳入"通知》第一条、第三条。

（2）保护区划分级

保护区划调整为三级，即保护范围、建设控制地带与环境控制区，其中建设控制地带划分为禁止建设区与限制建设区两级。

（3）保护区划的公布与界定

经本规划确定的边界经国家文物局评审通过后，应尽快依照法定程序由贵州省人民政府公布并尽早安排楼上村的保护区划调整事宜；

保护范围边界应落实界标、围栏和标志牌，以示公众；

标志说明牌应按照《全国重点文物保护单位保护范围、标志说明、记录档案和保管机构工作规范（试行）》第三章要求执行。

7.1.2 保护范围调整

楼上村保护范围四至边界：

东：寨门入口东侧绕村公路；

南：梓潼宫南侧绕村公路至楠桂桥；

西：楠桂桥至老新村东侧道路；

北：仁佳寨北侧住房北沿。

保护范围占地面积：84197.31平方米。

7.1.3 建设控制地带调整

根据楼上村现状评估的结论，在保护范围外设立建设控制地带（图42、图43）。

建设控制地带四至边界：

东：周氏宗祠东南侧道路至下苗寨村落建筑西边缘；

图例
保护范围
建设控制地带
环境控制区

保护区划详图 1

P02

图 42　楼上村古建筑群保护区划详图 1

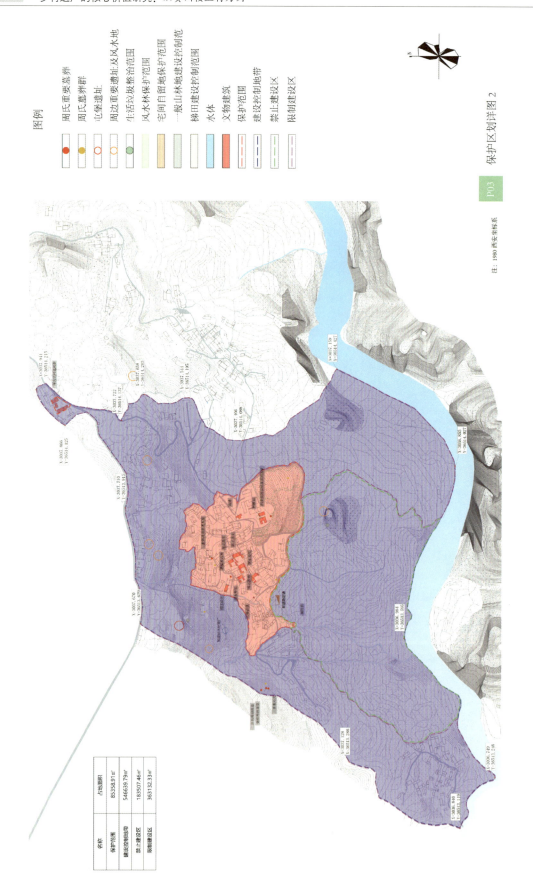

图例

	周氏重要墓葬
	周氏墓葬群
	屯堡遗址
	周边重要遗址及整治范围
	生活垃圾整治范围
	风水林保护范围
	宅间自留地保护范围
	一般山林地建设控制范围
	梯田建设控制范围
	水体
	文物建筑
	保护范围
	建设控制地带
	禁止建设区
	限制建设区

P03　保护区划详图 2

注：1980 西安坐标系

名称	占地面积
保护范围	85358.91㎡
建设控制地带	546639.79㎡
禁止建设区	1835507.46㎡
限制建设区	363132.33㎡

图43　楼上村古建筑群保护区划详图2

南：廖贤河北岸（以木瓜溪水库建成水位上涨后的水位线为准）至廖贤河村；

西：廖贤河村与老新村西边缘；

北：仁佳寨北侧公路南边缘。

建设控制地带面积：545478.19平方米。

建设地带内部划分为禁止建设区与限制建设区两级，其中禁止建设区为保护范围以南至廖贤河的梯田区域，限制建设区为廖贤河村、老新村与仁佳寨东北部区域。

7.1.4 环境控制区划定

楼上村古建筑群的核心价值体现于文化景观系统之中，基于聚落周边的乡村与林田、生态环境、山水格局、景观视线通廊保护，以及地表径流与地下水源涵养的需要划定环境控制区。环境控制区的范围主要依托于包含楼上村的廖贤河局部小流域的范围划定。

环境控制区四至边界：

东：廖贤河水库水坝西侧；

南：廖贤河南岸喀斯特山体脊线；

西：楼上村以西山岭顶点；

北：楼上村以北山岭顶点。

7.2 管理规定

7.2.1 保护区划统一管理规定

本规划经批准后，保护区划与主要保护措施应纳入石阡县总体规划和国荣乡、楼上村村镇规划及各类建设性详规。

本规划划定的保护范围与建设控制地带按照《中华人民共和国文物保护法》（2017年）及相关法律法规文件执行管理。

本规划经批准后，有关保护区划和管理规定等内容的变更必须按照《全国重点文物保护单位保护规划编制审批办法》的规定程序办理。

在文物保护范围、建设控制地带不得建设污染楼上村及其环境的设施，不得进行可能影响文物安全及其环境的活动。

7.2.2 保护范围管理规定

国土部门将楼上村文物本体中公共建筑分布范围用地性质调整为"文物古迹用地"，总面积约1478㎡；其他用地性质维持原有不变；

本区域不得进行任何与保护工程及民居合理维护无关的建设工程或者爆破、钻探、挖掘等工作；不得进行任何有损文物本体的建设开发活动；文物本体保护工程及与文物保护相关的工程，必须按法定程序上报，获得行政许可后方能实施；

保护范围内不得随意对现有宅基地范围进行更改，原则上不再新批宅基地；

保护范围内应保持现有建筑密度，保护范围内的民居不得随意加建、扩建；

保护范围内允许已有民居的合理维修、更新及基础设施改善，但必须按法定程序上报，获得行政许可后方能实施；保护范围内整治、改造的建筑层数不高于2层，建筑高度不得高于9米；

传统民居的更新维护应遵循不影响文物安全、不破坏文物环境及历史氛围的原则，应保留传统民居的特征构件，不得改变建筑原有规模、体量及基本形式；对于保护范围内影响历史风貌的现代建筑，依据传统建筑形式进行改造，改造后的建筑体量、风格、色彩须与楼上村整体风貌协调一致。

7.2.3　建设控制地带管理规定

（1）禁止建设区管理规定：

禁止建设区用地性质保持耕地与林地，不得改变用地性质；

禁止建设区内不得建设任何地面建筑，区内已有建筑应限时拆除；

禁止建设区内不得开展任何破坏文物环境的工程项目。

（2）限制建设区管理规定：

本区为楼上村未来新村发展、产业开发区域，考虑楼上村居民迁出、当地未来发展及相关旅游配套设施建设设立；

限制建设区内进行的建设工程不得影响楼上村的历史风貌，所有工程设计方案应按法定程序报批，获得行政许可后方可实施；

本区内新建建筑层数不高于3层，建筑高度不得高于12米，优先采用楼上村传统建筑样式，与楼上村历史风貌相协调。

7.2.4　环境控制区管理规定

环境控制区内建议保持原有用地性质，用地性质变更需提交申请；

本区内禁止开山、采石，不得破坏原有山体形态，不得滥伐林木，要确保动植物种质资源得到保护；

确保从楼上村各个角落向外眺望，目力所及之处有良好的、未受建筑或构筑物破坏的山水田园风光；

本区内不得建设大体量建筑与构筑物，位于道路沿线的、已修建的不协调建筑物或构筑物需要被拆除或满足整改要求；

不得开展破坏生态环境、污染地表径流、污染地下水源的工程项目；

对已有垃圾污染源进行整治，推动垃圾分类回收工作，严禁随意丢弃、焚烧生活垃圾。

8. 保护措施

8.1 核心价值系统要素保护措施

8.1.1 核心价值要素保护原则

楼上村古建筑群核心价值以其人文生态系统各要素为载体；

通过保护区划划定及其管理规划、各专项规划对系统要素开展保护；

本节保护措施以专项规划为基础，仅将价值系统要素进行提炼，总结其保护方式，具体措施以专项规划为准。

8.1.2 人文要素保护措施

人文要素包括文物本体（文物建筑、墓葬、遗址与巷道）及文物环境中聚落格局、建筑空间、墓葬、遗址与遗存等。

建筑要素保护以建筑保存现状为评判依据，根据不同性质的建筑（文物建筑与非文物建筑）开展具体保护工程，包括修缮、保养维护与风貌改造等。

聚落格局保护延续楼上村现存沿山布局的空间形式以及三合院的院落规模与尺度，高度与建筑形式也按照管理规定予以限制。

墓葬保护因涉及居民产权与情感问题，希望鼓励居民开展保养维护工作。

遗址保护禁止重建，结合展示利用合理标识，展示楼上村历史。

8.1.3 生态要素保护措施

生态要素包括文物环境中的风水地、农田、山林、植被、水源以及周边的山形水系等。

风水地保护以尊重传统风水原则与居民意愿为基础，聘请农林专家对寨头寨尾风水林开展保护与养护措施；

鼓励居民继续从事传统农林耕作，延续原有农田、山林的格局与景观；

基于居民意愿，聘请相关农林专家，维护楼上村现有植被的生物多样性；

鼓励居民延续传统水源管理系统，保护现有引水、灌溉系统；

保护楼上村周边山水格局，禁止大规模开山或其他改变地貌的建设行为。

8.2 文物本体保护措施

8.2.1 文物本体保护措施指导和实施原则

（1）依据文物保护单位的现状、环境和文物价值制定相应的保护措施；

（2）制定具体保护措施，尤其是对重要文物的重点保护措施应采取审慎的态度，在保护措施和技术不够成熟的情况下，首先考虑具有可逆性的措施；

（3）新材料、新技术应用要有充分的科学依据，要经过试验，证明确实有效可行；

（4）所有保护措施都应记入档案，包括设计方案、维修前状态、维修的工作内容和竣工后状态；

（5）所有保护措施的运用必须建立在对各文物建筑、附属文物所存在的具体问题的实际调研和科学分析的基础上，技术方案必须经主管部门组织有关学科专家和保护工程专家进行论证后方可实施；

（6）列入保护规划的保护工程，必须委托具有相关资质的专业机构进行专项设计，设计方案必须符合各类工程的行业规范，依程序经过主管文物行政部门审批后方可实施；

（7）长期的病害监测、环境监测与记录是制定保护措施的重要依据。

8.2.2 文物建筑保护措施

文物建筑保护工程根据文物建筑保存现状，分为保养维护工程与修缮工程两类（表9、图44）。

表9　文物建筑保护措施

建筑名称	建筑部分	结构可靠性等级	修缮措施
梓潼宫	正殿	I类建筑	保养维护工程
	东厢房	I类建筑	保养维护工程
	西厢房	I类建筑	保养维护工程
	后殿	I类建筑	保养维护工程
	戏楼	I类建筑	保养维护工程
天福古井井亭		II类建筑	保养维护工程
周正齐宅	正房	II类建筑	保养维护工程
周正典宅	正房	II类建筑	保养维护工程
周正洪宅	正房	II类建筑	保养维护工程
周永葶宅	正房	II类建筑	保养维护工程
周正芹宅	正房	II类建筑	保养维护工程
周正益宅	正房	III类建筑	修缮工程
周氏祠堂	正殿	III类建筑	修缮工程
	阁梁寺	III类建筑	修缮工程
	小屯寺	III类建筑	修缮工程
楠桂桥			修缮工程

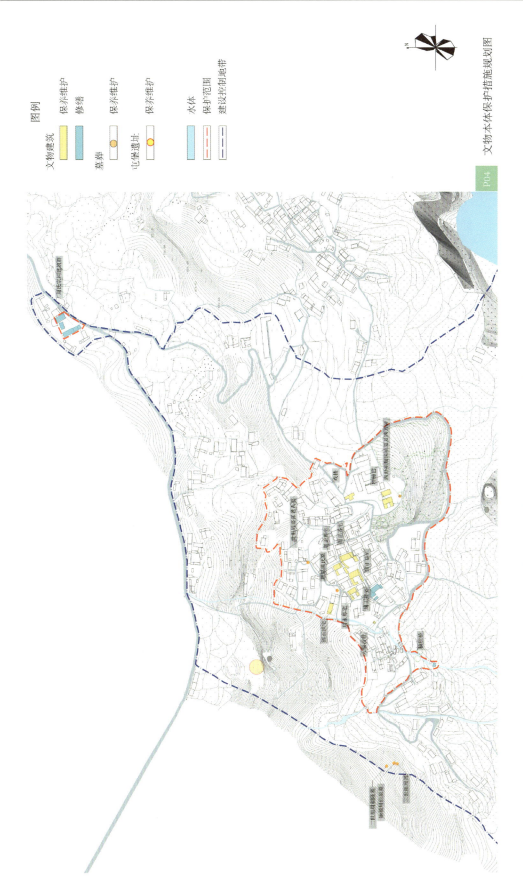

图44 楼上村古建筑群文物本体保护措施规划图

（1）文物建筑保养维护工程

保养维护工程：针对梓潼宫建筑群（正殿、两厢、后殿及戏楼）、天福古井与井亭、周正齐宅、周正典宅、周正洪宅、周永葶宅及周正芹宅。

工程要求：保养维护工程指针对文物的轻微损害所作的日常性、季节性的养护，在修缮工程及抢险加固工程完成后应对所有建筑进行保养维护工程。在雨季等恶劣天气条件下及季节变换时期应提高日常养护的频率。

（2）文物建筑修缮工程

修缮工程：针对周氏宗祠（正殿及东西厢房）、楠桂桥与周正益宅。

工程要求：指为保护文物本体所必需的结构加固处理和维修，包括结合结构加固而进行的局部复原工程。工程中应遵循尽量保留原有构件；对于原结构存在或历史上干预造成的不安全因素，允许增添少量构件以改善其受力状态；保留具有特殊价值的传统工艺和材料等原则。修整中被清除和补配部分应有详细的档案记录，补配部分应当可识别。

主要工程：规整周正益宅和周氏宗祠（正殿及东西厢房）的结构歪闪、坍塌、错乱和修补残损部分，增加必要的加固结构，修补损坏的构件，添配缺失的部分等，清除周正益宅和周氏宗祠（正殿及东西厢房）的屋顶及基础的植物和微生物，清除民居中被评估为不当的添加物等；楠桂桥进行适当灌浆加固并清除周围植物和微生物等。

8.2.3 墓葬保护措施

楼上村古墓葬建议进行原址保护，对墓葬周围植物和微生物进行清理，虽然保存状况不同，但因涉及产权与家族传统，建议均以保养维护为主（表10）。

工程要求：鼓励墓葬主人后代自主开展定期的日常保养维护。日常保养维护包括清除周边杂草、影响墓葬的微生物等。不得迁移墓葬，不得重做墓碑。

表10　墓葬保护措施

墓葬名称	保存状况	保护措施
始祖周伯泉墓	较好	保养维护
二世祖周朝隆墓	一般	保养维护
二世祖妣周婆张老人墓	较差	保养维护
三世祖周嵩墓	较好	保养维护
恩姑熊氏之墓	较好	保养维护
四世祖周国祯墓（四方碑）	较好	保养维护

8.2.4 遗址保护措施

屯堡遗址由于缺乏相关的资料和记录，建议以保养维护为主，保存遗址现状，不建议复原、重建；

屯堡遗址上不得有任何建设工程，维持遗址现状；

展示方案应加入屯堡遗址的标识，增加历史讲解内容。

8.3 防护系统规划

8.3.1 消防系统规划

聘请具有专业资质的设计单位，根据《中华人民共和国消防法》（2009）、《古建筑消防管理规则》（1984）和《文物建筑消防安全管理十项规定》（2015）对楼上村进行消防设计，按程序上报通过后，进行实施（图45）。

消防水池及泵房：根据已有基础设施设计方案，结合生活用水需求，在楼上村西侧山地建给水厂，设置高压水箱和泵房，保障消防用水。同时满足消防及生活用水需求，储水量应保证不少于持续灭火2小时的用水量。

小型消防车及消防摩托：楼上村处于乡村环境，村内道路无法满足大型消防车的需求。未来采用小型消防车及消防摩托，增加国荣乡消防站的小型消防车及消防摩托配置，数量应通过计算满足楼上村文物安全及突发情况。

消防管网：结合已有给排水设计方案，沿村中道路铺设消防给水网管，网管密度与积水量需满足消防需求。主管道沿道路铺设，应避开文物建筑及古巷道基础，并保障文物建筑的用水量。铺设分支消防管网到各文物本体内，在各文物本体邻近处设置消防栓。

灭火器：在各文物建筑内设置手持式灭火器，数量应满足文物安全。

火灾监测报警系统：在楼上村各文物建筑内安装火灾监测报警系统，并进行统一监控和管理，做到提前预防火灾、及时发现火灾，第一时间启动消防灭火救灾系统。

消防制度：完善消防安全制度，进一步加强管理人员的消防知识及技能的培训，并定期检查消防水池、消防栓及各灭火器状态，及时更换过期或不适用的灭火器，严格完善消防器材的维护管理制度。

消防安全教育：对楼上村保管所的相关工作人员及村民进行消防技能培训；对楼上村周边村民用火用电行为进行规范，加强消防意识，培训消防技能；发展周围村民组成义务消防队，必要时定期进行消防演习。

8.3.2 安防系统规划

聘请有专业资质的设计单位，严格按照《中华人民共和国文物保护法》《文物系统博物馆

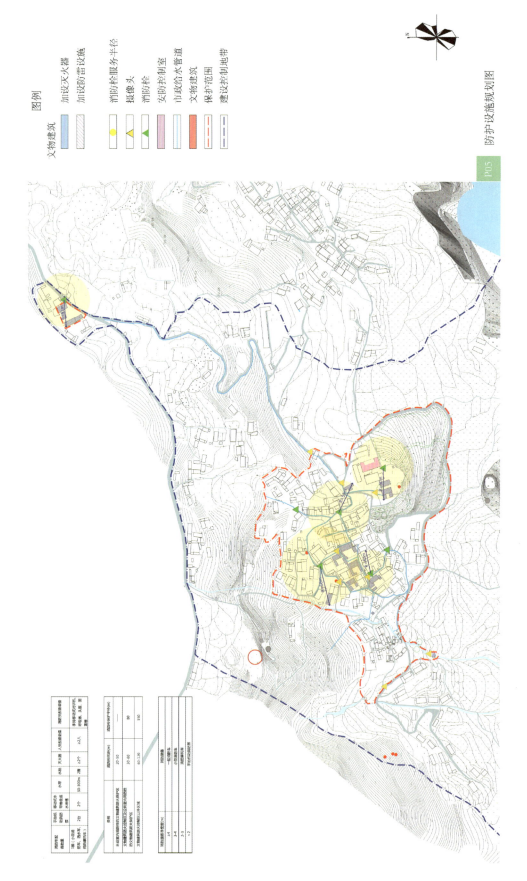

图45 楼上村古建筑群防护设施规划图

风险等级和安全防护级别的规定》（GA27-2002）的相关规定，针对楼上村的安全防护需求进行设计，按程序上报通过后，进行实施。规划安防措施如下：

划定安防区域：将楼上村文物建筑及院落纳入安防区域。

设置技防设施：在安防区内外按照规范，设置摄像监控镜头及声音、红外感应防盗报警装置。监控摄像头建议在每处文物建筑入口处及村内道路交叉口各设一个，保障全方位监测文物安全。监控室建议与文物管理用房结合，设置在村口梓潼宫附近。

加强人防：对现有楼上村文物保护相关工作人员定期进行相关岗位培训，提升人防业务水平；如有需要可再聘用1-2名专业保卫人员对楼上村文物本体进行安全防护。

8.3.3 防雷系统规划

根据现行国家标准《古建筑木结构维护与加固技术规范》，全国重点文物保护单位的文物建筑应遵循该规范中第一类，即国家级重点保护古建筑的防雷装置的选择与构造要求，应进行专项设计，并尽快实施保护工程；

根据《建筑物防雷设计规范》GB 50057-94（2000年版）要求，应保证各文物建筑正脊安装有避雷装置。近期应随文物修缮工程，添设防雷系统；

文物建筑屋顶严禁安装任何天线；

保证防雷装置与各种供电线路间保留一定的安全距离；

添设防雷系统后做好对楼上村各个建筑组群防雷装置的定期检查和维护。

对楼上村文物保护相关工作人员进行防雷培训。

9. 环境规划

基于对楼上村文化景观核心价值的分析，环境规划的范围分为两个层次，第一个层次是保护范围和建设控制地带提出规划措施；第二个层次是针对环境控制区内、保护范围与建设控制地带以外的区域提出规划措施。规划措施均落实到文化景观系统中的各项要素之上。

9.1 保护范围与建设控制地带以内的环境规划措施

9.1.1 主要物质要素

（1）地理载体

山体：

严禁开山采石，不得破坏原有山体形态，做好水土流失防护工作；

村落视线范围内的自然山体禁止任何工业开发。

水体：

严禁在区域范围内建设污染地表径流或地下水的工矿企业；

沟渠两旁种植根系发达的竹类植物以固土。

（2）生物圈层

植物：

严格保护梓潼宫周围风水林内的古树名木，以及天福古井周围的古树名木，禁止砍伐。在因鸟粪腐蚀而枯死的古枫香旁重新种植新的枫香树。

鼓励村民从自身生产生活的需求出发，在房前屋后种植相关乔木、灌木和草本植物，如桂花树、柚子树等。鼓励村民种植与传统文化相协调的植物品种。

不得滥伐林木，鼓励植树造林。为提高秋冬季节的绿视率，减弱萧瑟感，可以常绿针叶林为主。

植物配置以乡土植物为主，杜绝对城市绿化进行简单的抄袭与模仿，切实防范外来物种入侵。

尊重现有的植物多样性特征，结合区域内村民生产生活的现实需求，采用本地树种培育针阔混交林，形成丰富优美的林相，达到四季有绿的效果，吸引鸟类等野生动物前来栖居。在春季，满眼新绿，花木扶疏；在夏季，有林木翳然遮阳降温，可种植香椿、楠木、香樟等；在秋季，有色叶树种反映季相变化，可种植乌桕、银杏、栾树、枫香等；在冬季，有针叶树种与竹类植物延续满眼苍翠，可种植松树、柏树、杉树、阳山竹、金竹等。

动物：

确保现有白鹭、松鼠等野生动物种质资源得到保护；

切实防范外来物种的入侵。

（3）人文圈层

用地性质调整：

适当调整村落内部用地性质，同时为了配合楼上村保护开发，可以在核心保护区周边适当增加、调整一些商业用地与公共服务设施用地。

文物建筑中公共建筑（梓潼宫、周氏祠堂、天福古井与楠桂桥）的用地性质调整为文物古迹用地。其他用地维持原有用地性质不变。

民居建筑：

村内非文物建筑应与楼上村的传统风貌相协调，其改造应符合本规划中保护范围相关管理规定。

针对与楼上村整体风貌协调的传统建筑，以日常保养维护为主，对残损严重的传统民居进行修缮加固，修缮应维持建筑规模、主体色彩与质感，与楼上村整体历史风貌相协调。

针对与楼上村风貌不相协调的建筑，逐步依据当地传统建筑形式及风貌对其进行降层及风貌改造，包括对建筑物的层高、屋顶形式、立面材料、建筑体量进行调整和改造，保证整体上与传统风貌协调一致。

在新建建筑或建筑翻新时，鼓励采用传统合院形式。严格限制建筑的高度与层数，在形制上与村落中传统木构建筑协调。

沿袭村落中木构建筑的传统色彩特征。禁止任何与传统建筑色彩不协调的用色。

公共建筑：

按《文物法》的相关要求，楼上村保护范围内不得建设污染文物保护单位及其环境的设施和工矿企业。村内非文物建筑的改造应符合本规划中保护范围相关管理规定；

对从楼上村古建筑群向外眺望时所见到的较远处的、与周边环境不协调的公共建筑物、构筑物等进行风貌协调性改造。

基础设施：

为防滑、便于村民与游客行走，村落内部道路均应铺设石板或木栈道，铺地色彩应与村落内部原有的岩体色彩、与村落整体的历史风貌相协调；

允许村民根据自身的财力与需求对院落中的铺地进行更新，不反对更为细致的石块拼接工艺，但在色彩上以灰白色系为主；

照明路灯的形制应采用低矮的草坪灯式路灯，对村落内部照明系统进行设计，严禁采用城市化统一生产的高杆式照明灯具；

对村落内部电线、网线、上下水等管道进行埋地处理；对于影响景观视线的基础设施，周围种植竹类植物、灌木或小乔木进行适度遮挡；

修建与完善聚落中的化粪池与下水设施；

修筑水利设施时，利用填埋或植物遮蔽的方法隐藏现有的生产生活用水的取水管道，在视觉上减小人工构筑物对景观的影响。

梯田：

严格保护现有梯田面积，禁止在梯田内进行任何工业开发；

切实保护现有梯田的累石围堰，对固兴建栈道而需要改造累石围堰的情况进行充分论证，并在建设与施工时对其影响降至最低；

严格保护梯田中现有的乌桕、香樟等大乔木，禁止砍伐；

允许村民利用梯田中现有的乌桕树作为禾晾架来使用；

允许村民在秋冬季节对乌桕树进行整支、修剪。

墓地：

对已有墓地的迁移必须经过充分的论证，禁止随意损坏、迁移墓地。

控制新建墓地的数量，并使其体量、造型、色彩与周围环境相协调。

9.1.2 主要非物质要素

（1）生产方式

农耕：

鼓励村民继续进行稻作农耕的生产方式；

禁止随意抛荒稻作梯田，确实有困难应向村民委员会提出申请，由村委会统一安排种植水稻。

其他：

引导村民在抛荒的梯田中种植观赏性草本植物或灌木，但严禁种植乔木，以免遮挡景观视线；

鼓励村民采用农业与外出劳作结合的兼业模式，在不破坏村落原有的、古朴宁静的氛围基础上，设立接待设施，适度鼓励旅游业的发展。

（2）生活方式

宗族结构：

鼓励保护与延续村民的宗族结构，鼓励慎终追远的行为方式；

鼓励与提倡亲切和睦的邻里关系。

文化教养：

通过教育与宣讲提高村民的环境意识；

培育村民对传统村落文化、耕读文化的自豪感与延续的责任感。

信仰体系：

尊重村民基于风水思想进行的活动，尊重村民朴素的自然崇拜思想；

鼓励本地传统民俗与节庆活动的举办，鼓励每年开展"说春"活动。

衣食住行：

严禁垃圾焚烧、随意丢弃等污染空气与水体的行为，对已有的垃圾堆进行治理，推广垃圾分类回收利用；

改进垃圾处理的技术，增加垃圾清运等环卫设施，使生活垃圾不再成为影响景观品质的因素；

为避免遮挡景观视线，鼓励村民将三合院前阻碍景观视线的树木进行修剪、整枝、移栽。

9.2 环境控制区内的环境规划措施

9.2.1 主要物质要素

（1）地理载体

山体：

严禁开山采石，不得破坏原有山体形态，做好水土流失防护工作；

从楼上村眺望出去，视线范围内的自然山体禁止任何工业开发。

水体：

严禁在区域范围内建设污染地表径流或地下水的工矿企业；

鼓励大规模植树造林，充分涵养地下水源。

（2）生物圈层

植物：

不得滥伐林木，鼓励植树造林。为提高秋冬季节的绿视率，减弱萧瑟感，可以常绿针叶林为主；

植物种植以乡土植物为主，杜绝对城市绿化进行简单的抄袭与模仿，切实防范外来物种入侵。

动物：

确保现有野生动物种质资源得到保护；

切实防范外来物种的入侵。

（3）人文圈层

用地性质调整：

聚落与农用地维持原有用地性质不变；

可根据需求适当调整商业用地与公共服务设施用地。

民居建筑：

在新建建筑或建筑翻新时，鼓励采用传统合院形式。严格限制建筑的高度与层数，在形制上与村落中传统木构建筑协调。

沿袭村落中木构建筑的传统色彩特征。禁止任何与传统建筑色彩不协调的用色。

公共建筑：

不得建设污染文物保护单位及其环境的设施和工矿企业；

对从楼上村向外眺望时所见到的较远处的、与周边环境不协调的公共建筑物、构筑物等进行风貌协调性改造。

基础设施：

修建与完善聚落中的化粪池与下水设施；

进一步完善道路基础设施。

梯田：

允许适度退耕还林；

禁止抛荒梯田，可以种植果树等经济林木。

9.2.2 主要非物质要素

（1）生产方式

农耕：

鼓励村民延续稻作生产方式；

允许村民出于自身原因将水田改为旱地。

其他：

鼓励在耕地上进行更有经济效益的农作物种植；

适度鼓励旅游业的发展。

（2）生活方式

文化教养：

通过教育与宣讲提高村民的环境意识。

信仰体系：

尊重村民基于风水思想进行的活动，尊重村民朴素的自然崇拜思想；

鼓励本地传统民俗与节庆活动的举办。

衣食住行：

严禁垃圾焚烧、随意丢弃等污染空气与水体的行为，对已有的垃圾堆进行治理，推广垃圾分类回收利用；

改进垃圾处理的技术，增加垃圾清运等环卫设施。

10. 基础设施规划

10.1 电力、通讯系统改造工程基本要求

对古民居入户线路应进行全面排查，更换老化线路；

结合文物建筑修缮、维护工程，对文物建筑入户线路进行改造，对现状输电设施中的不安

全因素进行改造，文物建筑院落内所有电力线路一律采用套管敷设方式统一布线，禁止私人随意接线；

铺设独立的消防设施供电线路，与生活线路分开双路供电，以保证消防水泵及其他消防设施的正常工作；

中远期对村内供电线路进行入地改造，拆除影响景观的电线杆；

在楼上村北部设置村落电信基站，为今后居民生产、生活，文物展示利用，游客信息服务奠定基础；

基站设置应隐蔽，不应破坏村落整体风貌（图46）。

10.2 给水设施系统改造工程基本要求

依据文物建筑消防需求与村民生活实际情况，合理规划给水管线；

开辟新的水源地或从外部接入水管，结合已有基础设施设计方案，在楼上村西侧山地建给水厂，设置高压水箱和泵房，保证楼上村日常用水；

管线走向依照村内道路为主，对于属于文物建筑所在的道路，管线敷设应避开文物本体基础整体铺设；

楼上村保护范围内管线应全部入地敷设，供水管网采用环状与枝状相结合的布置方式接入每栋建筑，水压应考虑消防用水的要求；

建设净水装置，保障供水安全，根据国家饮用水相应标准对楼上村村内水质进行检测，如不符合饮用水标准需采取相应措施提升水质以达到饮用标准。

10.3 排水、排污设施规划

依据实际情况，重新合理规划排水管线，做到雨污分离，依照雨水自然排离、污水统一处理的原则，减少厨余污水排放至道路情况的发生。

文物本体雨污分流：

保留文物建筑院落内传统排水体系，并加强日常维护，雨水由院内雨水暗沟或明渠排出，就近排入村内雨水排水管线；

文物建筑院落内设置排污管线，并连接至村内排污管线网络。

村内非文物建筑雨污分流：

雨水排放继续沿用楼上村内原有排水沟，优化村内整体排水网络，针对局部区域易产生积水的现象，采用疏通现有排水沟或根据现场情况另行开辟排水沟的方式进行引导疏通，最终排放至村外河流；

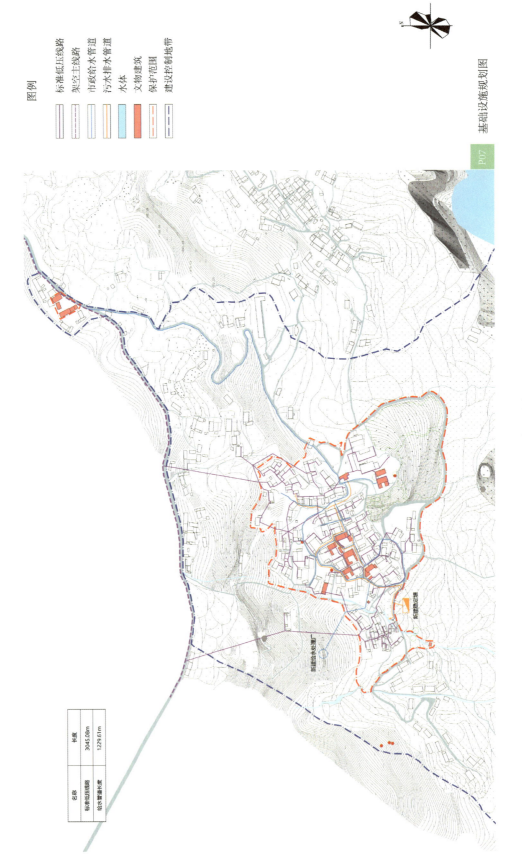

图46 楼上村古建筑群基础设施规划图

图例

标准低压线路
架空主线路
市政给水管道
污水排水管道
水体
文物建筑
保护范围
建设控制地带

名称	长度
标准低压线路	3045.06m
给水管道长度	1229.61m

统一设置污水排放系统，设置排污管道，在附近田地设置两处地埋式污水处理设施，统一将生产、生活污水净化处理至符合《污水综合排放标准GB8978-1996》中二级标准，最终排放至农田；

排污管线铺设应避开文物建筑和历史巷道，避免对原有巷道肌理的破坏。

10.4 道路系统改造工程基本要求

10.4.1 交通功能规划

道路规划遵循保障文物安全、维持景观环境，并与村民生活、未来产业发展相适应的原则；

村落内部道路以人行道为主，采用传统工艺材料进行相应的修缮与保养维护；

村落外围增加机动车道路，采用不影响村落风貌的现代材料与工艺，满足村民需求，并在邻近村落设置村民停车场；

村落对外交通与区域交通规划衔接，交通量应满足未来旅游、农业等产业发展需求，不得破坏村落景观生态环境；

游客停车场应位于保护范围之外，不得影响文物环境与景观视线（图47）。

10.4.2 道路修缮整治规划及要求

根据道路现状材质、保存状况分别进行修缮与保养。

古巷道：

采用已有工艺、材料，使用红石板对断裂、破损、缺失的红石板路进行修补，不得在表面处使用水泥；

定期进行日常维护与技术处理，避免雨天湿滑。

村内其他道路：

针对村内土路、碎石路等道路，结合村内风貌进行统一硬化，满足村民日常生活需求；

道路硬化材料与工艺应与当地已有青石板、红石板巷道风貌相协调；

对道路进行日常维护，确保通行安全。

村落外围道路：

根据区域交通规划，改进楼上村对外交通条件；

针对村落外围现有对外交通的道路，根据现状进行定期维护，确保通行安全；

结合区域开发规划，新增设的通村道路应不影响文物安全及村落风貌（图48）。

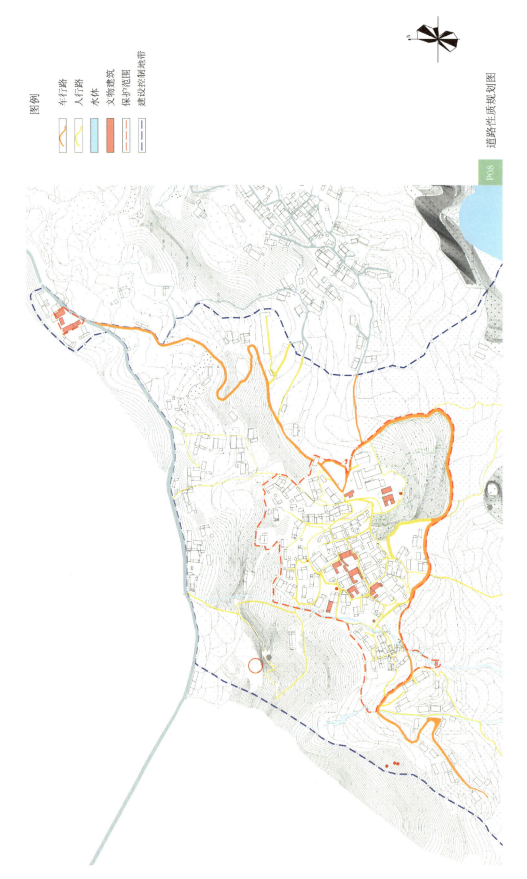

图47　楼上村古建筑群道路性质规划图

图例

～　水泥车行路
　　恢复青石板的人行路
■　水体
■　文物建筑
┈┈　保护范围
┈┈　建设控制地带

图48　楼上村古建筑群道路整治规划图

10.5 环卫设施改造工程基本要求

增设垃圾回收系统，在楼上村内、外设置垃圾箱，数量应满足楼上村居民和游客的日常生产、生活使用要求，并进行垃圾分类，设置垃圾收集转运站。

在不影响楼上村景观环境的前提下，整治现有各处垃圾站，结合基础设施规划重新设置；垃圾站设置需符合环卫要求且注意隐蔽，不得破坏楼上村风貌。

应当建立垃圾清运机制，及时转移垃圾桶内堆积的垃圾。对垃圾桶的布局进行优化，方便村内不同位置的村民使用；协助贫困村民改建旱厕，建立良好卫生习惯。

改善梓潼宫旁的公厕卫生设施，增设冲水设施，达到旅游景区相关设计要求，满足村民日常使用，并设置专职人员清理卫生；

在观景亭、宗祠等附近增设垃圾桶、公共厕所等环境卫生设施，其设计应与村落风貌相协调，不得破坏景观环境。

11. 管理规划

11.1 "四有"工作

11.1.1 保护范围
在新划定的保护区划沿线设立界桩，标明保护区划边界。

11.1.2 保护标志
保护及定期维护原有国保单位保护标志。

11.1.3 记录档案
进一步完善已有的保护档案。按照楼上村的工程档案要求，详细记录修缮保护工程档案。进一步收集历史档案，对历史档案进行整理和数字化，建立完善的电子资料库及检索系统。

11.1.4 保管机构
建议根据管理机构职能要求和评估结论，建立楼上村文物管理小组，经费由地方财政拨付；

隶属楼上村村委下属部门（村民自治组织），固定工作人员为3-5人，按照地方文物管理人员相关规章制度管理；

楼上村保护经费应纳入贵州省地方财政预算，并按照国家及贵州省有关文件完善财务与资产规范化管理，加强文物工程经费的管理；

根据文物保护与合理利用的关系，合理调配资金，促进文物保护与展示、村镇开发建设的协调发展；

积极拓展民间资金渠道，多渠道筹措经费来源，发展特色旅游，主题旅游；

以现有管理单位为起点，逐步建成以文物建筑保护为核心的管理队伍，根据各历史阶段的工作制定专项研究目标和人才培养计划。

11.2 管理机构的工作范围

根据《中华人民共和国文物保护法》（2017）、《中华人民共和国文物保护法实施条例》《文物保护工程管理办法》《文物保护工程勘察设计资质管理办法》和《文物保护工程施工资质管理办法》等法律法规文件，修改、补充、完善有关楼上村遗产保护与管理的全套规章制度，提升管理制度的科学性和系统性，保障遗产的安全性和延续性。

建立健全石阡县各部门的管理责任制度；建立健全工程管理和配合、工程资料整理归档等方面的责任制度；建立健全在楼上村内设置标牌、标语、座椅等景观设施的论证和决定程序制度；建立健全对文物建筑的定期普查、岁修保养和隐患报告制度；建立健全对楼上村文物安全和环境定期监测的制度。

楼上村文物管理小组全面负责楼上村的文物保护、管理等工作，包括监管整治景区违法违规现象、基础设施维护修理、征收管理费、重大事项讨论表决等工作内容。

楼上村文物管理小组工作内容还包括对文物本体及环境的日常维护、村落防灾减灾、文物安全监测等。组织村民定期对文物本体开展日常保养工作，定期巡查，由专人轮班监督安防摄像等。

增设档案管理机构，增加文化研究能力，对楼上村文物档案、历史文献、村史文化加强研究。

根据实际情况，设专职部门协调、缓和文物保护与旅游开发的矛盾，加强与周围村镇联系，促进协调发展。

大力鼓励村民参与村落日常维护、管理工作，解决当地村民就业问题；建立适当的遗产保护制度与管理规范，对职工进行定期培训，提高其工作专业水平，普及保护管理知识；提高文物建筑保护部门的队伍素质建设，引进高级技术人员。

11.3 公众参与

鼓励楼上村周氏宗族理事会参与楼上村的日常管理；

鼓励村民对文物建筑、传统风貌建筑的保护，对相应的建筑进行定期维护，并轮流照管；

鼓励居民合理更新自住民居，对影响风貌的建筑进行改造；

利用传统民俗活动的组织加强对年轻人的宣传教育，鼓励更多年轻人参与到传统民俗节庆活动之中。

12. 展示与利用规划

12.1 展示利用原则

基于楼上村价值评估，结合各个文化与自然要素，对楼上村的人—地关系进行系统性展示，凸显各个文化自然要素之间的关联；

系统性展示与局部重点展示相结合，既要解释清楚楼上村人—地关系有机整体，又要强调特色景观和自然文化要素；

文物保护与展示利用有机结合、和谐统一；

发挥楼上居民的能动性、参与性，充分考虑村民物质和文化生活需求，把展示利用与楼上村可持续发展相结合；

充分利用已有展示利用设施，与之进行协调统一；

制定展示利用规划，分阶段实施展示利用工程。

12.2 展示利用内容

整体展示利用：在上观景亭入口处建立楼上村系统性文化解说中心，兼具外来人员接待功能；建立楼上村文化解说系统，进行"初识楼上"文化导读；同时利用数字技术等，使村落内部各个文化或自然要素与该文化要素相对应，使外来游客或内部村民可以进入村落并深入了解（图49、图50）。

局部展示利用：选择合适的文物保护单位民居及特色民居，适当新建其他对内对外公共服务设施，统一规划展示说明系统和服务设施，开辟特色文化体验活动，引导大众对于楼上村文化的深度体验；整修可以反映楼上村历史的传统建筑和设施，统一配备展示说明系统。

专家工作站：建立专家工作站，对楼上村的生产生活要素进行记录存档，同时吸引外部专家学者进行深入研究、传播，适当时机可以在专家工作站内部进行深度文化体验活动和成果汇报展览展示。

12.3 展示路线组织

宗祠—文化解说中心—上观景亭—栈道—村内特色展示点、文化体验馆、各文物保护单位等—公共文化活动广场（七星古树、梓潼宫、村史馆等）。

另外，可以结合石阡县旅游规划，进行其他联动线路规划。

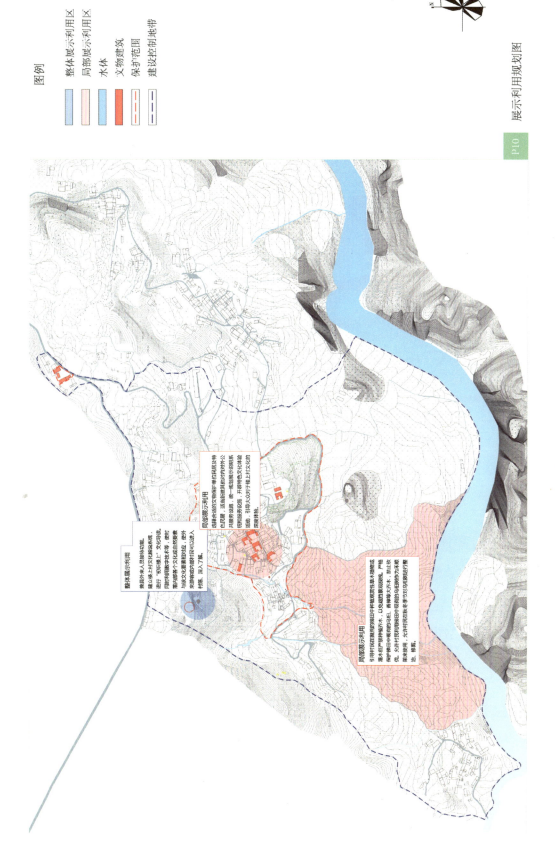

图49　楼上村展示利用规划图

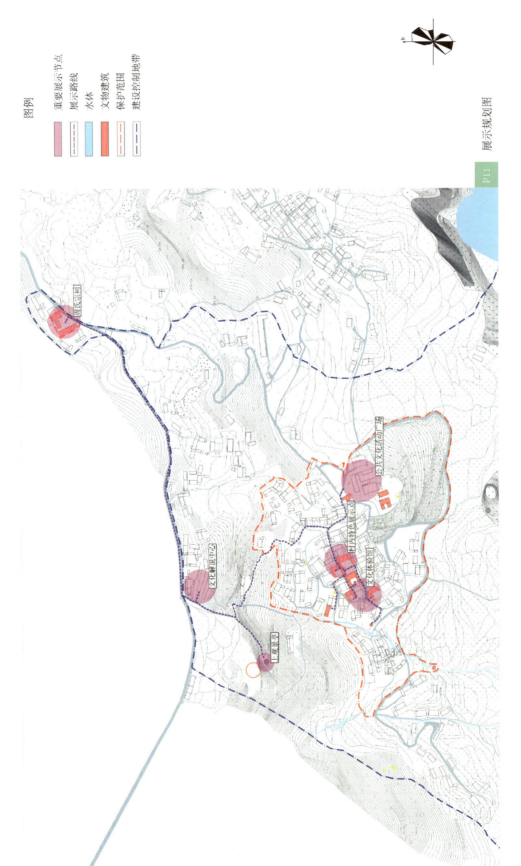

图50　楼上村展示规划图

12.4 展示设施规划

基于系统性展示理念，需要新建的设施包括楼上村文化解说中心、专家工作站。同时对村内1-2个特色民居点进行改造，进行特色展示和文化体验活动。同时村口公共建筑群的部分建筑可以改建为村史陈列馆和楼上村非物质文化体验馆。为更好地服务于外来人员和游客，需要在文化解说中心和村口公共建筑群处配备建设公厕、停车场、餐饮点等公共服务设施。

12.5 展示要求

所有展示利用工程必须以保证文物安全为第一前提；

充分尊重当地居民的物质文化生活需求；

充分利用已有展示利用设施；

新建设施不能破坏楼上村落整体风貌。

12.6 调整社区产业结构

延续传统农、林业：维持楼上村周边传统农、林业生产模式，适当给予农林业生产优惠政策。将楼上村的农副业产品经过包装设计，做成生态农产品，努力形成品牌化的订制农产品，包括稻米、糯米、苔茶、蔬菜、蜂蜜等。在形成品牌和规模效应后，带动周边村落的农业发展。

开拓泉水及啤酒产业：依托天福古井的泉水，形成小规模的泉水销售，引进小型啤酒酿造设备，利用优质山泉水小规模酿造啤酒，主要针对石阡境内的高端旅游市场。

发展艺术文创产业：依托楼上村周边得天独厚的自然风光，建立艺术创作基地，建立高校的艺术写生基地，逐步吸引部分艺术家参与村落保护与古建筑的利用，参与产品包装设计，依托艺术家形成乡村文创产业氛围。

发展文化旅游业：结合文物展示利用设施，拓展文化旅游业。首先恢复楼上村的民俗活动，包括毛龙节、茶灯、木偶戏、说春等，再次恢复楼上村耕读传家的传统，通过养正书院等教育场所重塑村落传统文化氛围。

拓展生态旅游业：依托楼上村的自然山水、梯田、古建筑群、生态农产品等，发展生态旅游业，包括当地特色小吃、原生态农家菜、特色民宿等。

13. 研究规划

13.1 研究机构

可依托楼上村国学班设置相关研究部门，负责向全社会各学术机构征集楼上村及周氏宗族相关学术研究成果；

设置专家工作站，鼓励不同领域的专家驻村研究、交流；

定期举办楼上村及周氏宗族历史文化相关的学术研讨会、展览，出版相关研究成果，组织相关文化交流活动。

13.2 专项研究

楼上村核心价值研究：以文化景观为基本理论与方法论，从景观生态的角度深度挖掘楼上村的价值，分析承载价值的景观要素。

楼上村价值展示研究：基于价值研究，结合不同手段、方式，开展价值展示研究，并结合专家工作站，举办楼上村价值展示专题展览。

楼上村历史研究：深入研究周氏宗谱，结合口述史，研究聚落发展历程、周氏迁徙路线与经过、楼上村与周边聚落关系等专题史。

西南移民生存智慧研究：以楼上村为典型案例，开展涉及历史学、民族学、民俗学、生态学、景观学、农学、国学等学科在内的多学科交叉研究，分析西南移民的发展历程、文化特征、信仰与习俗等问题。

楼上村聚落生成逻辑专题研究：通过建筑测绘、口述史、比较研究等方法，分析楼上村建筑空间的社会文化表征，再现楼上及周边周氏聚落的生成演变历史。

14. 规划衔接

14.1 与地方相关规划的衔接

与本规划相关的地方规划包括《石阡县县城总体规划（2011-2030）》（2012年12月）。国荣乡未编制乡镇总体规划，石阡县也未编制其他县域规划。

14.1.1 与《石阡县县城总体规划（2011-2030）》的衔接

总规文本第三章县域村镇体系规划中将楼上村定位为等级结构中的中心村，予以重点发展，人口规划为500-2000人，本规划予以参照。

总规文本第三章县域村镇体系规划中将楼上村所在的国荣乡的职能结构定位为旅游型，并在楼上设置旅游服务村，本规划在展示利用与基础设施建设中予以参照、衔接。

总规文本第三章县域村镇体系规划第四节县域旅游发展规划中，仅将国荣乡列入二级接待基地，未细化至楼上村，建议在下次规划修编中予以细化。

因总规修编较早，其第五章历史文化遗产保护规划未列入全国重点文物保护单位楼上村古建筑群，建议在下次规划修编中予以添加，并根据本规划补充保护方式。

14.2. 与不同管理部门相关规划的衔接

与本规划相关的不同管理部门规划包括《石阡县国荣乡楼上历史文化名村保护规划（2006-2020）》（2010年10月）、《石阡县国荣乡楼上村传统村落保护发展规划（2014-2030）》（2014年）、《石阡温泉群国家级风景名胜区总体规划（2017-2030）》（2017年7月）。

14.2.1 与历史文化名村保护规划的衔接

在规划期限上，名村规划期限为15年，2006-2020年。本规划编制期限为2018-2035年，接近名村规划尾期，建议在下次修编时在编制期限方面根据本规划予以调整。

在保护对象认定上，名村保护规划编制时楼上村古建筑群仍是贵州省文物保护单位，其认定的保护单位在文本中仅描述为"楼上村范围内的保护建筑"，图纸也描述不清。楼上村古建筑群在列入全国重点文物保护单位后，编制本规划，本规划对保护对象有所调整，更加清晰。建议下次修编名村保护规划时予以调整。

在保护范围划定上，名村保护规划划定的名村范围为"东侧西侧以山脊线为界，北侧以河对岸为界，南侧根据实际情况划定界限"。根据规划图纸，其划定的核心保护区、建筑控制区、风貌协调区与名村范围没有任何关联。核心保护区与本规划划定的规划范围大致一致，为楼上古寨（仁佳寨）范围，但未能将楠桂桥与宗祠划入；建筑控制区主要扩展了古寨北部山林田地，边界没有任何依据，与本规划的建设控制地带划定的原则完全不一致；风貌协调区仅以规划底图边界为界，也无任何依据，与本规划任何区划均无联系。名村规划早于楼上村古建筑群列入全国重点文物保护单位，其价值认定含糊，区划没有根据，建议在下次修编时根据本规划予以调整。

在保护管理规定上，名村保护规划对楼上村进行分级保护，具体为："核心保护区：严格按照保护规划要求进行控制。各种建设活动需有关规划部门和文物管理部门进行审批，规模较大的修建活动和环境变化应经专家评审。建设控制地带：严格控制建（构）筑物的性质、体量、高度、色彩及形式。风貌协调地带：以保护自然地形地貌为主要内容，禁止三类污染工业。"其保护管理规定不具体，没有本规划的管理规划严格、细致，建议在下次修编时根据本规划予以调整。

在展示利用规划方面，名村规划展示点、游线与本规划大体不矛盾，但由于价值评估的不全面，展示要点与线路不完整，建议在下次修编时根据本规划予以调整。

在展示利用方面，虽在区域规划中将楼上村定位为旅游服务点，但未能具体规划相关配套服务设施，建议在下次修编时根据本规划予以补充。

在基础设施规划方面，名村规划编制后村落已实施一定的基础设施改造工程。本规划编制在基础设施方面基本与名村规划一致，但是在现状上进行完善，仅在消防栓设置上根据文物建筑需求予以增减。

14.2.2 与传统保护发展规划的衔接

传统村落保护发展的编制期限为2014-2030年，本规划编制期限为2018-2035年，因编制时间原因，规划期限大致后错五年。

在保护对象认定上，传统村落规划涉及的保护对象较多，其中传统建筑保护对象包括村内58座房屋，远远超出文物保护单位范畴。本规划根据文物保护单位认定标准，仅认定其中价值大的若干建筑，但所有建筑均纳入文物环境，与传统村落规划一致。传统村落规划未能将楠桂桥与宗祠列入，建议在下次修编时予以补充。

在保护区划中，传统规划划定了核心保护范围和建设控制地带，分别为"核心保护范围北起28号院北侧外墙17米处，南至73号院南侧外墙20米处，西起131号院西面外墙5米处，东至村委会东侧外墙117米处，包括梓潼宫、马桑古屋、周其双民居等在内，总用地10.22公顷"；"建设控制地带北起98号院北侧外墙19米截洪沟处，南至楠桂桥南侧50米处，西起132号院西面外墙131米处，东至127号院东侧外墙198米处，划定核心保护范围周边民居分布较为集中的区域以及包括村庄主干道在内的边坡山地区域为建设控制地带，总用地26.84公顷"。其区划划定均不以道路或地形为边界，可操作性较低。因传统村落保护对象多样，其核心保护区范围划定较本规划大；但建设控制地带划定关注北部村落，未能关注南部梯田，与其保护对象、价值评估不一致，建议在下次修编时根据本规划予以调整。

在保护管理规定方面，核心保护区内建筑保护仅以名村要求实施，建议在下次修编时根据本规划保护管理规定予以调整。核心保护区与建设控制地带的管理规定均未达到本规划的严格程度，建议在下次修编时根据本规划予以调整。

在展示方面，传统村落规划仅在规划范围内划定几个功能分区，未设计具体展示点、展示内容和游线，建议在下次修编时予以补充。规划的旅游服务区、预留发展地带距离文物本体过近，影响文物安全与景观环境，建议在下次修编时根据本规划予以调整。

在展示利用方面，传统村落规划未能具体细化服务设施，建议在下次修编时根据本规划予以补充。

在基础设施规划方面，传统村落规划内容不细致，道路规划未能与展示旅游、村庄发展相结合，排水没有考虑雨水、污水分离和净化，防灾设施未能满足文物防灾需求，建议在下次修编时根据本规划予以调整。

14.2.3 与风景名胜区总体规划的衔接

在规划期限上，景区总规期限为2017-2030年，本规划为2018-2035年，较总规多五年远期规划。

在保护区划上，景区总规将楼上村划定为一级保护区，与本规划保护程度相吻合。

在保护管理规定上，景区总规要求一级保护区内不得设餐饮点，不得设野营点之外的住宿点，不得设展览馆，不得设行政管理设施，不得设多媒体信息亭与应急供电设施，这些规定与本规划的文物保护要求、展示利用规划相矛盾，影响文物安全与价值展示，且与总规中对楼上村作为旅游服务村的定位相矛盾，建议在下次修编时根据本规划予以调整。

15. 规划分期

15.1 主要实施内容

（1）保护工程：包括文物本体勘察、修缮设计等项目。

（2）相关专项工程：包括保护管理用房建设，消防、安防、防雷、地震灾害预防，防洪等工程。

（3）基础设施改造工程：包括电力电信系统、给排水系统、环卫系统、道路系统的调整与改造等项目。

（4）保护区划调整。

（5）周边环境整治工程：包括景观环境改造、用地性质调整、非文物建筑拆除及改造等项目；

（6）展示利用工程：包括展示利用功能调整、展示线路设置、文物展陈设施和服务设施布置，相关展陈以及利用服务设施的改造和建设等项目；

（7）管理措施：设定管理机构和制度、建设文物档案、配备管理人员、添配管理设施和实施定期检测等。

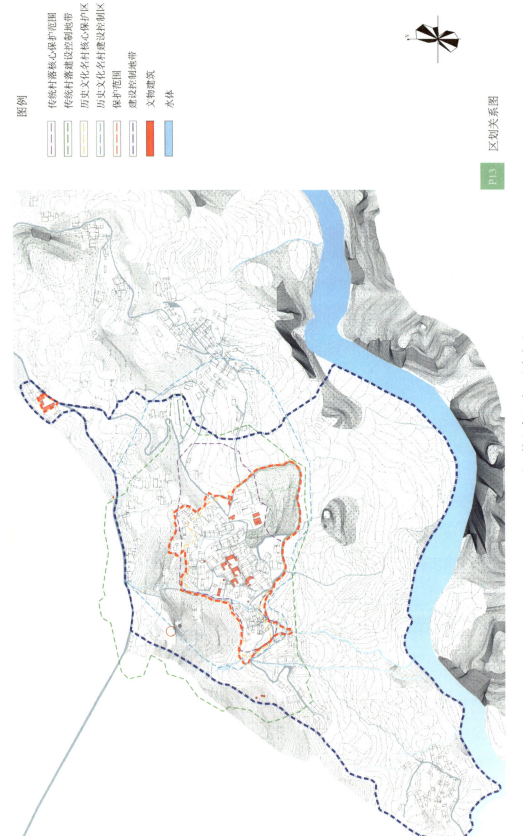

图例

传统村落核心保护范围
传统村落建设控制地带
历史文化名村核心保护区
历史文化名村建设控制区
保护范围
建设控制地带
文物建筑
水体

区划关系图

P13

图51　楼上村古建筑群区划关系图

（8）学术研究：包括研究计划、研究执行等内容。

（9）宣传教育：举办宣传活动并推出宣传产品。

（10）其他相关规划和配套建设工程。

（11）各规划分期重点工程可根据工程进展及城市规划发展需求进行调整。

15.2 分期实施重点

15.2.1 分期重点

本规划期限为18年，分三期实施（表11）：

（1）近期2018年—2020年，以楼上村本体保护、防护设施及保护范围内的环境整治等工作为主。

（2）中期2021年—2025年，以基础设施改造、相关展示利用配套设施建设、楼上村管理体系的完善及管理机构能力建设为主。

（3）远期2026年—2035年，以针对积累的经验及时调整展示利用、管理体系及相关设施，确保楼上村的长期运转为主。

同时设置不定期计划，以应对突发灾害等不确定事件。通过上述分期的实施，做好对文物保护单位及其所处环境的整体保护，调整资金分配工作，合理安排人力物力资源，以保障文物保护工作的顺利实施。

表11　规划分期实施重点

	近期			中期	远期
	2018年	2019年	2020年		
本体保护	修缮方案设计与论证	实施修缮方案	日常维护	监测与维护	监测与维护
防护设施	方案设计	实施	监测与维护	监测与维护	监测与维护
景观环境		保护范围环境整治方案设计	论证	实施并维护	监测与维护
基础设施			道路、电力与给排水方案设计	实施并维护	监测与维护
展示利用		改进现有展示利用设施	整体展示利用方案设计	方案论证并实施	扩展研究
管理研究	成立专门管理队伍	负责监测与维护		开展专项研究	

15.2.2 近期（2018年—2020年）年度实施计划

（1）2018年：文物本体修缮方法设计与论证；防护设施方案设计；调整管理队伍。

（2）2019年：实施文物本体修缮；实施防护设施；开展景观设计与环境整治规划设计；改善展示利用设施。

（3）2020年：监测与维护文物本体及防护设施；论证景观设计方案；设计基础设施改善方案；整体设计展示利用方案。

15.2.3 中期（2021年—2025年）年度实施计划

（1）监测与维护文物本体及防护设施；

（2）实施景观环境设计与基础设施改善方案；

（3）论证并实施整体展示利用方案；

（4）开展历史文化的专项研究。

15.2.4 远期（2026年—2035年）年度实施计划

（1）监测与维护文物本体及防护设施；

（2）维护景观环境与基础设施；

（3）扩展展示利用方案与策略。

15.2.5 不定期（2018年—2035年）实施主要内容

（1）文物本体的日常保养和监测；

（2）防灾减灾工程；

（3）周边景观环境维护与环境监测；

（4）持续开展楼上村相关的历史文化及区域历史文化研究，出版学术成果；

（5）根据保护工作进展，不断更新文物保护单位记录档案，完善保护、管理等工作；

（6）合理调整楼上村开发利用的强度，控制文物保护、乡土文化传承及旅游发展的协调关系。

15.2.6 实施保障

（1）由贵州省政府及相关机构负责协调、指导保护管理工作，并严格督促和检查。制定和完善保护楼上村的管理规章，明确保护管理工作的具体制度要求、保护标准和目标及相关的法律责任。文物管理、土地管理、建设、林业、农业、文化、民族宗教、旅游等部门，根据有关法律法规和国家赋予的职能，依照本保护规划对楼上村及周边区域内的实体资源实施行业管理。

（2）本保护规划的目标和措施，应纳入相关村镇建设规、区域旅游规划及国民经济和社会发展计划，任何单位和个人不得擅自调整本规划。本保护规划是文物保护专项规划，其编制与

图例

水体保护　近期范围

　　　　　加设灭火器
　　　　　加设防雷设施

防护设施　摄像头
　　　　　消防栓
　　　　　安防控制室
　　　　　中期范围

景观环境　生活垃圾整治范围
基础设施　新建给水处理厂
　　　　　新建稳定塘
展示利用　展示路线

　　　　　水体
　　　　　保护范围
　　　　　建设控制地带

P12　分期规划图

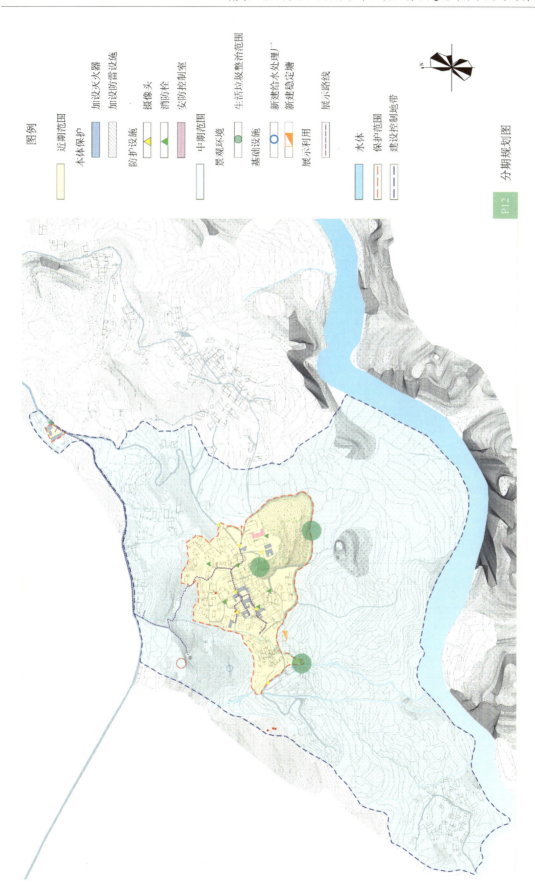

图52　楼上村古建筑群分期规划图

实施是一个补充、完善、修订的动态过程，可根据需要定期修编。地方主管部门若要对本规划进行调整，必须先对规划实施情况进行总结，提出调整原因、调整目标和调整措施，组织专家进行论证后，报国家文物局审查同意。

（3）任何单位和个人对不符合保护规划的行为有权向上级文物行政主管部门提出检举、控告。